민주주의를 만든 생각들

고대 편

페리클레스에서 아우구스티누스까지
민주주의를 만든 생각들

고대 편

구민정·권재원 엮고 해설함

Humanist

| 머리말 |

'민주주의'라는 말처럼 우리 사회에서 널리 쓰이는 말도 없을 것입니다. 공교육의 목표도 민주 시민 양성이며, 광장의 시위대나 그 시위대를 가로막는 정부 역시 민주주의를 위해 그리 한다고 합니다. 또한 진보와 보수를 막론하고 모두 민주주의를 내세우지만, 그 내용은 극단적인 경우 대척점에 서 있기도 합니다.

그렇다면 도대체 민주주의란 무엇일까요? 흔히 민주주의는 수천 년 전 고대 그리스와 로마에 기원을 두고 있다고들 합니다. 하지만 그것이 오늘날의 정치형태로 발전하기 위해서는 많은 사상가와 정치가들의 생각이 끊임없이 등장하고 논쟁하며 진화해야 하였습니다. 이처럼 민주주의는 오랜 시간에 걸쳐 여러 생각이 섞이고 대립하며 발전해 온 논쟁적인 개념입니다.

오늘날에도 이 과정이 계속되고 있습니다. 민주주의는 고정된 어떤 규칙이 아니라 현재에도 끊임없이 변화, 발전하는 하나의 이상이기 때문입니다. 따라서 그 생각과 논쟁들이 아로새겨진 고전을 읽는 것은 민주주의를 이해하는 데 매우 중요합니다. 이를 통해 민주주의가 무엇인지, 민주주의는 어떻게 만들어져 왔으며, 민주주의의 가장 중요한 개념들은 무엇인지에 대해 알 수 있음은 물론, 우리가 어떤 민주주의를 추구해야 하는지 가늠할 수 있습니다.

이런 점에서 고정된 정답이 아니라 논쟁 속에서 민주주의를 바라보는 훈련이 매우 중요하지만, 현재 우리나라의 정치교육은 그 역할을 다하지 못하고 있습니다. 교과서에는 민주정치와 관련된 여러 정치 개념이 등장하긴 하지만, 제대로 논의되지 못하고 이미 정리된 개념으로 제시됩니다. 물론 개념의 이해를 돕기 위해 위대한 정치 사상가들의 글을 일부 소개하고 있기는 하지만, 요약 글이거나 토막 인용에 그치고 있습니다. 앞서 말하였듯이, 민주주의 개념들은 논쟁을 통해, 심지어는 투쟁을 통해 형성된 것들입니다. 그래서 그 전후 맥락과 논리적 근거, 흐름을 충분히 알아야 비로소 그 진수를 이해할 수 있습니다. 해당 개념이 나오는 단락만 달랑 떼어 놓고 읽는다고 알 수 있는 것이 아닙니다. 그렇게 되면 단어 단위로 암기하던 주입식 교육을 문단 단위로 외우는 주입식 교육으로 확장한 것에 불과합니다. 이러한 방식으로 정치를 공부해서 민주주의에 대한 화석화된 개념들만 알게 된 청소년들이 민주 시민으로 자라서 민주주의를 발전시키기를 기대하기는 매우 어렵습니다. 더군다나 생업에 바쁜 일반 시민들이 플라톤이니 로크니 루소니 하는 사상가들의 저작을 따로 시간 내어 읽기란 더더욱 어려울 테니, 우리나라의 민주 시민 교육은 거의 이루어지기 어려운 셈입니다.

그래서 우리 엮은이들은 민주주의가 만들어지기까지 기여한 중요한 정치 사상가들의 고전을 읽기 편하게 한두 권의 책으로 엮어 청소년, 그리고 나아가서 시민들에게 제공해야겠다고 생각했습니다.

물론 정치와 관련된 고전을 다양하게 편집한 책들은 이미 시중에 널리 나와 있습니다. 그러나 그 책들은 한 권에 한 사상가를 다루거나 한꺼번에 너무 많은 사상가를 다룹니다. 두 경우 다 문제가 있습니다.

전자의 경우, 시장성 높은 저작에 집중하는 경향이 있습니다. 그래서 《리바이어던》이나 《군주론》, 《공산당 선언》과 같이 저명한 책은 여러 종류가 나와 있는 반면, 《미국의 민주주의》, 《로마사 논고》, 《통치론》 같은 책은 매우 중요한 저작임에도 거의 다루지 않고 있습니다. 후자의 경우, 한 권으로 많은 사상가를 섭렵할 수는 있지만 저자를 선정한 기준이 단지 지명도에 따른 경우가 많습니다. 그 결과 여러 분야 대가들의 글을 그저 시대순으로 몇 쪽씩 나열하고 거기에 약간의 설명을 곁들인 책들이 남발되고 있습니다.

위대한 사상가들의 저서를 다 읽을 수는 없지만 적어도 어떤 주제가 충분히 개진되는 과정을 알 수 있을 정도의 분량은 읽어야 합니다. 소개 글과 원문의 분량이 어슷비슷하게 편집된 그런 종류의 책들은 오히려 그 사상가에 대한 선입관만 심어 주며, 결국 그 사상에 대해 아는 것이 아니라 엮은이의 생각을 무비판적으로 받아들이게 만듭니다.

이런 문제점에 착안하여 우리 엮은이들은 '여러 위대한 정치 사상가들의 저작에서 가장 핵심이 되는 부분, 혹은 교과서에서 그 개념을 차용한 부분을 전후 맥락이 잘 드러나도록 충분한 분량을 발췌하여 한 권으로 엮어 낸다면, 그래서 한 권의 책을 통해 수천 년 정치사상의 흐름을 생생하게 느낄 수 있다면 어떨까?' 하는 생각을 하게 되었습니다.

그래서 정치학의 고전이라 불릴 만한, 특히 민주주의의 형성 과정에서 크게 기여한 고전들을 선정하여 먼저 원전을 꼼꼼하게 읽고 토론한 뒤, 청소년을 포함한 일반 독자들이 읽을 만한 부분들을 발췌하는 작업을 시작하였습니다. 이 작업은 쉽지 않은 데다 어떤 점에서는 능력을 벗어나는 일이기도 하였습니다. 그럼에도 이 작은 결과물을 세상에 내놓는 것은, 청소년들에게 이것을 읽히는 것이 정치교육에 보탬이 될 것이라는 다소 무모한 낙관 때문입니다.

이 책은 학교의 정치수업을 염두에 두고 구성하였습니다. 사상가들의 저술을 직접 살펴보기에 앞서 저작이 나올 당시의 시대적 상황과 사상가의 생애 등을 충분히 알 수 있도록 하였습니다. 고전은 충분히 발췌하여 의미를 파악할 수 있도록 하였고, 엮은이들의 꼼꼼한 주석을 중간중간 배치하여 어려움 없이 원전을 읽을 수 있도록 하였습니다. 또 원전을 적절한 분량으로 나누어 실었는데, 이는 학교에서 정치 수업 교재로 쓸 수 있도록 한 차시 분량을 고려한 것이기도 합니다. 끝에는 함께 생각해 볼 물음과 고전 요약 노트를 담아 독자 스스로 다시 한 번 되짚어 볼 수 있도록 하였습니다.

이 책에 수록된 고전들은 물론 위대한 저작들입니다. 하지만 엮은이들의 발췌와 주석들이 완벽할 수는 없습니다. 모쪼록 이 책이 우리나라의 민주주의가 정착되고 발전하는 데 작은 밑거름이 되길 기대해 봅니다. 또한 이 책을 읽을 청소년이나 이 책을 이용하여 정치를 가르치려는 선생님들의 따끔한 비판과 질책도 바랍니다.

2011년 11월
구민정·권재원

| 차례 |

머리말 · 4

1부 고대 그리스와 로마의 민주주의

1장 자발적인 민주 시민을 말하다 – 페리클레스 〈전사자 추모 연설〉 ... 13
— 〈전사자 추모 연설〉을 읽기 전에 ... 14
01 아테네는 다른 폴리스와 어떻게 다른가? ... 19
요약 노트 · 24

2장 이상적인 올바른 국가를 제시하다 – 플라톤 〈국가〉 ... 25
— 〈국가〉를 읽기 전에 ... 26
01 올바른 삶을 위한 올바른 기준은 무엇인가? ... 33
02 올바른 국가를 만들기 위해 어떻게 살아야 할까? ... 39
03 올바른 국가가 되려면 누가 다스려야 할까? ... 51
요약 노트 · 64

3장 실현 가능한 최선의 국가를 구상하다 – 아리스토텔레스 〈정치학〉 ... 67
— 〈정치학〉을 읽기 전에 ... 68
01 인간을 왜 정치적 동물이라고 하는가? ... 73
02 이상을 꿈꿀 것인가, 실현 가능한 최선을 추구할 것인가? ... 80
03 한때 강성하였던 나라들이 무너지는 이유는 무엇일까? ... 92
요약 노트 · 110

4장 누구도 독점할 수 없는 국가를 꿈꾸다 – 키케로 〈국가론〉 ... 113
— 〈국가론〉을 읽기 전에 ... 114
01 공화국이란 무엇일까? ... 121
02 공화국을 유지하기 위해 필요한 것은 무엇일까? ... 133
요약 노트 · 140

5장   신과 함께하는 평화로운 국가를 생각하다 – 아우구스티누스 《신국론》   141
- 《신국론》을 읽기 전에   142
- 01   로마제국이 멸망한 이유는 무엇일까?   147
  요약 노트 · 154

2부 | 고대 중국의 민본주의

1장   문화와 교양으로 다스리는 나라를 꿈꾸다 – 공자 《논어》   159
- 《논어》를 읽기 전에   160
- 01   올바른 정치란 무엇인가?   165
- 02   올바른 정치의 주역, 군자란 누구인가?   178
  요약 노트 · 190

2장   측은함으로 선한 본성을 지키는 나라를 생각하다 – 맹자 《맹자》   193
- 《맹자》를 읽기 전에   194
- 01   왕도정치란 무엇이고 패도정치란 무엇인가?   199
- 02   인간은 정말 선할까?   214
  요약 노트 · 221

부록

정치사상사 연표 · 224
참고 문헌 · 228
찾아보기 · 229

1부

고대 그리스와 로마의 민주주의

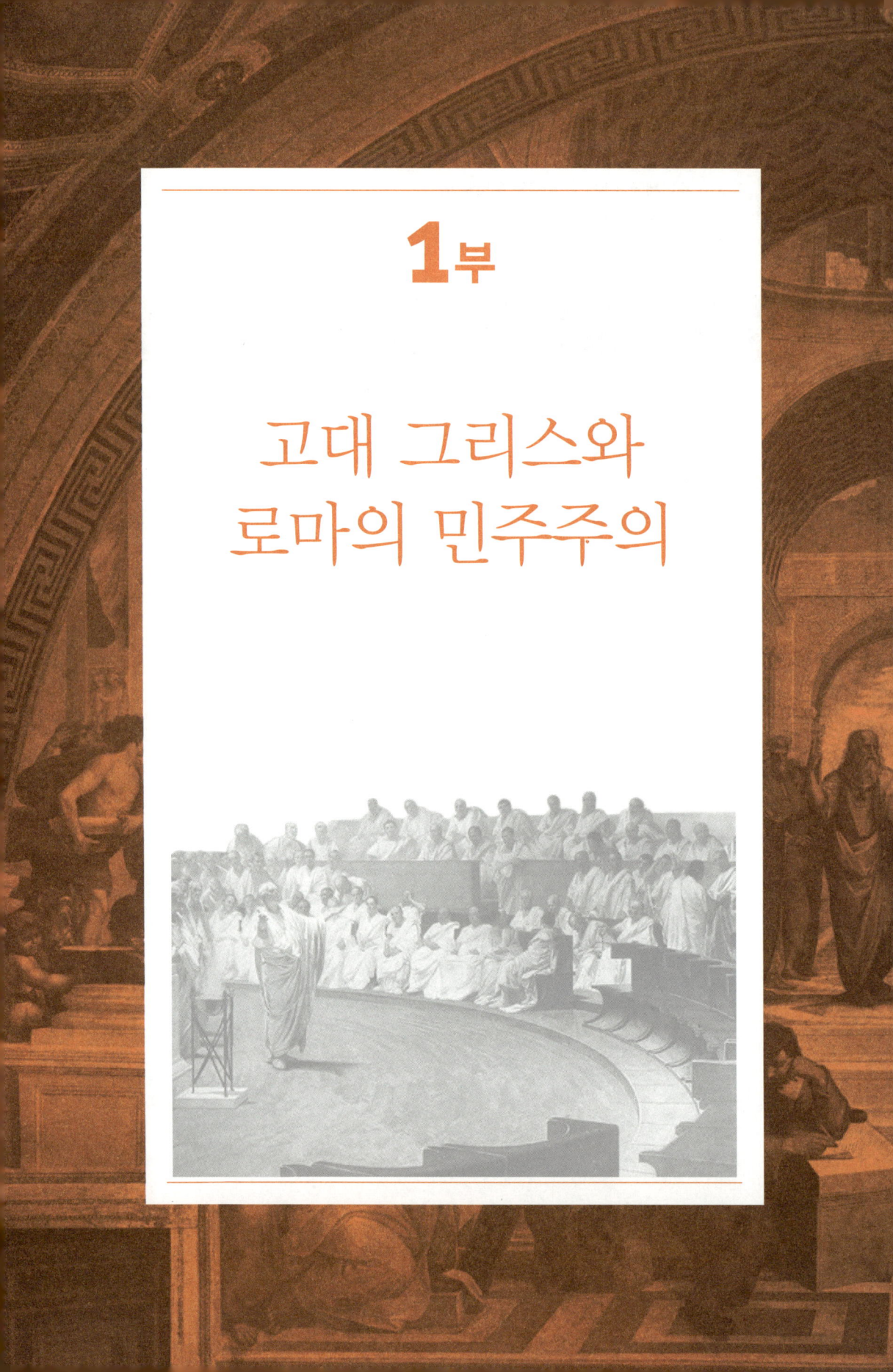

우리나라 정치의 근본인 헌법 제1조는 "대한민국은 민주공화국이다."입니다. 그래서 많은 정치 교과서들은 첫 단원을 '민주주의'와 '공화국'이라는 말의 기원을 헤아려 보는 것에서부터 시작합니다. 정치 교과서 대부분은 민주주의의 기원을 고대 그리스에서, 공화정의 기원을 로마에서 찾곤 합니다. 민주주의democracy, demokratia의 어원이 그리스어 demos인민와 kratos통치이고, 공화정republic의 기원이 라틴어 res publica공공의 것이기 때문입니다.

물론 우리가 고대 그리스나 로마인들이 사용한 정치체제를 오늘날 그대로 사용하는 것은 아닙니다. 오늘날의 민주공화국은 고대 그리스와 로마의 것과는 상당히 다르며 그렇게 할 수도 없습니다. 그럼에도 오늘날 민주정치의 이념이나 공화정의 제도가 상당 부분 고대 그리스와 로마에 기원을 두고 있는 것은 분명한 사실입니다. 따라서 고대 그리스와 로마의 정치사상을 살펴보는 것은 민주주의를 이해하는 데 큰 도움이 됩니다.

그러나 민주주의의 기원이 그리스와 로마임을 아는 것만으로는 민주 시민의 자질에 아무 보탬이 되지 않습니다. 중요한 것은 그들 제도의 어떤 속성이 오늘날 민주정치에 영향을 주었으며, 당시 그리스와 로마인들은 자신들의 정치에 대해 어떻게 생각하였는지, 당시 정치에 대해 어떤 논쟁이 있었는지를 이해하는 것입니다. 그래서 고전으로 배우는 정치학은 고대 그리스인과 로마인의 목소리를 통해 고대의 정치를 알아보는 것으로 시작합니다.

1장

자발적인 민주 시민을 말하다

{ 페리클레스 〈전사자 추모 연설〉
Perikles
Funeral Oration of Perikles }

〈전사자 추모 연설〉을 읽기 전에

페리클레스Perikles, 기원전 495~기원전 429는 아테네가 가장 번영하였던 시대를 이끈 정치가입니다. 페리클레스에 대한 기록은 투키디데스와 플루타르코스 등 훨씬 후대의 두 역사가가 남긴 것이 전부이며, 실제보다 지나치게 미화되었다는 평가를 받고 있습니다. 하지만 어쨌든 그는 기원전 461년부터 아테네의 민주주의 정파를 이끌며 아테네 민주정치를 정점에 올려놓은 정치가로 알려져 있습니다. 그는 네 번이나 최고 행정관에 선출되었습니다. 당시 아테네인들은 특정인이 지나치게 자주 권좌에 오르면 독재를 방지하기 위해 도편추방을 하곤 했는데, 페리클레스의 경우는 예외였습니다. 그만큼 그는 아테네인들의 사랑과 존경을 받은 지도자였습니다.

고대 아테네가 민주정치의 발상지라는 것은 다들 알고 있을 것입니다. 페리클레스는 뛰어난 웅변가로서 〈전사자 추모 연설〉을 포함해 감동적이고 영향력 있는 명연설을 여러 차례 한 것으로 알려져 있으나 연설 원고는 하나도 남기지 않았습니다. 사실 페리클레스뿐 아니라 고대 그리스의 정치가들은 많은 글을 남기지 않았습니다. 소크라테스를 비롯한 철학자들도 마찬가지입니다. 그리스인들은 훌륭한 사람의 기준으로 '말과 행동'을 삼은 만큼 엄청나게 논변을 즐겼지만 꼼꼼하게 기록하는 일은 즐기지 않았던 것 같습니다.

아테네의 민주정치를 목숨 걸고 지키다

페리클레스가 통치하던 시기가 아테네 민주정치의 전성기였다는 말은 곧 국력이 기울어지기 시작하는 전환기였다는 뜻도 됩니다. 장차 아테네를 파멸로 몰아넣을 스파르타와의 전쟁 펠로폰네소스 전쟁이 시작되었던 것입니다.

전쟁은 생각처럼 쉽게 끝나지 않았고, 긴 전쟁 기간 동안 아테네 정부는 시민들에게 계속적인 충성과 희생을 요구해야 했습니다. 그리고 그러기 위해서 아테네는 시민들의 충성과 희생을 요구할 만한 자격이 있음을 입증해야 했습니다. 특히 전사자들을 추모하는 행사 때는 유가족들과 다른 시민들에게 '이들의 희생이 헛

페리클레스의 추모 연설 독일의 역사화가인 필리프 폰 폴츠가 1860년경에 연설 장면을 상상하여 표현한 그림이다. 펠로폰네소스 전쟁이 시작된 직후인 기원전 431년 아테네인들에게 일상으로 자리 잡은 민주주의를 짐작할 수 있다. 당시만 하더라도 1년이면 간단하게 끝날 것 같았던 이 전쟁이 28년이 지나고서야, 그것도 아테네가 항복을 함으로써 끝났다. 게다가 페리클레스가 이 연설에서 '아테네는 그리스의 모범'이라고 자부하였던 민주주의도 서서히 과두정체로 바뀌는 계기가 된다.

되지 않았다.'는 메시지를 강하게 전달해야 했습니다. 이런 이유에서 페리클레스는 아테네가 목숨을 걸고 지킬 만한 자랑스러운 조국임을 웅변하였습니다.

페리클레스는 아테네의 자랑스러움과 영광을 자신들의 고유한 정치제도인 민주정치에서 찾고 있습니다. 그러면서 아테네의 민주정치가 다른 나라들의 정치와 어떤 점에서 다르며, 어떤 점에서 더 훌륭한지를 명쾌하게 설명하고 있습니다. 이 연설문은 아테네 예찬이자 민주정치 예찬입니다. 또한 민주정치의 특징이 무엇인지 구체적으로 서술한 가장 오래된 문헌입니다.

사실 오늘날 우리가 민주정치의 원리라고 생각하는 많은 것들이 고대 아테네에서 유래되었습니다. 그리고 그 민주정치를 가장 훌륭하게 정리한 문서로서 이 연설문은 이후 민주정치에 대한 모든 논의에서 가장 기본적인 출발점의 역할을 했습니다. 오늘날 우리가 민주정치의 기본 원리로 알고 있는 다수의 지배, 시민의 능동적 참여, 사생활의 관용, 공공 생활의 준법 같은 것들이 모두 여기에서 비롯되었습니다. 이 글을 읽고 민주정치의 의미에 대해, 또 그 속에서 살아가는 민주 시민의 자세에 대해 느끼는 점이 있기를 바랍니다.

고대 그리스인이 바라본 다양한 정치체제

고대 그리스인들은 누가 다스리고, 다스리는 사람을 어떻게 선발하느냐에 따라 정치체제를 여러 가지로 분류하였습니다. 그런데 학자들마다 이 용어를 저마다의 의미로 사용하는 경향이 있어서 미리 정리해 두지 않으면 고대의 정치학 고전을 읽을 때 혼란을 겪을 수 있습니다.

고대 그리스인들은 기본적으로 다스리는 사람이 하나, 소수, 다수인 경우로 정치체제를 분류하였습니다. 하나는 monos, 소수는 oligos, 다수는 demos라고 부릅니다. 통치자가 하나인 경우에는 왕정monarchia, 소수인 경우에는 과두정oligarchia, 다수인 경우에는 민주정demokratia이라고 불렀습니다.

한 사람의 통치 중에서 그 한 사람이 정당성 없이 무력이나 불법적으로 권력을 획득한 뒤 독재를 행할 경우에는 참주정tyrannis이라고 불렀습니다. 소수의 통치 중에서는 그 소수가 가장 탁월한 사람aristos인 경우를 따로 분류하여 귀족정aristokratia이라고 불렀습니다. 민주정의 경우는 두 가지 뜻을 가지고 있습니다. 과두정과 대비될 때는 소수가 아닌 다수의 통치란 의미를 강조하지만, 귀족정과 대비될 때는 보통 사람들의 통치란 의미가 강조됩니다.

한편 아리스토텔레스는 참주정을 제외한 정치체제들은 저마다 장점과 약점을 지니고 있기 때문에 어느 것이 더 우월하다고 볼 수 없고 각각의 장점을 잘 조합해야 한다고 주장하였습니다. 각 정체의 장점을 혼합한 형태를 가리켜 '정체politeia'라고 불렀습니다. 하지만 이렇게 하면 그 뜻이 잘 전달되지 않기 때문에 이 말을 '혼합정체'라고 부르기도 합니다. 정리하면 다음과 같습니다.

지배세력의 형태	하나	소수	다수	혼합
탁월함	왕정	귀족정	민주정	혼합정체
탁월하지 않음	참주정	과두정		

▨ 〈전사자 추모 연설〉 발췌 부분

01 아테네는 다른 폴리스와 어떻게 다른가? 《펠로폰네소스 전쟁사》 2권 6장

01 | 아테네는 다른 폴리스와 어떻게 다른가?

| 민주정치에 대하여 |

우리의 정치제도는 이웃 폴리스들의 제도를 모방한 것이 아닙니다. 오히려 우리는 그들에게 본보기가 되었습니다.

 폴리스Polis는 고대 그리스인들 특유의 국가형태입니다. 이 말은 책에 따라 도시 또는 국가로 번역되며, 경우에 따라서는 도시국가로도 번역됩니다. 그런데 폴리스는 그 자체로 완결된 정치 단위였으므로 도시라고 번역하는 것이 어색합니다. 또한 그 규모가 오늘날의 도시국가인 홍콩이나 싱가포르보다 훨씬 작은 경우가 많았으므로 국가라고 부르기도 어색합니다. 그래서 이 말을 굳이 번역하지 않고 폴리스라고 사용하는 경우가 많습니다. 하지만 당시 그리스인들은 폴리스를 곧 국가라는 뜻으로 사용하였으며, 정치나 국가 운영과 관련된 여러 단어Politic, Policy, Police의 어원도 폴리스에서 비롯되었습니다.

우리의 정치체제는 권력이 소수가 아닌 다수로부터 나오기 때문에 민주정치

demokratia라고 부릅니다. 우리 법은 사적 분쟁을 해결하는 경우에 모든 사람의 평등한 정의를 보장합니다. 우리는 중요한 공직을 부여할 때 출신이 아니라 능력의 탁월함만을 고려합니다. 모든 성취와 재능을 환영하고 영예를 부여합니다. 국가에 봉사할 능력만 있다면 가난하다는 이유로 정치적으로 빛을 보지 못하는 일이 없습니다.

이 부분은 민주정치에 대한 가장 깔끔하면서도 고전적인 정의로 유명합니다. 다만 여기에서 '다수'라는 말은 단지 수효가 많다는 뜻이 아니라 특권층이 아니란 뜻을 가지고 있습니다. 따라서 페리클레스는 아테네는 출신과 무관하게 나라의 권력을 다루는 공직을 맡을 수 있다는 점을 강조하고 있습니다. '권력이 다수로부터 나온다.'는 말에는 '권력이 인민으로부터 나온다.'는 뜻이 들어 있는 것입니다. 지금으로부터 2500년 전의 이 말이 대한민국 헌법 제1조 "대한민국은 민주공화국이다. …… 모든 권력은 국민으로부터 나온다."와 얼마나 가까운가를 생각하면 더욱 놀랍습니다.

우리는 정치 생활뿐 아니라 다른 사람들과의 관계나 일상생활에서도 자유롭고 개방적입니다. 우리는 이웃이 자기 방식대로 살아간다고 해서 그 사람에게 화를 내거나 해를 끼치지 않음은 물론이려니와, 그 사람의 감정을 상하게 할 불쾌한 표정조차 드러내지 않습니다. 사생활에 대해서도 자유롭고 관용적입니다. 그러나 공적인 문제에서는 법을 준수합니다. 우리의 법이 존중할 만한 가치가 있기 때문입니다. 우리는 우리가 선출한 권위자에게 복종하고 법들, 특히 압제받는 자들을 보호하는 법과 관습법에 복종하며 그것을 어기면 누구나 수치스럽게 생각합니다.

고대 그리스인들은 삶의 영역을 사적인 영역과 공적인 영역으로 나누었습니다. 사적인 영역은 가족이나 생계를 위한 활동이 이루어지는 곳이고, 공적인 영역은 정치적인 토의가 이루어지는 곳입니다. 이때 사적인 영역은 공개되지 않는 은밀한 영역입니다. 여기에서는 완전한 자유가 주어지며 누구도 간섭할 수 없습니다. 반면 공적인 영역은 공적 책임의 영역입니다. 이곳에서는 시민으로서의 권리와 의무가 중요합니다. 이렇게 자유로운 사생활과 책임 있는 공적 생활을 모두 겸비할 때 고대 아테네인들은 삶이 완성된다고 보았습니다.

더욱이 우리 폴리스는 일에서 벗어나서 재충전할 수 있는 다양한 정신적 여가를 제공합니다. 1년 내내 정기적인 운동경기와 축제를 개최하며, 우리의 우아한 건물들은 일상을 기쁘게 만들고 우울함을 사라지게 합니다. 게다가 우리 폴리스는 강대하기 때문에 세계의 모든 좋은 것이 흘러들어 옵니다. 그 결과 우리는 마치 국내 상품처럼 외국 상품을 자연스럽게 즐깁니다.

우리는 국토를 방위하는 데 있어서도 다른 경쟁 폴리스들과 다릅니다. 몇 가지 예를 들어 봅시다. 적의 첩자들이 설사 우리 폴리스의 자유 때문에 기회를 잡는다 할지라도, 그들이 마음껏 우리 폴리스를 관찰하고 배울 수 있게 개방합니다. 이는 어떠한 방어 체계나 정책보다 우리 시민들의 고유한 정신을 더 신뢰하기 때문입니다.

교육도 저들과 크게 다릅니다. 스파르타인들은 아주 어릴 때부터 용기를 기르기 위한 고된 훈련을 받지만, 우리는 그러지 않습니다. 하지만 우리는 비록 자유롭게 산다고 해도 그들과 마찬가지로 어떤 위험도 헤치고 나갈 준비가 되어 있습니다. 나는 국가가 주입한 용기보다는 자연스러운 용기로 위험에 자발적으로 맞서는 우리 방식이 더 훌륭한 점이 많다고 확신합니다.

또 다른 점들도 있습니다. 우리는 아름다운 것에 대한 사랑이 사치로 나아가지 않습니다. 정신적인 일들에 대한 사랑이 우리를 나약하게 만들지도 않습니다. 우리는 부를 과시하는 대신 잘 사용하고자 하며, 가난을 부끄러워하는 대신 거기에서 벗어나기 위해 실질적인 노력을 합니다. 진짜 수치스러운 것은 그것에서 벗어나기 위한 실질적인 노력을 하지 않는 것입니다.

흔히 각자의 자유에 맡겨 놓으면 사회가 혼란스러워질 거라고 말합니다. 하지만 페리클레스는 아테네인의 자발성과 책임감을 자랑스러워합니다. 심지어 전쟁에 임해도 스스로 나선 싸움이기에 아테네인들은 그 누구보다도 용감하게 싸웠다고 주장합니다. 이를 통해 그는 어째서 아테네인들이, 어릴 때부터 강압적인 훈련을 통해 전사로 길러진 스파르타인들과의 싸움에서 결코 밀리지 않았는지를 설명하고 있습니다.

우리는 사적인 일뿐 아니라 폴리스의 일에도 관심을 가집니다. 각자 자신의 사업에 종사하는 사람들조차 공공의 정치 문제에 대해 잘 알고 있다는 것이야말로 우리의 특징입니다. 우리는 정치에 무관심한 사람을 자기 일에 몰두하는 사람이라 부르지 않고 우리와 아무 관계 없는, 쓸모없는 사람이라 부릅니다. 아테네인들은 민회에서 정책을 의결하거나 적절한 토론에 회부합니다.

가장 나쁜 것은 적절한 토론을 거쳐 결론을 내기 전에 성급하게 행동하는 것입니다. 그리고 이 점이 다른 나라 사람들과 우리의 또 다른 점입니다. 우리는 모험을 회피하지는 않지만 모험에 대해 미리 심사숙고하고 그 위험을 충분히 알고 나서 행합니다. 다른 사람들은 무지로 인해 용감하고 생각하기 위해 멈추었을 때 두려워하기 시작합니다. 그러나 참으로 용감한 사람은 인생에서 감미로운 것과 고통스러운 것의 의미를 가장 잘 알고, 그러면서 앞으로 닥칠 일들을 맞으러 아무 거리낌 없이 나아가는 자입니다.

아테네 민주정치는 다만 제도의 문제가 아니라 공적인 문제에 적극적으로 참여하는 아테네 시민들의 덕성의 문제이기도 합니다. 이 참여는 한 번의 투표가 아니라 토론 과정에 참여하는 것까지를 의미합니다. 아테네인들은 공적인 문제에 참여하지 않는 사람을 '우리와 무관한 자'라 부르며 시민으로 간주하지 않았습니다. 토론은커녕 몇 년에 한 번 하는 투표에도 게으른 오늘날 대한민국 시민은 과연 시민이라 불릴 만할까요?

나는 이런 모든 점을 함께 고려하여 우리가 모든 그리스인의 학교임을 선언합니다. 그리고 이 말이 이 특별한 때추모식를 위한 허황된 자랑이 아니라 참으로 객관적인 사실임을 증명하려면 우리 폴리스가, 내가 앞에서 언급한 자질들에 힘입어, 보유하였고 현재 보유하고 있는 힘을 한번 떠올려 보기 바랍니다.

아테네는 내가 아는 한 시련기를 맞이한 우리 시대 국가들 중 유일하게 실상

이 소문을 능가하는 국가입니다. 아테네는, 아니 오직 아테네만이 적이 패배를 당해도 부끄럽지 않은 상대이며, 어떤 종속민도 자격 없는 사람들에게 지배당한다고 불평할 수 없는 폴리스입니다. 오늘날 사람들이 우리에게 놀라듯이, 미래의 사람들도 우리에게 놀랄 것입니다. 우리의 폴리스를 위해 싸우다 희생된 훌륭한 전사자들 덕분에 그런 업적을 달성할 수 있었습니다. 그들은 조국이 패망할지도 모른다는 생각을 품지조차 못하였을 것입니다. 살아남은 우리 모두는 조국을 위해 기꺼이 헌신해야 할 것입니다.《펠로폰네소스 전쟁사》 2권 6장)

● 생각해보기

1. 고대 아테네의 민주정치가 오늘날의 민주정치와 비슷한 점은 무엇인가요?

2. 고대 아테네의 민주정치가 오늘날의 민주정치와 다른 점은 무엇인가요?

3. 고대 아테네에 대해 조사해 보고, 당시 민주정치의 한계가 무엇인지 적어보세요.

우리 아테네의 정치는 다수에서 권력이 나오는 민주정치입니다. 우리는 국가에 봉사할 능력만 있으면 가난하다고 해서 정치적으로 빛을 보지 못하는 일이 없습니다. 우리는 다른 사람들과의 일상생활에서는 자유롭고 개방적이지만 공적인 생활에서는 법을 지킵니다.

하지만 비록 자유롭게 산다고 해도 우리는 국가가 주입한 용기보다는 자발적인 용기로 어떤 위험에도 맞설 준비가 되어 있습니다. 우리는 사적인 일뿐 아니라 폴리스의 일에도 관심을 가집니다. 우리는 민회에서 정책에 대해 토론하고 의결합니다.

2장

이상적인 올바른 국가를 제시하다

플라톤 《국가》

Platon
Politeia

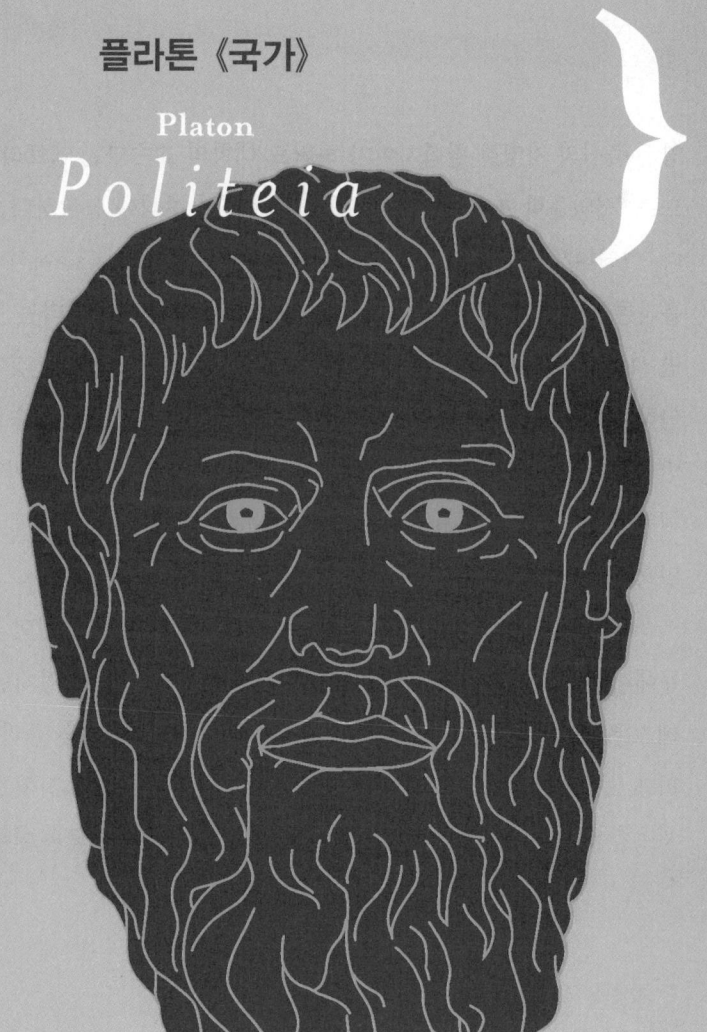

《국가》를 읽기 전에

영국 출신의 저명한 철학자이자 하버드 대학의 교수였던 앨프리드 노스 화이트헤드는 "서양철학 2000년은 모두 플라톤에 대한 주석에 불과하다."라고 말하였습니다. 그러니까 서양의 철학은 플라톤Platon, 기원전 428~기원전 348에서 시작되어, 아직도 플라톤이 한 사유의 범위 안에서 단지 그것을 보충하고 있다는 것입니다. 이 정도면 사실상 '서양철학=플라톤 철학'이라는 등식이 성립되는 것이니, 정말 이만저만한 예찬이 아닐 수 없습니다. 물론 이건 좀 과장된 표현일 수도 있습니다. 하지만 그만큼 플라톤이 서양철학에서 차지하는 위상이 크다는 의미일 것입니다. 오랜 세월 동안 그 정도로 광범위한 영향을 끼친 경우는 동아시아 문화권의 공자 정도일 것입니다.

플라톤은 고대 아테네가 전성기를 지나 기울어 가고 있던 시절에 부유한 가문에서 출생하였습니다. 원래 시인이나 극작가가 되고 싶었지만 20세 때 소크라테스를 만난 뒤 그에게 매료되어 제자가 되었습니다. 이후 플라톤은 스승인 소크라테스가 부당하게 사형당하는 모습 등을 보면서 올바른 정치를 구현해야겠다는 사명감을 가지게 되었습니다. 그러나 그런 그의 정치적 꿈은 이루어지지 못하였습니다. 시칠리아 섬의 시라쿠사에서 한 정치 실험이 참담한 실패로 끝난 뒤, 그는 남은 생애 거의 대부분을 아테네에 세운 '아카데메이아'라는 학원에서 교육에 헌신하며 보냈습니다. 그리고 그곳에서 아리스토텔레스 같은 훌륭한 제자들을 길러냈습니다. 이는 천하를 주유하며 정치적인 이상을 펼치려고 하였으나 끝내 좌절한 뒤 남은 생을 교육자로서 헌신하였던 공자의 삶과 매우 흡사합니다.

스승의 부당한 죽음으로 올바른 기준이 절실해지다
플라톤은 초기 저작을 스승의 어록을 대화체로 기록하는 것에서 시작하였습니다. 사실 그의 저작은 거의 대부분 소크라테스가 제자나 논적들과 대화하는 형식으로 이루어져 있습니다. 이런 독특한 형식을 '대화편'이라고 부릅니다. 이 중 어떤 것은 실제 소크라테스의 어록에 가깝고, 또 어떤 것은 단지 소크라테스가 등장인물로 나와서 플라톤의 생각을 말하고 있습니다. 하지만 이 두 종류의 저작을 명확하

아테네 학당 르네상스를 대표하는 화가 중 한 사람인 라파엘로가 그렸다. 이 그림에는 고대 문명을 빛낸 많은 학자와 문인이 등장한다. 그 한가운데에 플라톤과 그의 제자인 아리스토텔레스가 논쟁하는 모습을 배치함으로써 서양 문명의 큰 뿌리인 두 사람에 대한 존경을 표현하고 있다. 플라톤은 손을 위로 들고 있고, 아리스토텔레스는 아래로 내리고 있는데, 이는 플라톤의 이상주의와 아리스토텔레스의 현실주의를 상징한다.

게 구별하기는 어렵습니다.

통상 《소크라테스의 변명》, 《크리톤》, 《파이돈》 등 소크라테스의 재판 전후의 기록물 성격을 지닌 대화편과 《프로타고라스》, 《고르기아스》 등 소크라테스가 자신의 선배 철학자들과 논쟁하는 형식으로 된 대화편에는 소크라테스의 생각이 좀 더 많이 표현된 것으로 봅니다. 그리고 《메논》, 《향연》 등에는 소크라테스와 플라톤의 생각이 비슷하게 섞여 있는 것으로 봅니다. 또 여기에서 소개할 《국가》 이후의 저작인 《티마이오스》와 《정치가》, 《법률》 등은 온전히 플라톤 자신의 생각을 표현한 것으로 봅니다.

《국가》는 플라톤이 소크라테스의 제자에서 한 사람의 위대한 사상가로 독립하였음을 보여 주는 분수령이 되는 작품입니다. 여기에서도 소크라테스가 등장하고 많은 주장을 펴지만, 이전의 대화편과 달리 사실상 플라톤 자신의 고유한 사상을 전달하는 등장인물일 뿐입니다. 이 책은 플라톤이 '이상 국가'를, 또 이상적 통치자인 철인왕哲人王에 대한 견해를 피력한 것으로 유명합니다. 플라톤이 이렇게 이상적인 국가론을 주제로 책을 썼다는 것은 그만큼 당시 아테네의 상황이 좋지 않았음을 의미합니다. 페리클레스처럼 아테네의 전성기를 살았던 사람은 이상 국가를 말하는 대신 단지 아테네의 현재 상황을 말하기만 해도 충분하였던 것입니다.

플라톤은 아테네 민주정치의 영광이 무너진 시대를 살았습니다. 당시 아테네는 스파르타와의 전쟁에서 패하고 스파르타의 앞잡이 노릇을 하는 30인 독재 정권 아래 시달리다가 간신히 민주정치를 회복하였지만 상호 비방과 내분이 끊이지 않는 혼란기였습니다. 그래서 플라톤은 페리클레스처럼 아테네의 민주정치에 마냥 자부심을 느낄 수 없었습니다. 특히 그는 스승인 소크라테스가 부당하게 사형을 선고받는 과정을 곁에서 지켜보았습니다. 이 과정을 통해 그는 다수에 의한 지배, 즉 민주정치가 반드시 최상의 정치는 아니라고 생각하였습니다. 그렇다고 해서 그가 스파르타의 과두정치를 최상으로 여긴 것은 아닙니다.

이제 플라톤 앞에 놓인 과제는 아테네나 스파르타의 정치제도뿐 아니라 당시까지 알려진 모든 정치제도를 비판적으로 검토하고 이들의 장단점을 파악하는 것이었습니다. 이런 비판적인 작업을 하기 위해서는 기준이 필요합니다. 플라톤은

《국가》에서 바로 올바른 국가의 기준을 제시하고 있습니다.

국가의 이데아에서 올바른 국가가 나온다고 믿다

올바른 국가의 기준을 제시한다는 것은 일종의 견본을 제시한다는 것입니다. 비단 국가뿐 아니라 무엇이든지 우리가 어떤 대상을 평가할 때는 반드시 평가의 기준이 되는 견본이 필요합니다. 예컨대 길이를 측정하려면 '미터'와 같은 표준이 필요하고, 예술 작품을 평가할 때는 모든 사람이 인정하는 걸작들과 같은 어떤 표준이 필요합니다. 플라톤은 이렇게 세상 만물에는 그것의 기준이 되는 가장 완전한 상태가 있다고 생각하고, 그것을 '이데아'라고 불렀습니다.

이것은 국가에도 그대로 적용됩니다. 플라톤의 생각에 따르면, 현재 국가의 상태가 마음에 들지 않고 올바르지 않다고 비판하며 이를 개혁하여 올바른 정치를 펼치려고 한다면 먼저 가장 올바른 국가, 완전한 국가의 상, 즉 국가의 이데아가 있어야 합니다. 이것이 바로 '이상 국가'입니다.

물론 현실에 이상 국가가 그대로 구현되지는 않겠지만, 이상 국가에 얼마나 가까워지려고 노력하느냐가 바로 올바른 정치의 판단 기준이 되는 것입니다. 한마디로 이상 국가는 정치 개혁을 위한 설계도이자 견본인 것입니다. 사실 플라톤은 이데아를 단지 견본으로 보지 않고 실제이며 오히려 유일한 실제라고 보았지만, 더 이상 들어가지는 않기로 합시다. 중요한 것은 플라톤이 이 책을 통해 올바른 국가, 올바른 정치의 이상적인 모습을 제시하고 있다는 점입니다. 특히 민주정치와 관련해서는 오직 예찬으로만 일관한 페리클레스와 달리 그 약점도 분명하게 비판하고 있다는 점에서 매우 중요합니다.

플라톤이 민주주의에 대해 그다지 호의적이지 않은 것은 그의 젊은 시절의 경험에서 비롯된 소신으로 보입니다. '다수결이라 해서 반드시 올바르지는 않다.'는 민주정치의 가장 큰 약점을 그는 다수결을 통해 소크라테스를 사형에 처한 아테네인들의 모습에서 보았기 때문입니다. 그럼에도 그는 민주주의의 반대편에 있는 과두정체를 옹호하지 않습니다. 다만 지금의 어지러운 정치를 평가하여 비판하면서 이를 개혁하기 위한 하나의 기준이 될 '이상 국가'의 상을 그려 보려고 노력할 뿐입니다.

플라톤이 생각하는 이상적인 국가는 가장 현명한 사람이 통치를 담당하고, 다른 사람들은 각자의 소질에 따라 적합한 일에 종사하는 그런 국가였습니다. 문제는 가장 현명한 사람을, 그리고 각각의 일에 적합한 사람을 어떻게 가려내느냐 하는 것입니다. 플라톤은 다수결이 반드시 올바른 것은 아니라고 보았기 때문에 선거가 그 답이 된다고 보지는 않았습니다. 그러므로 그 답은 교육과 선발에서 나오게 되며, 이때부터 이 책은 단지 정치학의 범위에만 머무르는 것이 아니라 교육학과 윤리학까지 확장되며, 마지막 부분에서는 거의 형이상학과 신학에 가까워집니다.

이 책은 한 줄 한 줄 버릴 것이 없는 책입니다만, 정치와 직접 연결되는 부분만 따로 떼어 내어 읽어 보도록 합시다. 그리고 읽는 데 도움을 주기 위해 중간에 작은 제목을 붙이지만, 그 제목은 원전에는 없는 것임에 유의하시기 바랍니다.

플라톤의 《국가》는 그 어떤 그리스 철학보다도 후세에 많은 영향을 끼쳤을 것입니다. 키케로 같은 로마 공화주의자들에게 널리 수용되었으며, 중세 기독교 교부들에게도 큰 영향을 주었습니다. 그러나 이 책은 영향력만큼이나 많은 비판을 받기도 하였습니다. 그 비판은 주로 '이상 국가론이라서 비현실적이다.'라는 것과 '독재 체제와 전체주의를 정당화할 수 있다.'는 두 가지였습니다.

그런데 이 책은 플라톤의 가장 원숙한 시기의 저작이 아닙니다. 플라톤 역시 이상 국가가 현실에서 불가능하다는 것을 알았습니다. 그러므로 이 책은 그저 하나의 견본을 그려 본 것에 불과하며, 그가 현실에서 실제로 구현하려 한 국가의 모습은 후기 저작인 《정치가》와 《법률》 등에서 제시됩니다. 따라서 이 책이 비현실적인 것은 사실이지만 그렇다고 그게 비판의 근거가 되지는 않습니다.

그러나 독재 체제와 전체주의를 정당화할 수 있다는 비판은 중요합니다. 사회·정치 철학자 칼 포퍼는 이 책을 '전체주의의 교과서'라고까지 하였습니다. 그 까닭은 국가에 대해 하나의 이상을 인정하면 이미 국가가 가야 할 목표가 생긴 것이며, 그 목표를 가장 잘 달성할 수 있는 사람여기서는 철학자이 통치자가 되어야 하기 때문입니다. 목표를 가장 잘 달성할 수 있는 사람이 다수일 수는 없습니다. 따라서 국가에서 어떤 이상을 인정한다는 것은 소수 특권층에 의한 통치를 정당화합니다.

물론 플라톤이 전체주의를 옹호하였던 것은 아닙니다. 그는 민주정체 못지않게 참주정체에 대해서도 비판적이었습니다. 하지만 그의 관심사가 '올바른 정치'이지 '자유로운 정치', '다수의 정치'가 아니었던 것은 분명합니다. 이상은 아름답지만 그만큼 위험하기도 한 것입니다. 그러므로 그의 제자인 아리스토텔레스는 어떤 이상적인 국가의 상을 세우기보다 현실에서 만족하고 조화를 이룰 수 있는 국가의 가능한 모습을 찾게 되었습니다.

▨ 《국가》 발췌 부분

01 올바른 삶을 위한 올바른 기준은 무엇인가?	1권
02 올바른 국가를 만들기 위해 어떻게 살아야 할까?	2권, 4권
03 올바른 국가가 되려면 누가 다스려야 할까?	5권, 6권, 8권

01 | 올바른 삶을 위한 올바른 기준은 무엇인가?

이 책은 처음부터 국가나 정치에 대해 논하는 것이 아니라 먼저 올바름정의에 대해 논의합니다. 이는 동서양을 막론하고 고대의 정치사상가들이 국가를 단지 기능적인 조직이 아니라 공공선을 구현하는 존재로 보았기 때문입니다. 따라서 어떤 국가가 되느냐 하는 문제는 어떤 공공선을 구현하느냐의 문제이기 때문에, 국가에 대한 논의는 도덕에 대한 논의와 연결될 수밖에 없는 것입니다.

플라톤의 다른 저작과 마찬가지로 이 책의 주인공은 소크라테스입니다. 하지만 여기서 소크라테스는 실제의 소크라테스가 아니라 플라톤의 생각을 대변하는 가상의 등장인물입니다. 이것이 《소크라테스의 변명》, 《파이돈》, 《향연》, 《크리톤》 등과 같이 실제 소크라테스의 언행을 전달하려고 노력한 초기 저작과 중기 이후 저작의 차이입니다.

| 올바름에 대하여

소크라테스 케팔로스무기 제조 공장으로 큰돈을 번 아테네의 노인 님, 사람들은 어르신이 행복한 노년을 보내시는 이유가 좋은 생활 습관 때문이 아니라 재산이 많아서라고들 합니다. 부자들은 위안거리를 많이 가지고 있다나요?

케팔로스 옳은 말이지.

소크라테스 그럼 노년에 재산이 많으면 무엇이 좋은지 말씀 좀 해 주세요.

케팔로스 사람은 죽을 때가 다가오면 안 하던 두려움과 걱정이 생긴다네. 살아 생전에 나쁜 짓을 하면 저승 가서 벌을 받는다는 이야기 때문에 마음이 괴롭거든. 그러니 나 같은 노인들은 혹시라도 남에게 올바르지 못한 일을 저지른 적이 있는지 두려움에 사로잡히게 되지. 이때 재산이 많다는 것이 도움이 된다네. 재산이 많으면 남을 속이거나 신에게 제물을 바치지 못하거나 남에게 진 빚을 갚지 못한 채 저승에 가지 않아도 되거든.

소크라테스 그런데 방금 말씀하신 그 올바른 일이 대체 뭔가요? 남을 속이지 않거나 빌린 것을 갚는다는 뜻인가요? 아니면 때와 장소에 따라 뜻이 달라지나요? 예를 들어 친구에게 무기를 빌렸는데, 나중에 그 무기를 돌려주어야 할 때 그 친구가 미친 사람이 되었다면 어떻게 될까요? 미친 사람에게 위험한 무기를 정직하게 돌려주는 것을 올바르다고 하긴 어렵겠죠?

케팔로스 그건 그렇군.

소크라테스 그렇다면 올바름의 의미를 남을 속이지 않고 빌린 것을 갚는다는 뜻으로 규정하긴 어렵겠네요.

여기서 '올바름'이라고 옮긴 용어는 옛날에 나온 번역본에서는 주로 '정의'라고 옮겼던 말입니다. 이 말은 그리스어로는 '디카이오시네dikaiosyne'라고 하는데, 오늘날의 정의라는 말과 비슷하기도 하고 전혀 다르기도 합니다. 오늘날에는 정의를 '공평무사함'이라는 의미로 주로 사용하지만, 플라톤은 이 말을 '마땅히 있어야 할 상태'라는 의미로 사용합니다. 그래서 정의보다는 올바름이라는 말이 이 뜻에 더 가깝다고 보입니다. 이 책에서도 올바름이라는 용어를 사용합니다. 하지만 문장들이 어색해지는 경우에 따라서는 올바름, 올바르지 못함 대신 정의, 불의라는 말을 사용하였습니다.

폴레마르코스케팔로스의 아들 아뇨, 실제로는 상당히 통용이 됩니다. 시모니데스소크라테스가 존경한 시인 님의 말씀을 조금이라도 신뢰한다면 말입니다.

소크라테스 시모니데스 님이 올바름에 관해 좋은 말씀을 하셨다고? 그럼 어서 들려주게.

폴레마르코스 그분은 "남에게 받은 것은 반드시 돌려주라."고 하셨습니다. 저는 이게 이치에 맞다고 생각합니다.

소크라테스 하지만 내가 빌린 물건의 주인이 돌려 달라고 할 때 미쳐 있는 상태라면 경우가 전혀 달라지지 않겠나?

폴레마르코스 그럼 "친구에게는 좋은 일로 적에게는 나쁜 일로 갚으라."는 말로 바꿔 볼까요?

소크라테스 우리는 종종 사람들을 잘못 판단한다네. 친구와 적을 혼동해서 적을 이롭게 하고 친구를 해롭게 할 수도 있다고. 이게 올바르다고 할 수 있겠나?

폴레마르코스 그럼 좋은 사람으로 여겨지면서 실제로도 좋은 사람만이 친구이며, 좋은 사람으로 여겨지면서 실제로는 그렇지 않은 사람은 친구가 아니라고 정의해 보죠.

소크라테스 그러니까 친구라고 여겨지는 좋은 사람에게는 좋은 일로, 적으로 여겨지는 나쁜 사람에게는 나쁜 일로 갚는 것이 올바름이란 말이지? 그렇다면 올바른 사람이 남에게 나쁜 일을 해도 된다고 생각하나?

폴레마르코스 상대가 나쁜 사람이고 적이라면 해도 됩니다.

소크라테스 그래? 그럼 음악가가 자기 재능을 이용해 다른 사람의 음악을 망쳐도 되겠나?

폴레마르코스 그건 안 될 말이죠.

소크라테스 그런데 올바른 사람이 올바름을 가지고 다른 사람을 해롭게 하거나 착한 사람이 덕을 가지고 다른 사람에게 악을 행할 수 있겠나?

폴레마르코스 그거야 불가능하죠.

소크라테스 그렇다면 이 사람아! 상대가 친구이건 적이건 간에 해롭게 한다면 그건 올바르지 못한 사람의 행위가 아니겠는가?

폴레마르코스 그러게요.

트라시마코스당시 활동한 소피스트 (이들 사이에 끼어들며) 거, 실없는 소리 작작 좀 하세요. 내 말 똑똑히 들어요. 올바름이란 힘을 가진 자의 이익일 뿐입니다.

소크라테스 어라, 선생 말씀이 참 이상하군요. 설마 씨름꾼 프리다마스가 힘이 세기 때문에 올바르다고 말하는 건가요?

트라시마코스 거, 무슨 당치 않은 소리. 혹시 소크라테스 선생은 여러 다른 정체政體에 대해 들어 본 적이 있습니까? 세상에는 참주정체도 있고, 민주정체도 있고, 또 귀족정체도 있잖소?

소크라테스 그거야 물론 알고 있소.

트라시마코스 그리고 각각의 정체마다 권력을 잡고 있는 정부가 있겠죠?

소크라테스 물론이오.

트라시마코스 그런데 정부를 차지한 사람들은 저마다 자기들에게 유리하도록 법률을 제정하게 마련입니다. 민주정체에서는 인민, 군주정체에서는 왕, 귀족정체에서는 귀족에게 이익이 되도록 법률을 제정한단 말이죠. 그래 놓고서는 자기들의 이익을 나라 전체에 '올바른 것'이라고 선언하고, 이걸 어기면 법률을 위반한 자, 또는 올바르지 못한 범죄자라고 처벌합니다. 그러니 올바름이 힘 있는 자의 이익이 아니면 무엇이겠습니까?

소크라테스 이제야 무슨 뜻인지 알겠소. 그렇다면 말씀해 보시오. 국민이 통치자에게 복종하는 것이 옳은 일이오?

트라시마코스 옳은 일입니다.

소크라테스 그런데 힘을 가진 통치자도 실수를 하지 않겠소?

트라시마코스 물론이죠. 그들도 때로는 실수를 하겠죠.

소크라테스 그렇다면 그들은 법률을 제정할 때 올바르게 제정할 수도 있고 올바르지 못하게 제정할 수도 있단 말이죠?

트라시마코스 아마도 그렇겠죠.

소크라테스 올바르게 제정하는 것은 힘 가진 자들이 자신들에게 이롭게 만든다는 거지만, 올바르지 않게 제정하는 것은 자신들의 이익을 침해하도록 제정한다는 것이 되겠네요?

트라시마코스 제 말이 그 말입니다.

소크라테스　그렇게 되면 올바름이란 힘 있는 자의 이익에 복종하는 것뿐 아니라 그 반대의 경우도 되지 않겠소? 물론 지배자들은 그렇게 생각하지 않겠지만 실수를 저질러서 결과적으로 자신들에게 불리한 법률을 제정할 수도 있으니 말이오. 그리고 선생은 분명 통치자가 정한 법률에 복종하는 것이 올바른 것으로 강변된다고 주장하였소. 그런데 이렇게 되면 힘 있는 자가 자기에게 이익이 아니라 해악이 되는 일을 하라고 약자에게 명령하는 셈이 아니겠소?

트라시마코스　소크라테스 선생! 당신은 정말이지 말장난의 대가요. 엄밀한 의미에서 전문가는 실수를 하지 않습니다. 실수는 그 방면의 지식이 부족하기 때문에 저지르는데, 그렇다면 그는 전문가가 아니니까요. 따라서 진정한 통치자라면 실수를 저지르지 않습니다. 엄밀한 의미로 말하면 이렇습니다. 통치자는 실수하지 않으며 자기 이익에 가장 좋은 법을 만들고, 통치 받는 자들은 이를 따라야 합니다. 처음 말하였던 대로 올바름이란 힘 있는 자의 이익을 따르는 것이 됩니다.

소크라테스　그럼 엄밀한 의미에서 의사는 돈벌이를 하는 사람이오, 아니면 환자를 돌보는 사람이오?

트라시마코스　환자를 돌보는 사람입니다.

소크라테스　선장은 선원들의 우두머리오, 선원들 중 한 사람이오?

트라시마코스　선원들의 우두머리입니다.

소크라테스　그런데 의사는 자기 이익이 아니라 환자의 이익을 생각해서 처방을 내리고, 선장도 자기 이익이 아니라 선원들, 그러니까 통치 받는 사람들의 이익을 생각해서 명령을 하지 않소? 그러니 통치자는 그가 통치자인 한 결코 자신의 이익을 앞세우고 그것을 위해 명령하는 것이 아니라, 통치 받는 사람들의 이익도 생각해서 명령하는 거요.

트라시마코스　허허, 당신은 양과 목동도 구별하지 못하고 있습니다. 목동이 소나 양을 위해 존재합니까? 목동이 소나 양을 살찌우는 목적이 목동의 이익이 아니라 소나 양의 이익입니까? 선생은 어째서 올바름이란 '남에게 좋은 것', 즉 통치자의 이익일 뿐이며, 복종하고 섬기는 사람에게는 해가 된다는 것을 모릅니까? 선생은 언제나 올바른 사람이 손해를 본다는 사실을 알아야 합니다. 참주정체를 보면, 올바르지 못한 사람은 가장 행복하게 만들지만 올바른 사람은 가장 비참하게 만듭니다. 참주포악한 독재자는 남의 것을 조금씩 몰래 빼앗는 것이 아니라 한꺼번에 모조리 빼앗아 버리지만, 그의 행위는 찬양받기까지 합니다. 사람들이 올바르지 못한 것을 비난하는 것은 그것의 희생자가 되는 것이 두려워서이지, 그것을 행하는 것을 두려워해서가 아닙니다. 소크라테스 선생! 이렇게 올바름보다는 올바르지 못함이 더 강하고 자유롭습니다.

소크라테스 이해가 되지 않소. 나는 올바르지 못함이 올바름보다 더 이익이라고 생각하지 않소. 그걸 충분히 납득시켜 주시오. 선생은 완벽한 올바르지 못함이 완벽한 올바름보다 더 이익이라고 주장하는 것이오?

트라시마코스 그렇습니다.

소크라테스 그런데 올바름은 좋은 것이고, 올바르지 못함은 나쁜 것 아니오?

트라시마코스 아니죠. 나는 올바름은 '고결한 순진함', 올바르지 못함은 '탁월한 판단력'이라고 부르겠습니다. 완벽하게 올바르지 못하게 행동할 수 있는 사람이라면, 그리고 국가와 부족을 자기 지배 아래에 둘 수 있는 사람이라면 저는 그를 '탁월한 사람'이라고 부를 겁니다.

소크라테스 듣자 하니 선생은 올바르지 못함을 탁월함과 지혜가 있는 쪽으로 취급하고, 올바름을 그 반대로 취급하자는 것 같소?

트라시마코스 그렇습니다. (1권)

이후에도 소크라테스와 트라시마코스는 논쟁을 계속하지만 평행선을 달리다가 트라시마코스가 일방적으로 논쟁을 중지합니다. 그러자 그 논쟁을 보면서 궁금증이 싹튼 글라우콘이 그 논쟁을 이어갑니다.

● **생각해보기**

1. 소크라테스와 트라시마코스는 '올바름정의'이라는 말을 전혀 다른 뜻으로 사용합니다. 이들의 주장을 정리해 보세요.

02 | 올바른 국가를 만들기 위해 어떻게 살아야 할까?

이제 플라톤작중 화자는 소크라테스은 올바름에 대한 추상적인 논의가 아니라 구체적인 논의를 시작합니다. '올바름이란 무엇인가'라는 질문보다 '올바른 국가, 올바른 사람은 어떤 특성을 지녔는가'를 논하는 것이 더 구체적이고 분명하기 때문입니다. 여기에서 사회 분업을 강조하는 플라톤 특유의 정치사상이 등장하게 됩니다.

각 직분에 맞는 덕

글라우콘플라톤의 형　**소크라테스** 선생님! 선생님은 진심으로 올바름이 올바르지 못함보다 어느 모로 보나 더 좋다고 생각하십니까?

소크라테스　진심으로 그렇다네.

글라우콘　사람들이 뭔가를 좋아할 때는 그 자체가 좋거나 그 자체보다는 거기에서 생기는 결과가 좋거나, 혹은 둘 다 좋기 때문입니다. 선생님은 올바름이 이 셋 중 어디에 해당한다고 생각하십니까?

소크라테스 나는 올바름이란 그 자체로도 좋고 결과도 좋은 것이라고 생각하네.
글라우콘 하지만 대체로 사람들은 올바름은 번거롭다고 생각합니다. 보답이나 좋은 평판 같은 것을 얻지 못한다면 번거롭기만 하며, 웬만하면 피하고 싶은 것이라는 겁니다.
소크라테스 방금 트라시마코스가 올바름을 비하하고 올바르지 못함을 예찬한 것도 바로 올바름을 그런 관점에서 보았기 때문이지.
글라우콘 선생님! 저는 진심으로 올바름이 찬양받기를 바랍니다. 선생님이 어떻게든 올바르지 못함을 비난하고 올바름을 찬양해 주십시오.
소크라테스 이런 식으로 이 문제에 대한 탐구를 시작해 보는 게 어떻겠나? 올바름은 개인뿐 아니라 국가에도 적용되지. 그렇다면 올바른 국가가 올바른 개인보다 더 크고 알아보기도 쉬울 거네. 그러니 큰 올바름과 작은 올바름의 닮은 점을 검토해 보면 개인의 올바름도 검토할 수 있겠지.

이 문단은 조금 설명이 필요합니다. 올바름이라는 주제를 놓고 윤리학 논쟁을 벌이던 소크라테스가 별안간 국가로 주제를 바꿔 정치학을 논하게 되기 때문입니다. 하지만 이 문단에서 소크라테스는 그것이 비약이 아니라 논리적으로 정당한 순서임을 보여 주고 있습니다. 한 개인의 속마음을 알아보는 것보다 한 국가가 운영되는 방식을 알아보는 것이 더 쉽기 때문입니다. "열 길 물속은 알아도 한 길 사람 속은 모른다."는 속담도 있지 않습니까? 따라서 올바름이 무엇인지 알기 위해서는 올바른 사람을 찾아보는 것보다 올바르게 다스려지는 국가가 어떤 식으로 운영되고 있는지 알아보는 쪽이 더 쉽다는 것입니다. 비유하자면 물체의 운동을 관찰하는 것이 전자나 양성자의 운동을 관찰하는 것보다 쉽다는 것이죠. 물론 국가는 개인들의 합이며, 개인들은 국가의 부분이라는 기계론적인 발상은 오늘날 사회과학자 대부분이 받아들이지 않습니다.

글라우콘 훌륭한 말씀입니다.
소크라테스 국가는 사람의 필요 때문에 발생하였겠지. 사람은 결점이 많은 존재라 이를 보충하기 위해 다른 사람들이 필요하지. 그렇게 여러 사람이 서로 다른 목적을 위해 서로 간에 힘이 되어 주네. 이렇게 서로 도와주는 사람들이 한 지역에 모여 집단을 이룬 것이 바로 국가 아니겠나?

글라우콘　그렇습니다.

소크라테스　자, 그렇다면 가상의 국가를 세워 보세. 가장 먼저 필요한 것은 생필품인 의식주가 되겠지.

글라우콘　그렇습니다.

소크라테스　그렇다면 최소한 농부, 건축가, 방직공이 한 명씩은 있어야겠군. 그러고 보니 제화공처럼 우리 몸에 필요한 물건을 만드는 사람들도 필요하군. 그렇다면 가장 작은 국가라 해도 최소한 네댓 명의 사람은 있어야겠는걸. 그렇다면 한 사람이 여러 직업에 종사할 때와 한 가지 직업에만 종사할 때 어느 쪽이 더 성과가 훌륭하겠나?

아데이만토스플라톤의 또 다른 형　그야 한 사람이 한 가지 직업에만 종사할 때입니다.

소크라테스　그렇다면 우리에게 필요한 것을 마련하기 위해 네 사람보다 더 많은 사람들이 필요해지는군. 농부, 건축가, 방직공, 제화공은 그 일에 필요한 도구를 직접 제작할 수 없네. 그러니 목수, 대장장이, 그리고 여러 기술자가 있어야겠지. 또 어떤 나라건 다소간의 수입품은 필요할 테니 무역상, 항해사, 선원, 시장 상인들이 있어야 할 거네. 그 밖에도 여러 가지 힘든 일을 감당할 노동자들도 필요할 테고.

아데이만토스　그렇습니다.

소크라테스　그렇다면, 이제 우리의 가상 국가도 제법 모양을 갖춘 셈이군. 그런데 이렇게 국가의 사람들이 늘어나고 보니 땅이 좀 모자란 것 같군? 그러니 우리가 가축을 기르고 농사를 짓기에 충분한 땅을 가지려면 이웃 나라의 땅을 조금 떼어 와야 할 텐데, 이웃 나라 역시 같은 이유로 우리 땅을 떼어 가려 하겠지?

글라우콘　그래야만 할 겁니다.

소크라테스　이런, 전쟁이군. 그렇게 되면 침략자를 막기 위해 군대가 필요하겠군.

글라우콘　하지만 지금까지 말한 사람들로도 충분하지 않을까요?

소크라테스　아니지. 한 사람이 여러 분야에 종사하면서 동시에 탁월하기란 어렵다고 방금 말하지 않았는가? 농부, 제화공 등이 일에 종사하면서 군인을 겸할 수 있겠는가? 손에 도구만 들었다고 전문적인 기술자나 운동선수가 되는 건 아니지 않는가? 어떤 도구든 그것에 대한 지식과 숙련이 있어야 그 기능을 제대로 발휘할 수 있네.

글라우콘   그렇습니다.

소크라테스   그렇다면 국가의 수호자도 국가 방위에 소질이 있어야 하지 않겠나? 그래서 가능하다면 어떤 성질의 사람이 수호자에 적합한지 가려내야 하지 않겠는가?

글라우콘   그건 확실히 저희가 해야 할 일입니다.

소크라테스   우선 수호자는 잘 싸워야 하니까 용감해야겠지. 그런데 말이나 개 또는 그 밖의 동물들을 보면 과격한 놈이 용감하지 않나?

글라우콘   그렇습니다.

소크라테스   그런데 글라우콘! 수호자는 적에게는 과격하고 친구에게는 온순해야 하지 않겠나? 이거야 원, 온순하면서도 과격한 기질을 가진 사람이 어디 있단 말인가? 온순한 성품과 과격한 성품은 서로 대립하니 말일세.

글라우콘   그러게 말입니다.

소크라테스   이 둘 가운데 어느 한쪽이 없다면 결코 훌륭한 수호자가 될 수 없네. 그런데 이 둘을 동시에 갖추는 건 불가능하고. 어허, 이거 훌륭한 수호자를 찾는 건 헛일이 되겠는걸.

글라우콘   그런 것 같습니다.

소크라테스   그런데 말이야, 개를 좀 보게. 개는 모르는 사람을 보면 그 사람이 어떤 해코지를 한 적이 없는데도 아주 사납게 구네. 반면 아는 사람을 보면 비록 그 사람이 해 준 게 아무것도 없더라도 반가워하지.

글라우콘   정말 그러네요.

소크라테스   개의 이러한 성향은 어쩌면 지혜$_{sophia}$를 사랑하는$_{philos}$ '철학함 $_{philosophia}$'의 측면을 보여 주는 것 같네.

글라우콘   어떤 점에서 그렇습니까?

소크라테스   개는 사람을 친구와 적으로 구별할 때 자기가 아는가 모르는가를 기준으로 삼네. 그러니 앎과 모름에 대해 배우는 걸 좋아한다고 할 수 있지 않겠나?

글라우콘   그러네요.

소크라테스   그렇다면 사람도 친하거나 아는 사람에게 온순하기 위해서는 지혜를 사랑하며 배움을 좋아하는 천성을 가진 사람이라야 한다고 주장해 볼 수 있지 않겠나? 그러니 장차 우리 국가의 훌륭한 수호자가 될 사람은 그 천성이 지혜를 사랑하면서 과격하고, 날래며 힘이 센 사람이라야 하네.

글라우콘   그렇습니다.

소크라테스   그렇다면 이들을 어떻게 기르고 교육해야 하겠나? 우리가 이를 살펴보는 것이 국가에서 올바름과 올바르지 못함이 어떻게 해서 발생하는가를 알아보는 데 도움이 되겠지?

아데이만토스 물론입니다. (2권)

플라톤은 이 수호자라는 말을 두 가지 의미로 사용하고 있습니다. 하나는 국가를 지키는 역할을 하는 사람들의 통칭으로 지배계급, 지배자 등의 의미입니다. 다른 하나는 이 지배계급 중에서 특히 전사 계급을 특칭하는 의미입니다. 이것은 앞에서 나온 사회가 커질수록 분업이 세분화되는 과정을 통해 이해할 수 있습니다. 처음에는 전사 계급이 분화되고, 더 규모가 커지면 다시 전사 계급과 통치자 계급이 분화되는 것입니다. 따라서 특별히 통치자 계급이라는 말과 함께 나올 경우 수호자는 전사의 의미로, 단독으로 나올 경우 지배계급의 의미로 이해하는 것이 무난할 것입니다.

플라톤의 이상 국가에서 수호자를 선발하는 기준은 신분이 아니라 교육에서의 성취입니다. 먼저 모든 시민의 자녀는 평등하게 똑같은 조건에서 교육을 받습니다. 학교에서 체육과 음악을 먼저 배우고 시와 문학을 공부합니다. 이때 학생들에게 가르치는 문학과 예술은 유해하지 않고 허구의 사실을 다루지 않은 것으로 엄선됩니다. 이 모든 과정을 거친 뒤 마지막에 배우는 최고의 과목은 바로 철학입니다. 이렇게 동등한 교육을 받으면서 학생들의 적성과 소질이 드러나게 되고, 학생들은 이 적성과 소질에 따라 적합한 사회적 역할을 담당하게 됩니다. 즉, 플라톤 이상 국가의 지배계급인 수호자나 통치자는 왕족이나 귀족처럼 세습되는 신분이 아닌 것입니다. 부모의 지위에 영향을 받지 않는, 학생들 스스로의 교육 성취에 의해 결정되는 성취 지위입니다. 플라톤은 이런 교육 과정에 대해 상세하게 설명하고 있으나 정치사상을 공부하는 이 책의 취지에서 벗어나기 때문에 이 부분은 생략합니다.

국가의 수호자가 갖추어야 할 덕

소크라테스 이제 일반 국민에서 수호자를 가려내는 문제를 생각해 보세. 우리가 선출해야 할 국가의 수호자는 국가에 이롭다고 생각되는 일에는 열성을 기울이지만 그 반대의 일에는 전혀 관심이 없는 사람이라야 하겠지?

글라우콘 물론입니다.

소크라테스 수호자는 밖으로는 적의 침입으로부터 나라를 보호하고 안으로는 국민 상호 간의 평화를 유지하는 높은 계급이라야 하네. 하지만 그들은 생활에 꼭 필요한 물건 외에는 재산이 거의 없어서 집이나 창고에 아무나 드나들어도 무방할 정도라야 하고, 보수는 전사로서 필요한 만큼, 수호자로서 1년간 사용할 만큼만 받아야 하네. 수호자는 마치 군대에 있는 것처럼 식사와 생활을 공동으로 해야 하지. 만일 그가 자기 땅과 집, 그리고 돈을 가지게 되면, 수호자가 아니라 가장이나 농부가 되고 말며, 다른 시민들의 협력자가 아니라 적대적인 주인이 될 걸세. 그리하여 그는 미워하고 미움을 받고 음모를 꾸미거나 음모에 말려들어 평생을 보낼 걸세.

아데이만토스 그렇다면 선생님, 누가 "수호자는 결코 행복한 사람이 아니다. 그는 국가를 가졌지만 국가로부터 아무런 혜택도 받지 못한다. 반면 다른 사람들은 농토를 소유하고 아름다운 저택에서 살고 있다."라고 말하면 뭐라고 대답하시겠습니까?

소크라테스 어디 그뿐인가? 사사로이 여행을 할 수도 없고, 연인에게 선물을 줄 수도 없으며, 다른 곳에 돈을 쓰고 싶어도 쓸 수가 없네. 이것 말고도 문제 삼을 것은 더 많다네.

아데이만토스 그러면 그것들도 비난거리에 덧붙이시죠.

소크라테스 명심하게. 우리가 만들고자 하는 국가는 일부 사람들만 행복한 것이 아니라 전체가 행복한 국가네. 그러니 진정한 수호자를 만들고자 한다면, 수호자를 임명하는 이유가 그를 행복하게 하려는 게 아님을 분명히 해야 하네. 그래서 자기 책무를 훌륭히 완수하도록 수호자를 설득하고, 그 밖의 다른 사람들도 그렇게 설득해야 하네. 그리하여 국가 전체가 번영하고 기반이 잘 잡히면, 그때 각 집단이 그들 성향에 맞는 행복을 누리도록 허락할 것이고 말일세.

아데이만토스 그 말씀은 훌륭하네요.

소크라테스 나는 수호자에 대한 우리의 요구가 전혀 어렵지 않다고 보네. 가장 중요한 일에만 신경을 쓴다면 쉬운 일이지.

아데이만토스 그게 뭔데요?

소크라테스 교육과 훈련. 그들이 훌륭한 교육을 받아서 절도 있는 사람이 된다면, 이 모든 것을 쉽게 파악할 뿐 아니라 우리가 아직은 제쳐 놓은 다른 많은 것도 그렇게 할 수 있을 걸세.

아데이만토스 그렇게만 된다면야 정말 좋겠죠.

소크라테스 국가의 제도는 한번 올바르게 정해지고 나면 마치 바퀴처럼 잘 돌아갈 수 있네. 지속적인 훈련과 교육을 통해 선한 소질을 가진 수호자들이 만들어지며, 이들은 교육을 통해 더욱더 선해지게 되지. 국가의 수호자는 계속해서 좋은 교육을 받아야 하고, 자신도 모르는 사이에 교육을 망치는 일이 없도록 모든 것에 맞서 이를 지켜야만 하네. 자, 이제 우리의 국가가 완성되었군. 우리의 이 국가가 올바르게 수립되었다면, 이것은 완전한 의미에서 훌륭한 국가일 거라고 생각하네.

글라우콘 정말 그렇습니다.

소크라테스 그렇다면 그런 국가는 지혜와 용기, 절제, 그리고 올바름을 갖추고 있음이 분명하네.

이 네 가지는 고대 그리스인들이 이른바 4원덕元德이라 부르던 인간의 가장 중요한 네 가지 덕목입니다. 여기에서 소크라테스는 완전한 인간이 이 네 가지 덕을 가진 것처럼 완전한 국가도 이 네 가지 덕을 가졌을 것이라고 말하고 있는 것입니다.

글라우콘　분명합니다.

소크라테스　그런데 이 국가가 지혜롭고 분별력 있는 국가로 불린다면 그것은 그 나라 사람들 중 목수들의 지식 때문이겠나?

글라우콘　결코 아닙니다. 그렇다면 그 나라는 단지 목공에 뛰어난 국가로 불릴 것입니다.

소크라테스　그렇다면 나라의 내정과 외교 등에 도움이 되는 그런 지식은 따로 있겠지?

글라우콘　물론입니다.

소크라테스　그럼 그 지식은 무엇이겠나? 그리고 누구에게 있을 것 같은가?

글라우콘　그것은 수호자, 즉 나라를 지키는 자에게 어울리는 지식입니다.

소크라테스　그런데 우리가 세운 이 나라에서 어떤 부류의 사람들이 더 많겠나? 대장장이겠나, 아니면 수호자겠나?

글라우콘　대장장이가 훨씬 더 많겠지요.

소크라테스　여러 직업 중에서 수호자의 수가 제일 적겠지?

글라우콘　그렇습니다. 그들이 제일 적습니다.

소크라테스　그렇다면 각자가 자기 소질을 발휘하도록 세운 그 나라는 그중 가장 수가 적은 사람들 덕택에 지혜로운 나라가 되었군. 자, 이제 우리는 네 개의 덕 가운데서 지혜를 살펴보았고, 그것이 어떤 사람들에게 있는지도 밝혔네. 다음은 용기를 찾아볼 차례로군. 우선 용기 자체가 무엇인지 밝히고 나서 그것이 어떤 사람들에게 있는지 알아보아야겠지? 하기야 용감한 국가라는 말도 있으니 쉽게 발견할 수 있지 않을까 싶네. 나라가 용감하다는 것도 지혜와 마찬가지로 그 나라의 어떤 사람들 덕분이겠지? 그들은 두려워해야 할 것과 두려워해서는 안 될 것에 대한 분명한 견해를 교육을 통해 얻어서 마음에 새겨 두고 있네. 이것이 바로 자네들이 용감한 자라고 부르는 사람이네.

글라우콘　무슨 말씀인지 잘 알 수 없으니 다시 한 번 말씀해 주십시오.

소크라테스　용기란 유지하는 것일세.

글라우콘　무엇을 유지한다는 말씀이십니까?

소크라테스　두려워할 것들, 그리고 그것들과 관련해서 생긴 신념을 교육을 통해 유지한다는 말일세. 즉, 고통, 즐거움, 욕망, 공포에 처해서도 이것을 버리지 않고 끝끝내 지키고 간직한다는 뜻이지. 따라서 나는 두려운 것과 그렇지 않은 것에 대한 올바른 견해를 유지하는 힘을 법률이 명하는 용기라고 부르고자 하네. 자네는 이에 대하여 이의가 없는가?

글라우콘   이의가 없습니다. 선생님은 야수나 노예의 만용은 제외하셨을 테니까요. 이런 용기는 법률이 명하는 용기가 아니라 어떤 다른 것으로 불려야겠죠. 그렇다면 선생님이 말씀하신 것을 용기로 인정해도 좋습니다.

소크라테스   그럼 그것을 국민의 용기로 인정하세. 우리가 세운 나라에서 찾아야 할 것이 두 가지 남았네. 하나는 절제요, 또 다른 하나는 올바름이네.

글라우콘   우선 절제를 먼저 찾아보죠.

소크라테스   원한다면 그리하세. 절제란 하나의 질서라고 볼 수 있네. 다시 말하면 어떤 쾌락이나 욕망을 극복하는 것이 절제가 아니겠나?

글라우콘   그렇군요.

소크라테스   그런데 자기 자신을 이긴다는 표현은 우습지 않나? 자신을 이기는 사람은 자신에게 지는 사람일 것이며, 자신에게 지는 사람은 자신을 이기는 사람이 아니겠나? 내가 보기에 이 표현은 이런 걸 말하려는 것 같네. 인간의 혼에는 좀 더 나은 부분과 못한 부분이 있는데, 이 중 나은 부분이 못한 부분을 압도한다면 이를 자신을 이긴다고 말하는 걸세. 반면 못한 부분이 나은 부분을 압도한다면 자신에게 진 무절제한 사람이라고 하지.

글라우콘   정말 그럴 것 같습니다.

소크라테스   우리 국가를 보세. 온갖 욕구와 쾌락과 고통은 아이나 여인, 그리고 이른바 자유민에게서도 발견할 수 있을 걸세. 하지만 절도 있는 요구와 지성, 바른 판단 등은 가장 훌륭한 교육을 받은 소수의 사람에게서만 찾을 수 있겠지.

글라우콘   맞습니다.

소크라테스   용기나 지혜는 국가의 어느 한 부분에만 있어도 그 국가를 용감하고 지혜롭게 하는 것이지만 절제는 그렇지 않네. 국가 또는 개인의 좀 더 나은 부분과 좀 더 못한 부분 중 어느 쪽이 다스려야 하는지 서로 합의한 것을 절제라고 부르는 것이 가장 타당하네.

글라우콘 전적으로 동의합니다.

소크라테스 지금까지 이 국가에서 지혜, 용기, 절제의 세 가지를 살펴보았네. 그런데 한 가지 남은 것이 있네. 바로 올바름이네.

글라우콘 그렇습니다.

소크라테스 나는 처음에 우리가 나라를 세우면서 정한 일반적인 원칙이 올바름이라고 생각하네. 각 개인은 자기 소질에 적합한 한 가지 일에 종사해야 한다는 원칙 말일세. 즉, 각자 자기 일을 올바로 하는 것이 바로 올바름이란 말이네. 국가에는 서로 소질이 다른 세 계급생산자, 전사, 통치자이 있고, 이 세 계급이 각각 맡은 일을 잘 수행할 때 국가의 올바름이 이루어진다는 것을 기억해 두게.

글라우콘 결코 잊지 않으려고 합니다.

소크라테스 그런데 목수가 제화공의 일을, 또는 제화공이 목수의 일을 하려 하거나, 서로의 도구나 업무를 바꾸거나, 심지어 한 사람이 두 가지 일을 다 하려고 한다면 이런 것이 국가에 큰 해악이 되겠나?

글라우콘 그다지 큰 해악은 되지 않을 것 같습니다.

소크라테스 하지만 그 소질로 보아 장인이나 상인이 되어야 하는 사람이 전사 계급으로 옮기려고 하거나, 전사들 가운데 어떤 사람이 그럴 자격도 없으면서 통치자 계급으로 옮기려고 한다면, 그리하여 이런 사람들이 서로 도구나 업무를 교환하거나 한 사람이 이 모든 일을 다 하려고 한다면 이 국가는 파멸하지 않겠나?

글라우콘 그렇습니다.

소크라테스 그러니 생산자, 전사, 통치자 이 세 계급이 서로 참견하거나 직분을 서로 바꾸는 것은 이 국가에 최대의 해악이 될 것이며, 가장 나쁜 짓이라고 말해 마땅할 걸세.

글라우콘 정말 그렇겠군요.

소크라테스 이제 우리가 살펴본 것들을 마무리하세. 우리가 처음 이 논의를 하게 된 것은 규모가 큰 것에 들어 있는 올바름을 살펴봄으로써 개인의 올바름이 무엇인지 좀 더 쉽게 찾을 수 있으리란 생각에서였네. 우리는 이 규모가 큰 것을 국가라고 생각하였고, 가능한 한 최선의 국가를 수립하려고 하였지. 이제 국가에서 드러난 것을 개인에게 적용해 보세. 우리가 한 국가를 올바르다고 하는 까닭은 이 국가 안에 있는 소질이 다른 세 계급이 저마다 자기 일을 하였기 때문이네. 그렇다면 개인의 혼에서 통찰력을 지닌 이성적인 부분은 지배하는 것이 적합하겠지만, 격정적인 부분은 이성적인 부분에 복종하며 협력자가 되는 게 적합하지 않겠나?

글라우콘   그렇습니다.

소크라테스   우리가 개인을 용감한 사람이라고 부르는 것은 그의 격정적인 부분이 두려워할 것과 두려워하지 않을 것에 대해 이성이 지시한 바를 어떤 고통과 쾌락이 있더라도 끝내 유지할 때라고 생각하네.

글라우콘   옳은 말씀입니다.

소크라테스   우리가 어떤 사람을 지혜로운 사람이라 부르는 것은 이성적인 부분이 그를 올바르게 지배하고 있기 때문일세. 그리고 이성적인 부분은 각각의 세 부분뿐 아니라 전체를 위해 유익한 것이 무엇인지에 대한 지식을 지니고 있네. 절제 있는 사람이라고 부르는 것은 이 세 부분이 서로 화목과 조화를 이루기 때문이지. 올바름이란 자신을 잘 조절하고 스스로를 다스리며 조화를 이루는 것이네. 이렇게 절제 있고 조화된 하나의 인격이 생긴 뒤에야 무슨 일이든 할 수 있네. 사람이 그런 마음 상태를 유지하고 조성하도록 하는 행위는 올바르고 아름답지. 그리고 지혜란 이러한 행위에 대한 지식이네. 불의란 이들 세 부분 사이의 내분이며 참견과 간섭, 그리고 혼 전체에 대한 부분의 반란임에 틀림없네. 말하자면 지배보다 복종에 어울릴 것 같은 성향이 오히려 혼을 지배하려는 것이겠지. (4권)

이제 논의는 《국가》에서 지혜에 해당하는 부분, 즉 누가 통치자가 될 것인가로 넘어가게 됩니다. 그리고 유명한 플라톤의 철인왕의 이상 국가론이 개진됩니다.

● **생각해보기**

1. 국가의 존립을 위해 분업이 필요한 이유는 무엇인가요?

2. 이 글에 따르면, 수호자에게 어울리는 지식은 어떤 종류의 지식인가요?

3. 이 글에서 '용기'에 대한 내용을 찾아 정리하고, 자신이 생각하는 용기와 어떤 차이점이 있는지 비교해 보세요.

4. 여기에서 말하는 국가에서의 '절제'란 무엇을 의미하는 건가요?

5. 이 글에는 국가에서의 '정의'란 세 계급이 각각 맡은 바 일을 잘 수행하는 데서 이루어진다는 말이 나옵니다. 여기에서 '세 계급'은 무엇이며, 각각 맡은 역할은 무엇인가요?

계급의 종류	성격	국가에서의 역할
생산자 계급		
전사 계급		
통치자 계급		

03 올바른 국가가 되려면 누가 다스려야 할까?

'국가가 올바르게 되려면 어떻게 되어야 하는가'를 논의한 플라톤은 이제 이를 바탕으로 실제 현실에 구현된 구체적인 국가형태정체에 대해 논의합니다. 먼저 가장 이상적인 정체를 제시한 뒤, 현재 존재하는 정체들은 결국 그것들이 가진 결함으로 인해 무너지고 만다는 것을 논증합니다.

철학자가 통치해야 하는 까닭

소크라테스 국가에서 악이 완전히 사라지려면 철학자가 통치하거나 통치자가 참된 지혜를 사랑하는 길밖에 없네.

글라우콘 그렇게 말씀하신다면 각오하셔야 할 겁니다. 만약 선생님이 사람들을 논리로 설득하지 못한다면 그땐 진짜 놀림감이 되실 겁니다.

소크라테스 철학자란 '지혜를 사랑하는 사람'이네. 지혜를 사랑하는 사람은 모든 배움에 주저하지 않고 반기며 아무리 배워도 만족하지 않는 사람이지.

글라우콘 그 말씀대로라면 여러 가지 것들을 보고 듣고 익히기 좋아하는 수많은 사람들이 모두 철학자가 되는데요?

소크라테스   그건 아니지. 그런 사람들은 지혜를 사랑하는 사람들과 비슷할 뿐이네. 지혜를 사랑하는 사람은 진리를 좋아하는 사람이지.

글라우콘   그건 무슨 뜻이죠?

소크라테스   보고 듣기 좋아하는 사람들은 아름다운 소리나 색, 형태, 그런 물건을 반기겠지. 그러나 '아름다움 자체'에 다가가 아름다움을 그 자체로 볼 수 있는 사람들은 매우 드무네. 아름다운 사물들은 믿지만 아름다움 자체는 믿으려 하지 않는 사람은 꿈꾸고 있는 셈이지. 반대로 아름다움 자체를 믿고 아름다움 자체와 관련된 것들을 알아볼 수 있는 사람이야말로 깨어 있는 것이지. 이런 사고가 바로 올바른 것으로서 앎이네. 그 밖의 다른 사람의 사고는 단지 하나의 의견이라 해야겠지. 여러 아름다운 것은 보되 아름다움 자체는 보지 못하고, 여러 올바른 것은 보되 올바름 자체는 보지 못하며, 그 밖의 모든 것에 대해서도 그 자체를 보지 못하는 사람들은 의견은 있으나 알지는 못하는 사람들이네. 그러나 이와 반대로 각각의 '그 자체', 즉 언제나 같은 방식으로 한결같은 상태에 있는 것을 바라보는 사람들은 앎을 가지지만 의견을 가지진 않는다고 해야겠지? 그러니 각각의 '존재하는 것 자체'를 반기는 사람들을 지혜를 사랑하는 사람들로 불러야 하겠지? (5권)

여기서 서양 인식론의 아주 오래된 전통인 '의견'과 '지식'의 구별이 시작됩니다. 의견은 어떤 개인이 감각기관을 통해 지각한 사실입니다. 지식은 개인이 아니라 보편적으로 타당한 그런 것을 아는 것입니다. 의견은 감각기관을 가진 사람이면 누구나 내놓을 수 있지만, 지식에 이르려면 보편타당함을 보장하는 방법론을 가지고 있어야 합니다. 플라톤은 그 방법론을 변증법이라 불렀고, 오늘날 많은 사람들은 그 역할을 과학에 부여합니다. 이 방법론을 가지고 있고, 또 가지고자 하는 사람들이 바로 플라톤이 말하는 철학자입니다.

따라서 철학자가 통치해야 한다는 말은 국가를 이끄는 일이 중요하니 순간순간의 사실들에 현혹되는 변덕스러운 의견이 아니라, 보편적이고 불변하는 사실들에 기초한 지식을 바탕으로 해야 한다는 뜻입니다. 어떤 의미에서 이는 오늘날의 상식과도 그리 크게 어긋나지 않습니다.

소크라테스 지혜를 사랑하는 사람들은 늘 한결같은 상태로 있는 것을 파악할 수 있는 사람들이네. 이걸 파악하지 못하고 잡다하고 변화무쌍한 것들 속에서 헤매는 사람들은 지혜를 사랑하는 사람들이 아니지. 자네 생각에, 국가의 법률과 풍속을 수호하고 감시해야 할 수호자가 눈먼 사람이라야 하겠나, 아니면 예리하게 통찰하는 사람이라야 하겠나?

글라우콘 당연히 예리하게 통찰하는 사람이라야 합니다.

소크라테스 그럼 각각의 '그 자체원형, 형상, 실재, 이데아'를 인식하지 못하여 마음속에 뚜렷한 견본을 전혀 지니지 못한 사람은 장님과 뭐가 다르겠나?

글라우콘 다를 게 없습니다.

소크라테스 그렇다면 각각의 '그 자체'를 인식하고 있으면서 경험이 풍부한 사람들이 수호자가 되어야겠군. 그리고 '가장 엄밀한 의미의 수호자'는 철학자가 맡아야 하는 거고. 물론 그는 여러 학문을 통해 단련되어야 하겠지. 그래야 그의 자질이 과연 최고 수준의 학문을 감당할 수 있는지 살필 수 있을 테니 말일세.

아데이만토스 그렇다면 최고 수준의 학문이란 어떤 것입니까? 올바름보다 더 높은 단계의 배움이 있습니까?

소크라테스 있고말고. '선좋음'의 이데아가 바로 최고의 배움일세. 그리고 이 이데아 덕분에 다른 모든 올바른 것도 유용하고 유익한 것이 되지. 우리가 이것을 모른다면 다른 것들을 아무리 잘 알고 있더라도 소용이 없네. 마치 우리가 어떤 것의 '선'을 빠뜨린 채 그걸 가진다 해도 아무 소용이 없듯이 말일세.

아데이만토스 그렇다면 그 선의 이데아가 무엇입니까?

소크라테스 인식되는 것들에 진리를 제공하고, 인식하는 것들에 그것을 제대로 인식할 수 있는 능력을 부여하는 것을 '선의 이데아'라고 할 수 있지 않겠나?(6권)

여기에서 말하는 선이 우리말의 좋음과 착함의 의미를 모두 가지고 있음에 유념합시다. 어떤 인격에 대해 말할 경우는 착함이며, 사물의 기능에 대해 말할 때는 좋음이 되겠지만, 착하다는 것은 결국 사람으로서 좋다는 의미가 되니 둘은 구별할 필요가 없습니다. 우리는 좋은 개, 착한 사람, 좋은 망치 등등을 이야기합니다. 플라톤은 여기에서 그렇다면 '좋음 그 자체', 즉 '선 그 자체'란 무엇인가를 알아야 하지 않겠느냐고 되묻고 있는 것입니다. 만약 좋음이란 무엇인가를 알게 된다면 누가 선인인지, 어느 것이 좋은 물건인지, 어느 것이 좋은 국가인지 금방 꿰뚫어 볼 수 있을 테니까요. 이렇게 좋음, 선에 대한 불변의 기준을 마음속에 가지고 있는 사람이 있다면, 정말 그는 우리의 지도자가 될 자격이 있지 않을까요?

여기까지 플라톤은 선의 이데아를 터득한 지혜로운 자가 다스리는 이상 국가에 대해 이야기합니다. 그러나 이런 국가는 현실에 존재하지 않습니다. 다만 플라톤은 여기에서 국가의 본보기, 즉 국가의 이데아를 제시한 것입니다. 이후 플라톤은 이 본보기를 기준으로 당시 존재하던 현실 국가들을 평가합니다.

이상 국가와 비교한 여러 정체의 특징

앞부분에서는 철학자가 통치하고, 전사가 수호하며, 생산자가 노동하는 그런 나라의 여러 가지 특징을 설명합니다. 플라톤은 이런 국가를 귀족정체라고 부르기도 하는데, 이때 귀족은 신분이 높다는 의미가 아니라 타인보다 더 우수하다는 의미입니다. 즉, 귀족정체는 세습 귀족이 다스리는 나라를 말하는 것이 아니라, 국민 중 더 나은 사람들, 더 훌륭한 사람들이 다스리는 국가를 말합니다. 그런데 앞에서 보았듯이, 플라톤의 통치자는 남들보다 지혜가 뛰어난 사람이기 때문에 이런 의미에서 귀족이라 할 수 있습니다.

글라우콘 그런 나라가 이상적인 나라로서 올바르며, 다른 나라들은 그릇되었다고 한다면, 선생님이 말씀하신 나머지 네 개의 정체가 무엇인지 꼭 듣고 싶습니다.

소크라테스 그건 쉽네. 내가 말하는 네 가지 정체는 흔히 쓰는 말들이니 말일세. 첫째는 많은 사람들이 칭송하는 스파르타식 정체명예정체이고, 둘째는 매우 악의에 찬 과두정체이며, 셋째는 과두정체의 반대이자 그 뒤를 이어 일어난 민주정체이네, 그리고 넷째는 가장 병폐가 심한 참주정체이지. 국가의 형태가 다섯 가지라면 개인의 정신 형태도 다섯 종류겠지?

글라우콘 네, 그렇습니다.

소크라테스 우리는 귀족정체에 해당되는 인간형에 대해서는 이미 이야기한 적이 있네. 이런 사람을 우리는 선하고 정의로운 자라고 말하였네.

글라우콘 그렇습니다.

소크라테스 그렇다면 다음으로 우리가 언급해야 할 인간형은 좀 더 열등한 유형, 즉 승리와 명예를 사랑하는 스파르타식 정체에 대응하는 인간형과 과두정체, 민주정체, 참주정체에 대응하는 인간형들이지. 스파르타식 정체는 사람들이 지배자들을 존경하고, 전사들이 공동으로 식사하며, 체육과 군사훈련에 주력하고, 농업이나 수공업이나 여타의 상업에 종사하지 않는다는 점에서 이상 국가와 비슷하네. 그러나 이 나라는 철학자를 지배자로 추대하지 않고, 오히려 용감하며 단순한 사람들, 즉 전쟁을 좋아하는 사람들을 선호하지. 그래서 언제나 전쟁으로 세월을 보내게 되지.

글라우콘 그렇다면 그것은 선과 악이 혼합되어 있는 정체로군요.

 스파르타의 정체는 전사 계급이 다스린다는 점에서 과두정보다 귀족정에 가깝습니다. 그러나 플라톤은 이들이 가장 탁월한 자들이 아니라 가장 용감한 자들에 한정되기 때문에 이들을 귀족이라고 인정하지 않습니다. 그는 스파르타의 정체를 가리켜 귀족정이란 이름을 사용하지 않고 '스파르타식 명예정치'라고 부릅니다.

소크라테스 분명히 혼합되어 있네. 그러나 용기 쪽이 우세하므로 그 나라에서는 명예심과 기개가 특히 두드러지네. 그럼 이 정체에 어떤 유형의 사람이 적응할 수 있겠나? 그리고 그 사람은 어떻게 만들어지겠나?

아데이만토스 여기 글라우콘처럼 지기 싫어하는 유형의 사람이겠죠.

소크라테스 지기 싫어하는 점은 글라우콘과 닮았지만 다른 점은 닮지 않았네. 그들은 고집쟁이며, 음악을 좋아하지만 교양은 없고, 토론하는 것을 듣기는 좋아하지만 토론할 능력은 없다네. 이런 사람은 노예를 가혹하게 대할 걸세. 교육을 많이 받은 사람처럼 노예에게 측은한 감정을 갖지 못하기 때문이지. 그러나 자유인에게는 온순하고 지배자에게는 공경스럽네. 이런 사람들은 돈을 경멸하지만 나이를 먹을수록 돈에 대한 애착이 커지네. 그래서 그 다음에 오는 것이 과두정치인데, 과두정치는 재산이 중요한 역할을 하지. 이런 나라에서는 부자가 권력을 잡고 가난한 사람은 권력에 참여하지 못하네. 그럼 명예를 탐내는 정치로부터 어떻게 과두정치로 옮겨 갔는지 이야기하도록 하세.

아데이만토스 말씀해 주십시오.

소크라테스 누군가 부자가 되면 사람들은 저마다 더 많은 돈을 벌고자 경쟁하다가, 결국 돈에 완전히 사로잡히게 되네. 그들은 점점 부자가 되겠지만 돈벌이에 열중하면 할수록 덕은 사라지고 말지. 부와 덕은 한쪽이 오르면 한쪽이 내려가는 저울의 양 끝이네. 끝내 그들은 전투와 명예보다 장사와 돈을 존중하고, 부자를 마치 왕처럼 숭상하면서 가난한 자를 업신여기게 되네. 그들은 시민의 자격에 필요한 금액을 정하고 그 액수에 따라 지위를 주며, 그 액수에 미치지 않는 자는 나랏일에서 배제시키는 법률을 제정한다네. 이런 식으로 과두정치가 생기지.

아데이만토스 알겠습니다. 그럼 과두정체의 장단점에 대해 말씀해 주십시오.

소크라테스 배의 항해사를 재산을 기준으로 뽑는다면 가난한 사람은 아무리 유능하더라도 키를 잡을 수 없겠지?

아데이만토스 그렇다면 그들의 항해가 제대로 되긴 어렵겠죠.

소크라테스 그럼 국가는 경우가 다를 것 같은가?

아데이만토스 천만에요. 국가의 경우라면 더욱 그렇죠. 국가의 통치는 가장 중요하고 어려운 일이니까요.

소크라테스 이와 비슷한 또 하나의 결함이 있네.

아데이만토스 어떤 결함인데요?

소크라테스 분열이네. 이런 국가는 한 나라 안에 부자 나라와 빈자 나라가 있는 꼴이네. 그들은 한 나라에 살면서도 언제나 서로 음모를 꾸미고 있지. 그런데 과두정치의 나라에는 거지가 없겠나?

아데이만토스 통치자들 외에는 다 거지죠.

소크라테스 그렇다면 악당들도 있겠지? 그런데 악당들이 있는 까닭은 그 사람 자체가 악해서가 아니라 제도가 나빠서네. 교육과 훈육을 제대로 받지 못한 게지. 안 그런가?

아데이만토스 사실 그렇습니다.

소크라테스 그런데 이 가난한 패거리는 다른 사람들에게 원한을 품고 음모를 꾸미며 혁명을 갈망하지. 마침내 이들이 승리하여 부자들을 죽이거나 쫓아내고 나머지 사람들에게 평등하게 시민권과 지배권을 나누어 주면, 바로 민주정체가 등장하는 걸세.

아데이만토스 네, 그건 분명 민주정체입니다.

소크라테스 그렇다면 그들은 어떤 생활을 하며, 그 정체는 어떤 성격을 띠게 되겠는가? 그들은 자유로우며 얽매여 있지 않네. 그들은 말과 행동을 마음대로 하지. 자유가 있는 곳에서는 개인이 원하는 대로 생활할 수 있네. 그러므로 그런 나라에는 온갖 종류의 인간이 살게 되지. 그것은 여러 정체 가운데 가장 아름다워 보일 걸세. 그리고 이 나라는 정체의 연구에 가장 적당한 곳이기도 하고 말일세.

아데이만토스 어찌하여 그렇습니까?

소크라테스 누구나 마음대로 행동할 수 있기 때문에 그 나라에는 모든 종류의 정체가 포함되게 마련이네. 민주정치는 정치제도의 박람회장이지. 여기에서는 누구나 마음대로 정체를 골라잡을 수 있네. 그리하여 선택이 끝나면 그것을 표본으로 나라를 세울 수 있지. 그리고 이러한 국가에서는 설사 자네가 지배하기 충분한 힘을 가지고 있다 하더라도 지배할 필요가 없고, 또 자네가 원하지 않는다면 지배를 받을 필요도 없네. 남들은 싸우고 있으나 자네는 싸우지 않아도 되고, 남들이 평화롭게 살더라도 자네가 평화를 바라지 않는다면 싸울 수도 있네. 실로 이런 생활은 한눈에 봐도 굉장히 즐겁지 않겠나?

아데이만토스 그렇다고도 할 수 있겠죠.

소크라테스 하지만 민주정체는 너그러움이 너무 지나치다네. 우리가 앞에서 이상국가를 건설할 때 엄숙하게 논하였던 일 따위는 멸시해 버린단 말일세. 우리는 어려서부터 법도를 지키고 어른이 된 후에는 훌륭한 일을 하도록 명심하지 않는 한 결코 착한 인간이 될 수 없다고 하였네. 하지만 민주정체는 너무 너그러워서 누가 정계에 들어가 활동하든 개의치 않고, 누구든 인민에게 호감을 가지기만 하면 존경한단 말일세. 그러니 민주정체는 외관상 매우 훌륭하지만 무질서하기 짝이 없으며, 능력이 동등한 사람에게나 동등하지 않은 사람에게나 일종의 평등을 한결같이 나누어 주는 정체란 말일세.

 플라톤은 여기에서 민주정체를 인민demos이 통치한다는 의미 그대로 사용하고 있습니다. 이때 인민이란 다수자를 의미하는 것이 아니라 귀족이 아닌 자, 즉 평민이나 가난한 자의 의미를 지니고 있습니다. 따라서 여기에서 말하는 민주정체는 페리클레스가 말한 다수의 통치보다는 신분이 낮은 혹은 평범한 사람들이 다스린다는 의미를 지니고 있습니다.

아데이만토스 그것은 전부터 잘 알려진 사실입니다.
소크라테스 그렇다면 생각해 보게. 그런 정체와 유사한 유형의 인간은 어떤 성질을 갖고 있겠나? 무질서하고 무절제한 생활을 하겠지. 그는 그런 생활을 달콤하고 자유롭고 복된 생활이라고 말하며 일생을 그렇게 보내겠지. 성격은 변덕이 죽 끓듯 하고 기복이 심해서 마치 조금 전에 이야기한 민주정체 국가처럼 다채롭고 아름다울 걸세. 그런데 과두정체에서 민주정체가 태어나는 방식과 민주정체에서 참주정체가 발생하는 방식은 같지 않겠나?
아데이만토스 어떤 방식으로 말입니까?
소크라테스 과두정치에서는 부가 선으로서 존중받지 않았나? 그런데 그 나라는 그 부에 대한 끝없는 욕구로 인해 돈벌이에만 몰두하고 다른 일에는 무관심하여서 멸망하였네. 마찬가지로 민주정치 역시 그것이 선으로 존중한 것에 대한 욕구가 지나쳐서 무너지지 않겠나?
아데이만토스 그것이 무엇입니까?
소크라테스 자유! 자네도 민주주의 국가에서 이렇게 말하는 것을 들은 적이 있을 걸세. "자유야말로 국가의 가장 자랑스러운 것이며, 본성에 있어서 자유로운 인간이 살 만한 곳은 바로 이 나라뿐이다."라고 말일세. 그러니 자유에 대한 끝없는 욕구와 자유 이외의 다른 것에 대한 무관심이 이 민주정치를 참주정치로 전락시킬 걸세.
아데이만토스 어떻게 말입니까?
소크라테스 자유라는 술에 잔뜩 취한 결과가 무엇이겠나? 무정부 상태네. 선생이

학생의 비위를 맞추고, 학생은 선생을 무시하며, 연장자가 젊은이에게 아첨을 하네. 이렇게 되면 시민들의 마음은 과민해져서 조금이라도 종속적 상태의 기미만 느껴지면 참지 못하고 분노를 터뜨리겠지. 그리하여 부자와 인민 사이에 다툼과 비방, 재판이 일어나고, 사태가 험악해지게 되네. 그런데 인민들 중에는 과격한 투사가 있게 마련이며, 이들이 점점 세력을 얻게 되지. 그중 어떤 사람이 인민의 지도자가 되어 명령에 순종하는 대중을 손에 넣으면 부채 탕감이나 토지 재분배 따위를 내세우면서 부자에 대한 반란을 주도하지. 그러면 인민은 그자 외에는 나라를 다스릴 사람이 없다고 생각하게 되네. 이렇게 참주가 탄생하네. 그는 끊임없이 전쟁을 일으킬 걸세. 인민이 언제나 지도자를 필요로 하도록 말일세. 그런데 그렇게 되면 그의 친구들, 그와 가까운 자들은 그에게 거리낌 없이 자기 뜻을 말하게 되네. 또 그의 적들 중 용감한 자는 자유로이 정권을 뒤집으려고 시도하네. 그러므로 그가 자기 마음대로 국가를 지배하려면 그들을 소탕해야 하고, 한 사람의 친구나 또 한 사람의 적이라도 살아 있는 한 편히 있을 수 없게 되네. 결국 그는 원하든 원치 않든 간에 기회만 생기면 그들을 타도하여 국가를 깨끗이 씻어 내야 하네.

아데이만토스 그것 참 진기한 청소군요.

소크라테스 그의 그런 행위는 시민의 반감을 살 것이고, 그러면 그는 더 많은 호위병이 필요하게 되지. 호위병이 될 만한 자를 어디에서 얻게 되겠나? 그는 시민들의 노예를 빼앗아 이들을 해방시켜 자기의 호위병으로 삼을 걸세.

아데이만토스 그는 그들을 누구보다도 신임할 수 있을 테니까요.

소크라테스 참주란 참으로 불행한 자일세. 훌륭한 친구를 죽이고 노예를 친구로 믿고 있으니 말일세. 결국 그들이 새로 시민이 되어 참주를 존경하고 친구가 되지만 진정 훌륭한 사람은 참주를 미워하고 멀리하게 되네. 그런데 참주가 그 방대한 군대를 어떻게 먹일지 생각해 보세.

아데이만토스 만일 신전에 신성한 재보가 있다면 참주는 그것을 몰수하여 탕진하겠죠. 그 다음에는 사람들의 시민권을 박탈 뒤 그 재산에 손댈 것입니다. 그것으로도 부족하면 무거운 세금을 징수하겠죠. 인민으로서는 피할 수 없는 운명이죠.

소크라테스 만일 인민이 격분하여 이렇게 말한다면 어떻게 되겠나? "우리가 너를 낳고 너로 하여금 오늘이 있게 해 준 것은 저 아첨배들참주가 해방시킨 노예 출신의 시민을 부양하기 위한 노예가 되자는 것이 아니었다. 우리는 너희 아첨배들이 이 나라를 떠날 것을 명령한다."라고 말일세.

아데이만토스 그때서야 인민들은 자신들이 어리석게도 괴물을 낳아서 키웠다는 걸, 그리고 이제는 불리한 처지에서 강자를 내쫓으려 하고 있다는 걸 깨닫게 될 것입니다.

소크라테스 이렇게 지나친 자유는 드디어 비통하고 참혹한 노예제도로 옮아가게 되네. 그럼 어떤 인간이 참주 정치를 좋아하는지 생각해 보세. 사실, 마음이 건전하고 절도가 있으며, 이성에게 고귀한 사상과 일을 맡겨 그릇된 욕망을 잠재우고, 과거와 현재, 미래에 걸쳐 새로운 지식을 얻으려 할 때 쾌락과 고통의 방해를 받지 않으려고 주의하며, 남과 다툴 때 감정을 억제하는 인간은 진리를 파악하고, 꿈같은 현상 세계에서 방황하지 않겠지. 안 그런가?

아데이만토스 동감입니다.

소크라테스 그런데 광기가 지나친 사람들은 자기들이 인간뿐 아니라 신조차 지배할 수 있다고 생각한다는 것을 알고 있나?

아데이만토스 네, 알고 있습니다.

소크라테스 술과 욕정에 빠진 미치광이, 이것이 참주적 인간이네. 욕망이 밤낮을 가리지 않고 날로 더 확대되어 가네. 결국 부채는 늘어나고 재산은 줄어들어 마침내 알몸뚱이만 남게 되면, 그의 욕망은 둥지에 웅성거리는 수많은 까마귀 새끼들처럼 먹이를 찾아 아우성치게 되네. 특히 그 욕망의 우두머리인 욕정의 공격에 미칠 지경이 되지. 그리하여 그는 닥치는 대로 남의 재산을 몰수하거나 약탈하여 여러 가지 욕망을 충족시킬 궁리를 하게 되네. 결국 그는 남의 재물을 빼앗아 자기 욕망을 충족시키거나, 아니면 무서운 고뇌와 고통에 빠지게 마련이지. 이런 인간이 국가에 몇 명이라도 있다면 그 밖의 선량한 사람들은 사실상 그 폭군의 호위가 되고 전쟁이 나면 그 용병이 되는 걸세.

 이런 고약한 무리와 그 추종자들의 수가 점점 늘어나고 게다가 인민들이 우매하기까지 하다면, 그들은 동료들 중에서 가장 힘이 센 자를 택하여 진짜 참주로 내세우게 될지도 모르네. 그런데 그는 누구에게 무슨 청이 있을 때에는 기꺼이 그의 앞에 무릎을 꿇고 겸손하게 친족처럼 애정을 표시하겠지만, 일단 목적을 달성하면 언제 보았느냐는 듯이 아주 남이 되어 버리기 일쑤라네. 결국 이런 사람은 언제나 자기가 주인이 되거나 남의 노예가 될 수 있을 뿐 결코 친구가 될 수는 없네. 이와 같이 참주적 성격을 지닌 사람은 참된 우정도 자유도 맛볼 수 없지.

아데이만토스 그는 가장 불행한 인간입니다.

소크라테스 바로 그 가장 불행한 인간인 참주가 사생활을 떠나 공공의 폭군이 된다면, 그는 더욱 큰 불행에 빠지게 되네. 그는 자기 자신도 지배할 수 없는데 많은 사람들을 지배하게 된 걸세. 이것은 마치 병든 육신을 이끌고 남과 격투를 하며 평생을 살아야 하는 것과 같네. 그렇다고 물러설 수도 없는 처지지. 결국 참주는 겉으로는 그리 보이지 않을지 모르지만 실상 자기 자신의 노예요, 인민의 노예네. 가장 천한 자에게도 아첨하지 않을 수 없으니 말일세. 그의 생애는 공포의 연속이며 번거로움과 고뇌로 가득 차게 되네. 이 점은 그가 지배하고 있는 국가를 닮았다고 할 수 있지.

글라우콘 조금이라도 지각이 있는 사람이라면 선생님의 말씀에 반대할 수 없을 겁니다.

소크라테스 그렇다면 이제 자네도 경기장의 심판처럼 하나의 판정을 내려 주게. 자네 생각에 누가 제일 행복하고 그 다음은 누구이며 하는 식으로 순위를 매겨 주게. 다섯 가지 종류가 있었지. 귀족적인 것, 명예로운 것, 민주적인 것, 과두적인 것, 그리고 참주적인 것.

글라우콘 그 판정은 매우 쉽습니다. 덕과 부덕, 행복과 불행의 순번대로 판정을 내리면 될 것입니다.

소크라테스 인간은 지식의 애호자, 명예의 애호자, 돈의 애호자의 세 유형이 있네. 그런데 자네가 이 세 인간을 찾아가 어느 생활이 제일 좋으냐고 물으면 어떻게 대답하겠나? 저마다 자기 생활이 제일 좋다고 말하면서 다른 생활을 깎아 내리겠지. 그렇다면 좋고 나쁜 것을 가리는 기준이 있어야 하네. 그럼 자네는 이 세 종류의 사람들 중에서 누가 제일 많은 즐거움을 느끼고 있는지 생각해 보게.

글라우콘 지식의 애호자가 제일 우월할 것입니다.

소크라테스 그럼 그 다음은?

글라우콘 군인의 쾌락, 명예를 사랑하는 자의 쾌락이 그 다음 차례가 될 것 같습니다.
소크라테스 그렇다면 돈이 제일 아래가 되는군. (8권)

플라톤 역시 철인왕이 다스리는 그런 공화국이 현실에 존재할 수 없음을 알고 있었습니다. 그런 점에서 그를 이상주의자로 몰아붙이는 것은 온당하지 않습니다. 다만 그가 제시한 이상 국가는 모든 국가가 추구해야 할 하나의 원형, 즉 국가의 이데아입니다. 따라서 현존하는 국가들을 이 이상 국가에 얼마나 가까운가에 따라 평가할 수 있는 하나의 견본으로 활용할 수 있을 뿐입니다. 이상 국가는 분업을 담당하는 각 계급이 서로 조화를 이루는 그런 국가입니다. 흔히 수호자 계급의 독재로 오해되기도 하는데, 플라톤의 수호자는 통치만 할 뿐 재산과 가족을 가질 수 없기 때문에 실상 생산자 계급과 비교하여 특별히 더 우위에 있다고 보기 어렵습니다.

그런데 현실의 국가들은 이 계급들이 조화를 이루는 대신 어느 한쪽으로 치우치게 마련입니다. 이는 개인에게도 마찬가지라서 영혼의 여러 덕성과 감정이 완전히 조화를 이루기보다는 어느 한쪽이 두드러지게 됩니다. 그래서 현실에는 이상적인 인간이 아니라 개성 있는 인간들이 존재하며, 이상적인 국가가 아니라 여러 특성을 가지는 다양한 정체들이 존재하는 것입니다.

그렇다면 이 다양한 정체들을 어떻게 평가 비교할까요? 여기에서 다시 플라톤은 인간 영혼과 국가의 대응 관계를 제시합니다. 인간 역시 덕성이 잘 조화를 이루고 있는 지혜로운 사람이 있고, 이 정의로운 인간을 기준으로 용기를 중시하여 기개를 떨치는 사람, 돈을 모으기 위해 절제하는 사람, 육체적 욕망에 굴복하여 방탕하게 생활하는 사람이 있을 것입니다. 플라톤은 이 중 어떤 사람이 가장 행복하고 훌륭한 사람인지 묻습니다. 그렇게 물어본다면 사람들은 실상 속으로는 어떻게 생각하든지 간에 지혜로운 사람, 용감한 사람, 돈 많은 사람, 충동적인 사람의 순으로 대답하지 않을까요? 그래서 플라톤은 이상 국가 다음으로는 스파르타식 명예정체, 그 다음은 과두정체와 민주정체, 그리고 최악의 정체로 참주정체를 꼽은 것입니다.

● **생각해보기**

1. 이상적인 국가는 어떠해야 하며, 그 나라를 다스리는 사람은 어떤 품성을 갖추어야 할까요?

2. 역사 이래로 이상적인 국가에 가장 근접한 국가가 있다면 그 예를 찾아 쓰고, 그 국가가 추구하는 가치와 제도를 정리해 보세요.

3. 현존하는 국가 가운데 이상적인 국가와 가장 거리가 먼 국가가 있다면 그 예를 쓰고, 그렇게 생각한 이유를 이 책에서 제시한 기준에 따라 정리해 보세요.

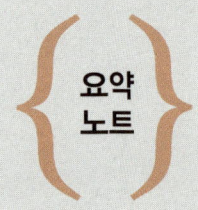

올바름정의이란 무엇일까요? 트라시마코스는 올바름이란 강자의 이익에 복종하는 것으로 통치자가 자기에게 유리한 것을 모두에게 유리한 것인 양 강요하는 것이라고 합니다. 이에 대해 소크라테스는 올바름이란 강자나 약자 어느 한쪽의 이익을 대변하는 것이 아니라 모두에게 해당하는 옳은 것이라고 설득하게 됩니다.

올바름이 무엇인지 알아보려면, 한 사람을 대상으로 하면 지나치게 미세하므로 규모가 큰 국가를 사람에 빗대어 검토해 보는 것이 효과적이라고 합니다.

그럼 올바른 국가는 어떤 국가이며 어떤 사람들이 필요할까요? 올바른 국가는 분업에 의해 국가의 존립을 위해 필요한 일이 적절하게 배분되며, 그 국가의 수호자는 적에게는 과격하고 자국민에게는 온화한 품성을 지닌 사람이어야 한다고 하죠. 그러한 분별력과 지혜를 기르기 위한 교육이 필요하게 됩니다.

올바른 국가의 수호자가 갖추어야 할 덕은 무엇일까요? 수호자는 용맹과 온유함을 고루 갖춘 사람으로서 천성적으로 지혜를 사랑하고 격정적이며 날래고 힘이 센 사람인데, 단 재산과 가족을 사유해서는 안 됩니다.

국가는 지혜와 용기, 절제, 올바름을 고루 갖추고 있어야 하고, 이는 각각 생산자와 전사, 통치자의 세 계급에 대응되며, 이들이 서로 조화를 이룬 국가라야 올바른 국가라 할 수 있습니다. 모든 국가에서 악이 사라지려면 철학자가 통치해야 하는데 그 까닭은 무엇일까요? 철학자는 지혜를 사랑하는 사람이며 모든 점에서 '한결같고 변함없는 그 자체'를 보고 인식하는 사람이기 때문입니다.

수호자가 되는 사람은 변화무쌍한 것들보다는 변하지 않는 '그 자체'를 인식하고 있으면

서 경험이 풍부한 사람이어야 한다고 하였습니다. 이러한 덕은 최고의 배움인 '선의 이데아'를 익힘으로써 터득되는 것입니다. '선의 이데아'는 인식되는 것들에 진리를 제공하고 그것을 제대로 인식하는 능력을 부여하는 것이기 때문입니다.

이상 국가와 비교할 수 있는 네 가지 정체로는 스파르타식 명예정체, 과두정체, 민주정체, 참주정체가 있습니다. 이들은 모두 저마다의 특징을 지니고 있으며, 그 특징이 지나치게 되면 무너져서 다른 정체로 바뀌는 혁명이 일어납니다. 명예정체는 승부욕 때문에, 과두정체는 돈 욕심 때문에, 민주정체는 지나친 자유 때문에 무너집니다.

3장

실현 가능한 최선의 국가를 구상하다

아리스토텔레스 《정치학》

Aristoteles
Politika

《정치학》을 읽기 전에

 수천 년간 동아시아 문화권에서 공자와 맹자가 사상과 학문의 뿌리 역할을 해왔다면, 유럽 문화권에서는 플라톤과 아리스토텔레스Aristoteles, 기원전 384~기원전 322가 그러한 역할을 하였다고 볼 수 있습니다. 비유하자면 아리스토텔레스는 동양권의 맹자라고나 할까요? 하지만 서양 정신사에서 아리스토텔레스가 차지하는 위상은 그것보다 더 큽니다. 아리스토텔레스는 '모든 학문의 아버지'라는 말까지 들을 정도이며, 성 토마스 아퀴나스는 아리스토텔레스를 그저 '그 철학자'로만 지칭할 정도였습니다.
 아리스토텔레스는 기원전 384년에 에게 해 북단 칼키디케 반도에 있는 스타게이로스에서 태어났습니다. 플라톤이 이미 세력이 기울어 가는 아테네 사람이었다면, 아리스토텔레스는 아테네를 대신하여 그리스 세계의 패자로 떠오른 마케도니아 사람이라고 볼 수 있습니다. 게다가 아리스토텔레스는 마케도니아 왕실 의사의 아들로, 마케도니아 왕실과 친밀한 관계에 있었습니다. 그는 17세 때 아테네로 와서 플라톤의 제자가 되었지만, 아테네인이 아니었기 때문에 아카데메이아의 계승자가 되지 못하였습니다. 결국 그는 마케도니아로 돌아와서 저 유명한 알렉산드로스 대왕의 스승이 되었습니다.

아리스토텔레스는 48세 때 다시 아테네로 와서 리케이온에 학원을 열어 많은 제자들을 기르며 왕성한 저술 활동을 하였습니다. 물론 알렉산드로스 대왕도 그를 적극적으로 후원하였습니다. 그러나 알렉산드로스 대왕이 서거하자 아테네인들은 마케도니아에 대항하여 봉기하였고, 이 와중에 생명의 위협을 느낀 아리스토텔레스는 천신만고 끝에 아테네를 탈출하였습니다. 하지만 그 이듬해 그는 칼키스에서 60세의 나이로 숨을 거두었습니다.

풍요로운 사회에서 더 나은 삶을 탐구하다

아리스토텔레스는 스승 플라톤의 사상을 비판적으로 계승하여 이를 더욱 발전시켰으며, 논리학과 형이상학, 수사학, 윤리학, 자연과학, 정치학, 미학 등 학문의 거의 모든 영역에 관한 논문들과 책들을 남겼습니다. 아테네의 몰락기를 산 플라톤이 이상적 성향이 강하였던 것과 달리, 마케도니아의 융성기에 활동한 아리스토텔레스는 한층 현실적이고 실용적인 학풍을 보여 주었습니다. 이는 플라톤의 학문적 배경이 수학인 반면, 아리스토텔레스 학문의 배경에 생물학과 의학이 깔려 있다는 것과도 무관하지 않습니다. 그리하여 그는 플라톤의 제자임에도 불구하고 플라톤 학파와 뚜렷하게 구별되는 학파의 시조가 되었는데, 이를 흔히 소요학파라고 부릅니다. 그가 걸어 다니면서 강의한 데서 유래한 이름입니다.

아리스토텔레스의 저서는 크게 두 종류로, 하나는 대중에게 알리기 위한 '대화편'이고, 다른 하나는 대화편들의 이론적 바탕이 되며 강연을 목적으로 작성한 다소 딱딱한 형식의 강의록입니다. 그런데 불행히도 대화편들은 대부분 소실되었고, 강의록 노트들만 필사본으로 전해지고 있습니다. 이렇게 살아남은 저서는 50편 정도에 불과하며, 그중 일부는 여전히 진위 여부가 확인되지 않았습니다.

아리스토텔레스의 저서에는 크게 논리학에 포함되는 '범주론'과 '명제론', '변증론', 자연철학에 포함되는 무수한 저서들, 그리고 '형이상학'과 '윤리학', '정치학', '시학' 등이 있습니다. 논리학은 모든 학문의 출발점으로서 올바르게 추론하는 방법을 먼저 논한 책입니다. 이를 바탕으로 실제 자연 세계를 관찰하고 추론하는 일체의 학문을 자연철학이라고 합니다. 형이상학은 감각기관을 통해 지각할 수 없는 존재의 본질이나 실체, 목적 등을 탐구하는 학문입니다. 윤리학과 정치학은 모두 실천철학, 즉 '그것은 무엇인가'에 대한 학문이 아니라 '어떻게 행해야 하는가'에 대한 학문입니다.

대왕 제국의 개인, 현실 가능한 행복을 추구하다

《정치학》은 오랫동안 그리스인들에게 익숙했던 공동체인 '폴리스'가 알렉산드로스 대왕의 '제국'으로 넘어가는 과도기, 고대 헬라스 문명이 헬레니즘 문명으로 넘어가는 과도기의 소산입니다. 이 시기에는 폴리스의 힘이 약해지면서 고대 그리스인의 공동체주의가 서서히 무너지며 헬레니즘 시대의 특징인 개인주의가 등장하였습니다. 아리스토텔레스는 이 과도기에 공동체주의를 마지막으로 대변하며, 이를 집대성한 사람이라고 할 수 있습니다. 폴리스가 한창 융성하던 시기에는 '개인이 왜 공동체를 위해 헌신해야 하는가'는 따져 볼 필요도 없는 전제였습니다. 그러나 플라톤과 아리스토텔레스가 살았던 시절에는 이미 개인이 공동체를 위해 헌신해야 한다는 사실이 정당화되고 납득되어야 하였습니다. 플라톤은 이를 추상적이고 초월적인 '올바름'에서 찾았지만, 현실적이고 실용적인 아리스토텔레스에게는 이것이 석연치 않은 근거였습니다. 오히려 그는 올바름보다는 개인의 행복과 국가 공동체에의 헌신이 떼려야 뗄 수 없는 관계임을 정당화하고자 하였습니다. 따라서 그의 《정치학》은 매우 윤리적인 차원을 가지고 있으며, 실제로 '좋은 삶이란 무엇

알렉산드로스 대왕의 아시아 원정 알렉산드로스 대왕이 그리스 지역과 오리엔트를 통일하고 대제국을 세우자, 그리스인들의 사고에 변화가 일어났다. 폴리스라는 작은 정치 공동체를 중심으로 살던 그들은 이전까지는 다른 나라와 문화를 경시하였지만, 자신들의 폴리스도 무수히 많은 나라와 문화 중 하나임을 인정해야만 하였다.

인가? 그것은 인간의 본성에 맞게 행복을 추구하는 삶이다.'라는 주제를 다룬 《니코마코스 윤리학》의 후속 편의 성격을 지니기도 합니다.

《정치학》은 모두 여덟 권으로 구성되어 있습니다. 1~3권은 국가의 본질과 정체에 대한 일반적인 이론 및 기본 개념을 논의하면서 윤리학과 정치학의 연결 고리 노릇을 하고 있습니다. 그의 목적은 플라톤과 같은 이상 국가를 그리는 것이 아니라 실현 가능한 최선의 국가를 구상해 보는 것입니다.

4~6권은 아리스토텔레스의 특징을 가장 잘 보여 주는 부분입니다. 논리적 추론을 통해 이상 국가의 모델을 구성한 플라톤과 달리, 그때까지 존재한 고대 그리스 세계의 여러 정치 이론과 국가형태, 그리고 제도들을 체계적으로 분석하고, 여기에서 실현 가능한 최적의 국가상을 끌어내려 합니다. 그는 당시 자신이 접한 수많은 국가의 헌법을 분석하며, 각각의 장단점을 취합해 나름의 정치 이론을 펼쳐 나갑니다. 그리하여 7권과 8권에 이르러서는 이상 국가와 이러한 이상 국가를 유지하기 위한 공교육의 내용에 대해 제안하면서 이 책을 마무리하고 있습니다.

아리스토텔레스의 《정치학》에는 플라톤의 《국가》에서 볼 수 있는 드높은 이상이 보이지 않습니다. 하지만 국가는 무엇을 해야 하고, 시민은 무엇을 해야 하는지에 대한 좀 더 현실적인 지침을 고민한 흔적을 찾아볼 수 있습니다. 그것은 바로 국가는 시민들의 '좋은 삶선한 삶'에 기여해야 하며, 시민들은 이 국가에 참여함으로써 '좋은 삶'을 완성할 수 있다는 것입니다. 그리고 그 좋은 삶은 중용의 삶이고, 따라서 좋은 국가는 여러 정체의 중용인 혼합정체를 가진 국가입니다.

이렇게 국가와 시민에게 윤리적 차원을 부여한 아리스토텔레스의 《정치학》은 마키아벨리 이전까지 1,000년 이상 서양의 정치사상을 지배합니다. 로마의 정체나 각종 제도, 법률을 살펴보면 아리스토텔레스의 정치학이 어떤 식으로 계승되었는지 확인할 수 있습니다.

〈정치학〉 발췌 부분

01 인간을 왜 정치적 동물이라고 하는가?	1권 1장, 2장, 3~13장
02 이상을 꿈꿀 것인가, 실현 가능한 최선을 추구할 것인가?	3권 1장, 4~9장, 11~13장
03 한때 강성하였던 나라들이 무너지는 이유는 무엇일까?	4권 1장, 2장, 11장, 12장, 14장 5권 1장, 2장, 4장, 5장 6권 2장, 5장 7권 1~3장, 13장

01 | 인간을 왜 정치적 동물이라고 하는가?

 플라톤은 《국가》에서 도덕에 대한 논의부터 시작합니다만, 아리스토텔레스는 바로 국가론부터 시작합니다. 도덕론은 자신의 '윤리학'에서 이미 다루었기 때문입니다. 도덕을 다루는 아리스토텔레스의 저작은 《니코마코스 윤리학》, 《에우데모스 윤리학》, 《대윤리학》, 이렇게 세 종류입니다만, 이 중 아리스토텔레스가 직접 '윤리학'이라고 지명한 것은 《니코마코스 윤리학》입니다. 아리스토텔레스는 논리학의 창시자답게 용어를 엄밀하게 정의하는 것으로부터 논의를 전개합니다. 이를 위해 국가라는 개념을 다른 공동체와의 차이로부터 이끌어 냅니다.

국가의 본질

국가는 공동체의 한 종류다. 인간의 모든 행위는 어떤 선善, good의 달성이 목적이며, 공동체들의 목적 역시 어떤 선의 달성이다. 그런데 선의 추구가 모든 공동체의 목적이라면, 당연히 공동체들 중 최고이고 다른 공동체들을 포괄하는 국가가 추구하는 선이 가장 크고 훌륭하다.

왕, 정치가, 가부장, 노예주가 단지 다스림을 받는 사람의 수만 다를 뿐 본질적으로 같다는 잘못된 생각을 하는 사람들도 있다. 이들의 주장에 따르면, 식구가 많은 가족과 인구가 적은 국가는 본질상 별 차이가 없는 셈이 되는데, 이건 옳지 않다.

다른 학문 분야와 마찬가지로 정치학에서도 복합체는 가장 기본적이고 단순한 요소, 더는 나눌 수 없는 가장 작은 부분으로 잘라서 분석해야 한다. 따라서 우리는 국가도 그 구성 요소들로 나누어 살펴볼 것이다. 그렇게 하면 앞에서 말한 서로 다른 통치의 종류들이 어떻게 다른지, 그것에 대한 학문이 가능한지 알아낼 수 있을 것이다.(1권 1장)

플라톤의 경우와 마찬가지로 이 국가라는 용어가 오늘날의 국가와는 의미가 다름에 유념해야 한다. 엄밀히 말하면 이 시대의 국가는 폴리스라고 해야 하는데, 이것은 도시국가 혹은 도시와 더 의미가 가깝습니다. 하지만 전체적인 문맥을 고려하여 국가로 통칭하고, 문맥에 따라 폴리스 혹은 도시로 옮겼습니다. 여기서 이 세 단어는 모두 같은 말의 번역입니다.

다른 분야와 마찬가지로 정치학 역시 국가를 그 시초부터 시작해서 성장 과정을 통해 고찰하는 것이 가장 좋은 연구 방법이다. 그러자면 먼저 서로 상대방이 없으면 생존할 수 없는 한 쌍의 결합이 있어야 한다. 예컨대 남성과 여성의 결합이 있는데, 이는 의식적 계획의 결과가 아니라 동물은 물론 식물에게도 존재하는 번식이라는 자연적 충동에서 비롯되는 결합이다. 선천적인 통치자와 선천적인 피치자被治者 역시 생존을 위해 서로 결합해야 한다. 지와 덕을 통해 예견하는 능력을 가진 자가 타고난 통치자이며, 신체적인 일을 할 수 있는 자는 타고난 피치자, 즉 노예다. 따라서 주인과 노예는 상호 보완적이기 때문에 같은 이해관계를 가진다.

비非헬라스인들은 여자와 노예의 지위가 같은데, 이는 그들에게 타고난 통치자의 요소가 없기 때문이다. 그들의 공동체는 여자 노예와 남자 노예로 이루어진 것에 불과하다. 그래서 시인들은 "헬라스인고대 그리스인이 자신들을 부르던 말이 비헬라스인을 지배하는 것은 당연하다."라고 말한다. 비헬라스인은 그 본성상 노예다.

가족은 남성과 여성, 주인과 노예라는 기본적인 관계에서 최초로 등장한 공동체다. 헤시오도스가 "먼저 집, 부인, 그리고 쟁기를 이끌 황소"라고 읊은 것은 타당한데, 가난한 자에게는 소가 노예의 역할을 하기 때문이다. 가족은 인간의 일상적인 욕구를 충족시키기 위해 자연적으로 형성된 최초의 공동체다. 그래서 카론다스는 가족 구성원을 '밥상의 동료들'이라고 불렀고, 크레타의 에피메니데스는 '밥그릇 동료들'이라 불렀던 것이다.

 이렇게 아리스토텔레스는 공동체를 구성하는 가장 작은 단위를 가장 기초적인 두 개의 자연적 결합에서 찾습니다. 그중 하나는 남자와 여자의 결합이고, 또 다른 하나는 주인과 노예의 결합입니다. 남자와 여자의 결합이 가장 원초적인 공동체의 기초라는 것은 이해하기 어렵지 않지만, 주인과 노예의 결합은 오늘날의 관점에서는 선뜻 이해하기 어렵습니다. 하지만 우리는 고대 그리스의 민주정치가 시민과 노예를 구별한 제한적인 것임을 알고 있습니다. 아리스토텔레스는 시민들 간의 정치를 논하기 전에 먼저 노예가 배제되어야 하는 이유를 정당화해야 하였고, 이는 결국 노예는 원래 노예가 될 수밖에 없는 천성을 가지고 있다고 합리화합니다. 이렇게 되면 같은 민족 사이에는 노예가 있을 수 없게 됩니다. 따라서 그리스인과 다른 천성을 가진 다른 민족들이 그 본성상 노예라는 주장으로 나아가게 되는 것입니다.

어쨌든 이렇게 가장 원초적인 결합만으로 이루어진 공동체가 가족입니다. 당시의 가족은 부부와 자녀, 그리고 노예들로 이루어졌던 모양입니다. 그리고 이런 자연적인 결합이기 때문에 가족은 가장 원초적인 자연적인 욕구, 즉 생존을 위한 노동과 번식을 위한 행위가 이루어지는 공동체입니다. 가족의 선은 번식과 생산이라고 보아도 무방합니다. 생존과 번식 그 이상의 욕구를 충족하려면 가족 이상의 공동체가 필요한 것입니다.

일상적 욕구 이상의 것을 충족하기 위해서는 몇몇 가족들이 결합해야 하는데, 이렇게 형성된 공동체가 마을이다. 마을의 가장 자연적인 형태는 가족이 증식하여 자녀들이 분가해 나가는 것이다. 비헬라스인들은 지금도 그러하지만, 마을은 왕의 지배를 받았다. 마을이 모이기 전에 가족은 항상 친족들 중 가장 연장자가 왕처럼 다스렸는데, 마을을 이루고 있는 분가한 가족들 역시 친족들이었기 때문이다.

국가는 여러 마을이 결합하여 만들어진 완전하고 자족적인 공동체다. 국가는 단순한 생존을 위해 형성되고, 훌륭한 삶을 위해 존속된다. 국가는 다른 공동체들의 최종 목표인데, 사물의 본성은 그것의 마지막 혹은 완성된 형태에 있기 때문이다. 우리는 사람이든, 말이든, 혹은 가족이든 각 사물의 성장이 완성되었을 때를 그 사물의 본성이라고 부른다.

이러한 고찰을 통해 국가는 자연적 창조물이며, 사람은 본질적으로 정치적인 동물|공동체적인 동물|이라는 것이 명백해진다. 우연한 사고 때문이 아니라 그 본성상 국가가 없는 사람이 있다면 그는 미물이거나 신이다.

사람이 꿀벌이나 다른 사회성 동물보다 더 정치적 동물인 이유는 명백하다. 자연은 목적 없이 아무것도 만들지 않는다. 그런데 인간은 동물 중 유일하게 언어를 구사할 수 있다. 다른 동물들이 단지 소리로 즐거움이나 고통을 표현한다면, 사람은 소리로 유리하고 불리한 것, 올바르고 그른 것을 설명할 수 있다. 따라서 오직 사람만이 선과 악, 올바름과 불의, 혹은 다른 유사한 성질들을 인식하는 능력이 있으며, 국가는 사람들이 이런 인식을 공유하고 있으므로 형성될 수 있다.

국가는 그 본성상 가족이나 개인보다 앞선다. 전체는 필연적으로 부분에 우선하기 때문이다. 이는 몸 전체가 파괴되면 손과 발도 생존할 수 없는 것과 같다. 사물은 그 기능과 능력에 의해 규정된다. 그러므로 본래의 기능을 수행하지 못하는 사물은 더는 그것이 아니며, 다만 이름만 붙었을 뿐이다.

국가는 명백히 자연의 산물이고 개인보다 우선한다. 개인은 고립 상태에서 자족할 수 없어 전체에 의존해야 하기 때문이다. 오직 전체만이 자족 상태를 이룰 수 있다. 고립 상태에서도 자족적일 수 있는 개인은 짐승 아니면 신일 것이다.

사람에게는 공동체를 구성하려는 본능이 있지만, 최초의 국가 설립자야말로 가장 위대한 선행을 한 사람이다. 완성된 사람은 동물 중에서 가장 뛰어나지만 법과 정의로부터 분리된 사람은 가장 사악한 존재이기 때문이다. 정의는 국가에서 인간을 결속시키며, 무엇이 올바른지 결정하는 정치사회의 질서 원리다. (1권 2장)

여기에서 아리스토텔레스가 본성이라는 말을 집요하게 사용하는 이유를 알려면 이 책의 전편에 해당하는 《니코마코스 윤리학》을 참고해야 합니다. 아리스토텔레스는 윤리학의 목적은 좋은 삶을 사는 것이며, 좋은 삶이란 본성에 맞게 사는 것이라고 주장하였습니다. 따라서 정치적인 삶, 국가 공동체에의 참여가 좋은 삶이 되려면 그것이 인간의 본성이 되어야 하는 것입니다. 여기에서 바로 그 유명한 말인 "인간은 정치적인 동물이다."가 등장하게 된 것입니다. 이때 정치적이라는 말을 '권력을 추구하는'이라는 의미로 이해하면 안 됩니다. 정치적이란 '폴리스적', 즉 '공동체적'이라는 말에 더 가깝습니다. 그래서 훗날 로마의 키케로는 이 말을 "인간은 사회적인 동물이다."로 옮겼고, 이 말 역시 오늘날 널리 사용되고 있습니다.

국가의 최소 단위, 가족

1권의 3장부터 13장까지는 노예제도를 정당화하는 부분과 경제학에 대한 내용으로 채워져 있습니다. 이는 국가의 정치를 알기 위해서는 그것의 가장 작은 단위인 가족의 운영 방법을 알아야 한다고 말하였기 때문입니다. 그리고 당시의 가족은 가장, 부인, 자녀, 그리고 노예로 이루어져 있으며, 단지 가정이 아니라 경제적 생산 단위이기도 하였습니다. 따라서 가족의 운영은 가장이 부인과 자녀, 노예를 다스리는 일종의 정치, 그리고 가족에게 필요한 재산을 획득하는 경제활동으로 나누어 볼 수 있습니다. 가족의 올바른 정치는 가장이 부인, 자녀, 노예에게 각각 그들의 본성에 걸맞은 서로 다른 지배 질서를 적용하는 것입니다. 그러나 이 부분에는 오늘날의 관점에서 이해하기 어려운 노예제 사회 특유의 편견이 포함되어 있고, 또 정치학이라기보다 경제학의 기원에 해당하는 내용이 많이 들어 있기 때문에 상당 부분 생략합니다.

국가가 가족들로 구성되는 것을 알았으니 국가에 앞서 먼저 가족의 운영을 살펴보자. 가족의 최초이자 최소의 부분들은 주인-노예, 남편-아내, 부모-자식 관계다. 이외에도 네 번째 부분이 있는데, 그것은 바로 '돈 버는 기술'이다. 어떤 사람들은 그것이 가장 중요한 요소라고 생각한다.

정치가의 권위는 타고난 자유인에게 행사되고, 노예주의 권위는 타고난 노예에게 행사된다. 또 가장이 가족에게 행사하는 권위는 왕의 권위와 같다. 모든 가족은 군주정처럼 다스려지기 때문이다. 반면 정치가의 권위는 자기와 동등한 자유인들에게 행사된다.

자유인의 노예 지배, 남성의 여성 지배, 그리고 성인의 어린이 지배는 각기 그 종류가 다르다. 노예는 사고 능력이 전혀 없고, 여성은 사고 능력이 있으나 굳건하지 못하며, 어린이는 아직 성숙하지 않았다. 따라서 지배자는 도덕적 선을 이성적 사고에 기초한 완벽한 형태로 가지고 있어야 한다. 그러나 다른 사람들은 그들의 특별한 위치에 따라 그들에게 필요한 정도로만 도덕적 선을 가진다. (1권 3~13장)

이상 국가론

2권은 이상 국가에 대한 논의입니다. 아리스토텔레스가 자신의 이상 국가론을 제시한 부분이 아니라 당시 발표된 여러 이상 국가론을 비판하는 부분입니다. 플라톤의 국가론에 대한 비판과 함께 당시 발표된 몇몇 국가론에 대한 비판을 담고 있습니다. 이 비판들은 플라톤의 방식과 달리 논리 정합성의 측면이 아니라 현실 정합성 측면에서 이루어지고 있습니다. 즉, 그 이론의 '옳고 그름'의 문제보다는 현실적 가능성의 측면에서 비판되었습니다. 하지만 우리가 당시 논의된 국가론들을 읽어 보기도 어렵고, 또 이 부분에서 아리스토텔레스가 자신의 정치론을 제시하는 것도 아니기 때문에 극히 일부분만 수록합니다.

국가가 가능한 한 단일한 통일체가 되어야 한다는 말이 있다. 그러나 국가가 점점 단일한 통일체가 되어 간다면 결국 국가 아닌 것이 되어 버릴 것이다. 국가는 그 본질상 하나의 복합체다. 그러므로 국가가 복합체에서 하나의 단일한 실체인 통일체가 되어 간다면 국가는 가족으로, 가족은 개인으로 바뀌고 말 것이다. 따라서 설사 국가를 통일체로 만들 수 있다 하더라도 그렇게 하면 국가가 파괴되기 때문에 그렇게 해서는 안 된다.

국가는 단지 여러 명의 사람이 아니라 여러 종류의 사람들로 구성되어 있다. 같은 종류의 사람들로는 국가가 만들어질 수 없다. 복합체의 구성 요소들은 서로 종류가 달라야 하기 때문이다. 그래서 내가 《윤리학》에서 말하였듯이, 국가를 유지하는 것은 서로 다른 구성 요소들이 서로 받은 만큼 준다는 원칙이다.

만약 같은 사람이 늘 같은 직업에 종사하는 것이 더 좋다는 원칙이 국가에도 적용되는 것이 바람직하다면, 가능하면 늘 같은 사람들이 통치하는 편이 분명 더 나을 것이다. 그러나 모든 시민은 날 때부터 평등하다. 따라서 이 원칙은 동등한 권리를 가진 사람들이 교대로 공직에 오르고, 물러난 뒤에는 모두 같은 지위를 가지는 방식으로 적용된다.(2권 2장)

● 생각해보기

1. 아리스토텔레스는 국가가 추구하는 것이 '최고의 선'이라고 하였습니다. 그 이유를 본문에서 찾아 쓰세요.

2. 아리스토텔레스가 주장하는 국가의 발생 과정을 설명해 보세요.

3. 국가는 자연의 창조물이며, 사람은 본질적으로 '정치적 동물'이라는 말은 어떤 의미를 지니고 있습니까? 아리스토텔레스의 관점에서 설명해 보세요.

02 이상을 꿈꿀 것인가, 실현 가능한 최선을 추구할 것인가?

국가에 대한 논의를 마친 다음에는 국가를 이루는 사람들, 즉 시민에 대해 논의하고, 이 시민들이 구성하게 되는 구체적인 국가의 형태, 즉 정체에 대한 논의를 이어갑니다. 아리스토텔레스는 플라톤과 달리 이상 국가를 제시하지 않고, 당시 존재하는 국가들의 정체들에 대해 그 장단점을 들어 세세히 논의합니다.

시민과 정체에 대한 이론

국가는 시민들로 구성된 복합체다. 따라서 국가의 본질을 고찰하기 위해 먼저 국가를 구성하는 시민의 본질을 고찰하는 것은 당연하다. 즉, 시민이 무엇인지, 어떤 사람이 시민이라 불릴 자격이 있는지 고찰해야 한다. 그런데 시민의 정의에는 합의된 것이 없다. 민주정체에서는 시민인 사람이 과두정체에서는 시민이 아닐 수도 있는 것이다.

우리는 시민을 미성년이나 투표권 박탈, 추방과 같은 결격사유나 유보 조건이 없는 사람으로 제한한다. 이렇게 엄밀하게 따지면 시민을 정의하는 기준으로는 정부 관직과 법정 배심원에의 참여가 가장 좋다. 이에 따라 시민을 관직과 법정에 참여하는 사람들이라고 정의할 수 있다.

세상에는 종류가 다른 여러 정체가 있다. 정체가 다르면 시민도 다르다. 그런데 우리가 방금 정의한 시민은 민주정체의 시민이기 때문에 다른 정체에서도 반드시 적용되는 것은 아니다. 예컨대 민주적 요소가 전혀 없는 국가들이 있다. 그런 국가에는 정기적인 의회가 없다. 그러나 이 경우에도 우리가 내린 시민의 정의는 약간의 수정을 통해 통용될 수 있다. 민주정체가 아닌 여타의 정체에서도 의회나 법정 구성원들의 임기가 무제한은 아니라는 점에 유의하자. 그들은 관직을 일정한 기간 동안만 맡으며, 이러한 정치 질서 아래에서는 임기 중인 사람들에게 의결에 참여하고 판결을 하는 시민의 기능이 맡겨지는 것이다.

이제 시민의 개념이 분명해졌다. 의결과 재판에 참여할 권리를 가진 자는 시민의 지위를 얻는다. 국가란 적절한 수의 자족할 수 있는 시민들로 구성된 단체다.(3권 1장)

여기까지 논의된 내용을 보면, 아리스토텔레스는 국가의 모든 국민을 시민이라 부르지 않고 있음을 알 수 있습니다. 시민이란 국가 운영에 참여할 자격을 가진 사람입니다. 그러므로 논의는 자연스럽게 그 자격은 어떤 자질에 의한 것인가, 즉 시민으로서의 탁월함이 무엇인가로 넘어갑니다.
2장과 3장에서는 앞에서 정의한 조건만 맞으면 시민이 된다고 할 때 파생되는 여러 가지 족보상, 계약상의 문제를 다루고 있습니다. 즉, 부모 중 양쪽이 시민일 경우, 한쪽만 시민일 경우 등을 따지고 있지만, 현재 시점에서는 별로 중요한 논의가 아니라서 생략합니다.

선원과 마찬가지로 시민도 공동체의 일원이다. 선원들은 저마다 수행하는 역할들이 다르다. 노 젓는 사람이 있고, 키 잡는 사람이 있으며, 망보는 사람이 있다. 이들은 각자의 역할에 따라 다른 명칭으로 불린다. 그러므로 선원의 탁월함을 엄밀하게 정의하려면 각자 맡은 일에 따라 다른 기준이 적용된다. 그러나 모든 선원에게는 안전한 항해라는 공통 목표가 있기 때문에 이들 모두에게 적용되는 선원의 탁월함도 분명히 있다.

이는 시민들에게도 그대로 적용된다. 시민 각자가 맡은 역할과 기능은 서로 다르겠지만, 그들에게는 공통의 목적이 있으니 그것은 공동체, 즉 정체의 안전한 운영이다. 따라서 우리는 시민의 탁월함은 정체에 따라 다르며, 정체가 여러 종류라면 시민의 탁월함도 여러 종류이고 절대적인 것은 없다는 결론에 다다르게 된다.

좋은 사람은 단 하나의 절대적인 탁월함을 통해 정의된다. 그러므로 좋은 사람으로서의 탁월함이 없으면서도 좋은 시민이 될 수 있다. 양쪽에 공통되는 단일한 탁월함은 없다. 모든 시민은 시민의 탁월함을 가져야 한다. 그것은 어떤 국가가 최선의 국가가 되기 위해 필수적인 조건이다. 그러나 좋은 사람으로서의 탁월함은 좋은 국가라면 시민이 모두 좋은 사람이라야 한다고 주장하지 않는 한 모든 사람이 가질 수 없다.

국가는 남편과 아내, 주인과 노예, 통치자와 피치자, 군인과 민간인같이 서로 다른 요소들로 구성되어 있다. 이렇듯 이질적 요소들로 이루어졌기 때문에 모든 시민에게 공통된 단 하나의 탁월함이란 있을 수 없다. 이것은 마치 지휘자와 합창단원 사이의 공통된 단 하나의 탁월함이 있을 수 없는 것과 같다.

통치자와 피치자의 탁월함은 서로 다르지만, 좋은 시민이라면 이 두 가지를 모두 갖추어야 한다. 좋은 시민은 자유민답게 지배할 줄도 알고, 자유민답게 복종할 줄도 알아야 한다. 이것이 바로 시민으로서의 탁월함이다.(3권 4장)

아리스토텔레스는 기본적으로 고대 그리스의 정체들을 염두에 두고 시민의 자질을 논하고 있습니다. 시민들은 기회가 되면 통치자의 지위에 오르기도 하고, 임기가 끝나면 다시 일반 시민의 자리로 물러날 줄도 알아야 합니다. 따라서 시민들은 때에 따라 훌륭하게 통치할 줄 알아야 하며, 물러났을 때는 기꺼이 복종할 줄 알아야 합니다.

만약 우리가 공직에서 배제된 직공도 시민에 포함시킨다면, 모든 시민이 시민의 탁월함을 지닌다는 것이 불가능해질 것이다. 반면 모든 직공을 시민에서 배제한다면 그들의 국가 안에서의 지위는 무엇이 될까? 최선의 국가라면 직공을 시민으로 만들지 않을 것이다. 하지만 직공을 시민으로 받아들인 국가라면 시민의 탁월함은 모든 시민이 아니라 자유민이면서 생존에 필요한 노동에서 자유로운 자들만이 가질 수 있을 것이다. 필요한 노동을 하되 개인에게 봉사하는 자는 노예이며, 공동체를 위해 봉사하는 자는 직공과 노동자다.

영문에서 직공worker, journeyman과 노동자labourer는 다르게 사용됩니다. 직공은 어떤 분야의 기능을 가지고 자기 소유의 공장이나 가게에서 일하거나 그럴 예정으로 일하고 있는 사람입니다. 즉, 장인 혹은 미래의 장인이라 할 수 있습니다. 반면 노동자는 정해진 분야 없이 노동 시간에 따라 임금을 받고 고용주가 요구하는 일을 하는 사람입니다. 그러니 여기에서 말하는 직공은 오늘날로 치면 노동자보다는 자영업자에 가깝습니다.

정체를 좀 더 자세히 살펴보면 각 국가 안에서 이들의 지위를 알 수 있다. 이들은 민주정체에서는 시민에 포함되지만, 귀족정체에서는 배제된다. 재산이 공직 참가의 기준이 되는 과두정체라면 직공은 시민이 될 수 있지만, 노동자는 시민이 될 수 없다.

이로써 다음과 같은 것들이 밝혀졌다.

첫째, 시민에는 여러 종류가 있다. 둘째, 진정한 의미의 시민은 국가의 공직에 참여하는 사람들이다. 셋째, 좋은 사람과 좋은 시민이 일치하는 국가도 있지만, 그렇지 않은 국가도 있다. 넷째, 좋은 사람과 좋은 시민이 일치하는 국가에서는 시민이라 해서 모두 좋은 사람은 아니며, 공직을 담당할 수 있는 정치가만이 좋은 사람이다.(3권 5장)

이제 시민의 자격은 정의되었으니 다음은 정체를 따져 보자. 어느 국가에서나 정부가 국가 최고 기관이기 때문에, 최고 권력을 가지는 정부가 사실상 정체나 다름없다. 예컨대 민주정체에서는 인민이, 과두정체에서는 소수가 주권을 가지기 때문에 우리는 두 정체를 구별한다. 우리는 이들 이외의 정체에도 같은 기준을 적용할 수 있다.

먼저 국가의 목적이 무엇이며, 정부 형태에는 어떤 것들이 있는지 살펴보자. 첫째 문제에 관한 한 이미 "사람은 본질적으로 정치 공동체를 구성하는 동물이다."라고 말한 바 있다. 사람들은 서로 도울 필요가 없는 경우에도 자연적 충동 때문에 공동체 생활을 원한다. 공동체 전체나 개개인에게나 주된 목적은 좋은 삶이다.

둘째 문제로 들어가 보자. 통치 형태의 여러 유형을 구별하는 것은 쉽다. 노예에 대한 주인의 지배도 그중 하나다. 이 통치의 목적은 주인의 이익이며, 노예의 이익은 부수적이다. 처자식에 대한 통치의 목적은 통치자와 피치자의 공통된 이익이지만, 근본적으로는 피치자의 이익이다.

이 원칙은 국가의 관직을 가진 사람들이 행사하는 통치에도 적용된다. 어떤 국가의 정치 질서가 평등의 원칙 위에 세워지면, 시민들은 관직을 번갈아 가며 맡는 것이 옳다고 생각한다. 그리하여 국가의 공직을 담당하다가 퇴직한 사람은 자신이 관직에 있을 때 다른 사람들의 이익을 위해 일하였듯이 이제는 다른 사람들이 자신의 이익을 위해 일할 것이라고 기대한다. 그런데 최근에는 사정이 달라졌다. 사람들이 관직과 공공재산 취급권에서 나오는 이득 때문에 관직을 계속 맡으려고 하는 것이다. 결론은 명백하다. 공공의 이익을 추구하는 정체는 올바르다. 통치자들의 개인적 이해를 돌보는 정체는 왜곡되었다. (3권 6장)

아리스토텔레스는 지배-피지배로 이루어진 여러 관계 중 정치적 관계를 특별히 구별해 냅니다. 그것은 공동체를 이루고 공동체의 이익을 추구하는 인간의 속성에서 비롯됩니다. 따라서 공동체의 이익을 위해 권력이 행사되지 않으면 그것은 제대로 된 정치라고 볼 수 없습니다. 그것은 정치의 탈을 쓴 다른 무엇이며, 정치의 왜곡입니다. 아리스토텔레스는 누가 다스리느냐가 중요한 게 아니라 무엇을 위해 다스리느냐가 정치를 평가할 수 있는 기준이라고 보았습니다. 다스리는 사람의 종류에 따라 정체는 다양해지겠지만, 그 다양한 정체는 제각각 올바를 수도 왜곡될 수도 있는 것입니다. 비록 아리스토텔레스는 민주정체를 지지하였지만 군주정체라 할지라도 군주가 개인을 위해서가 아니라 국가 전체를 위해 다스린다면 올바르다고 본 것입니다.

모든 국가의 최고 권력 기구는 한 사람이거나 소수이거나 혹은 다수의 사람으로 이루어져야 한다. 이를 근거로 우리는 한 사람, 소수, 혹은 다수의 사람이 공동의 이익을 위해 통치하는 것을 모두 올바른 정체라고 부른다. 반대로 한 사람, 소수, 혹은 다수가 개인적 이익을 추구하는 것을 왜곡된 정체라고 부른다.

왕정은 한 사람이 통치하는 정부들 중에서 공동의 이익을 지향하는 정치형태를 일컫는다. 귀족정체는 소수가 통치하는 정부에서는 여기에 해당되는 정체다. 공동 이익을 위해 다수가 국가를 통치하는 경우에는 정체 혹은 혼합정체라고 부른다.

위의 세 가지 형태에 상응하는 세 가지 형태의 왜곡된 정체가 있다. 참주정체는 왕정의 타락, 과두정체는 귀족정체의 타락, 민주정체는 혼합정체의 타락이다. 참주정체는 독재자가 자기 이익만을 위해 통치하는 것이고, 과두정체는 부자의 이익을 추구하며, 민주정체는 빈민의 이익을 추구한다. 이 중 어느 것도 시민 전체의 이익을 추구하지 않는다.(3권 7장)

아리스토텔레스는 오늘날의 기준으로 보면 민주정체의 지지자입니다. 그는 현실적으로 민주정이 최선의 정체라고 보지만 그것을 민주정체라고 부르지 않습니다. 그 때문에 따로 이름을 붙이지 않고 그냥 '정체'라고 부르고 있습니다. 반면 그가 민주정이라고 부르는 정체는 우리가 민주정이라고 부르는 것과는 거리가 멀며, 오히려 흔히 중우정치, 포퓰리즘 등으로 부르는 그런 정치를 지칭합니다. 사실 민주정치의 어원인 demos는 전체 국민, 전체 시민이란 뜻이 없고 국민 중 가난하고 지체가 낮은 자들을 지칭합니다. 그래서 민주정치라는 말의 의미가 당시는 오늘날과 매우 다른 것입니다.

참주정체란 한 사람이 국가 공동체를 마치 주인이 노예를 지배하듯 통치하는 것이다. 부자들이 정권을 잡으면 과두정체이며, 무산대중이 정권을 잡으면 민주정체다. 그런데 부자가 다수이고 빈민이 소수일 때 부자가 다스리거나 빈민이 다스린다면 이런 정체는 무엇일까? 지배자의 수는 일반적으로 부자는 소수이고 가난한 자는 다수라는 사실에 기인하는 우연한 속성에 불과하다. 따라서 통치자의 수가 많고 적음은 과두정체와 민주정체의 진정한 차이가 아니다. 민주정체와 과두정체의 진정한 차이는 지배자가 부자냐 빈민이냐에 있다. 지배자의 수와 무관하게 부자가 통치하면 과두정체이며, 빈민이 지배하면 민주정체다. 그러나 앞에서 말하였듯이 대체로 부자는 적고 빈민은 많다. 반면 자유는 모두 다 향유한다. 그리고 부와 자유야말로 과두정체의 지지자들과 민주정체의 지지자들이 정권을 놓고 다투는 진정한 이유다. (3권 8장)

과두정체와 민주정체는 모두 정의를 내세운다. 민주정체에서는 평등이 정의다. 그러나 그것은 평등한 사람들을 위한 평등일 뿐 모든 사람을 위한 평등이 아니다. 과두정체에서는 불평등한 관직 분배가 정의로 간주된다. 그것은 불평등한 사람들을 위한 정의일 뿐이다. 이렇게 '누구에게'를 빼 버린 채 정의를 판단하면 잘못된 판단이 내려진다. 사람들은 대개 자신과 이해관계가 있을 경우 잘못 판단하기 때문이다.

민주주의자와 과두주의자들은 특정한 종류의 정의 개념을 믿고 주장하는데, 그것에 빠져들어 자기들이 믿는 정의의 개념이 절대적이고 완벽하다고 여기는 오류를 범한다. 과두정체를 주장하는 사람은 부의 우월성이 다른 모든 면에서의 우월성이라 생각하며, 민주주의자들은 자유민으로서의 평등이 모든 점에서의 평등이라고 믿는다.

그러나 양측 모두 국가가 존재하는 본질적인 목적은 언급하지 못한다. 만약 사람이 공동체를 형성한 목적이 재산 때문이라면 재산에 비례하여 관직과 명예가 마땅히 분배되어야 한다. 이 경우 과두주의자의 주장의 정당성은 매우 크다. 그러나 국가의 목적은 생존이 아니라 훌륭한 삶을 제공하는 것이다. 단순히 생존이 목적이라면 노예나 동물의 국가도 있어야 하는데, 그런 국가는 있을 수 없다. 노예와 동물은 행복과 자유로운 선택에 근거한 삶에 참여할 수 없기 때문이다. 한 국가가 이름뿐 아니라 참된 국가라 불릴 수 있으려면 공공선이라는 목표에 헌신해야 한다. 그렇지 않다면 그것은 구성원들이 서로 멀리 떨어져 사는 동맹체이거나 단지 덩치가 큰 동맹체로 전락하게 될 것이다.

집단의 구성원들은 같은 장소에 모여 있을 수 있다. 그러나 그게 전부라면, 즉 함께 모인 다음에도 이 사람들의 정신이 서로 떨어져 살고 있을 때와 다르지 않다면 이걸 국가라 부를 수는 없다. 국가란 같은 장소에서 함께 살기 위해, 또는 교환을 순조롭게 하거나 서로 간의 옳지 못한 짓을 막고자 형성된 결사가 아니다. 이런 것들은 국가의 조건일 뿐이다. 국가는 가족들과 부족들이 좋은 생활을 하도록, 즉 완전하고 자기 목적적인 삶을 이룩하도록 하기 위한 결사다. 그러한 삶은 진정한 행복과 선한 삶에 있다.(3권 9장)

여기에서 아리스토텔레스는 근대 정치학과 대비되는 주장을 하고 있습니다. 17세기 이후 정치학에서는 국가의 목적이 구성원들의 생존과 안전이라고 말하고 있습니다. 그러나 아리스토텔레스는 그건 단순한 동맹체이며, 국가라 불리려면 공동의 선을 추구해야 한다고 주장합니다. 이를 제대로 이해하려면 그의 《니코마코스 윤리학》을 읽어야 합니다. 사실상 아리스토텔레스는 《정치학》을 《윤리학》의 속편으로 간주하고 있습니다. 즉, 인간은 동물과 달리 선한 삶을 추구해야 하며, 그 선한 삶은 국가 안에서만 가능하다는 것입니다. 따라서 윤리란 개인적으로 해결되지 않고, 궁극적으로 폴리스 속에서 가능한 것이며, 그래서 인간은 동물들의 군집과 달리 국가라는 정치 공동체를 세웠다는 것입니다.

다수에 의한 통치민주정치를 이렇게 정당화할 수 있다. 인민은 개인으로서는 자질이 떨어질지 몰라도, 그들이 함께 모여 집단이 되면 소수의 훌륭한 사람보다 더 뛰어난 자질을 가질 수도 있다. 그것은 마치 잔치의 비용을 여러 사람이 추렴하였을 경우 부자 한 사람이 개최한 잔치보다 더 성대해질 수 있는 것과 같다. 다수자로 모인 인민은 마치 무수한 수족과 감각기관을 한 사람이 갖춘 것처럼 된다. 그래서 이들은 음악이나 시도 더 잘 판단한다. 이 사람은 이 부분을, 저 사람은 저 부분을 이해하기 때문에 모두 합치면 전체를 이해하게 되는 것이다. 물론 인민과 대중 가운데 그럴 능력이 없는 사람들이 있는 것은 사실이다. 그렇지 않다면 이런 논리가 짐승에게도 적용될 것이기 때문이다. 이런 인민은 사실상 짐승이나 다름없다.

이제 인민이 어떤 분야에서 최고 권력을 가질 수 있는가 하는 문제를 해결하게 되었다. 이들은 부자도 아니고 권력을 요구할 만한 어떤 탁월함을 가진 것도 아니다. 그러니 이런 사람들이 최고 관직을 담당하는 것은 옳지 못하다. 그들은 정의롭지 못해 나쁜 짓을 할 수도 있고, 분별력이 없어 실수를 범할 수도 있다. 하지만 이들에게 얼마간의 권력이 주어지지 않았을 경우가 훨씬 더 위험하다. 가난하지만 권리가 없는 다수 시민들로 이루어진 국가는 적으로 가득한 국가일 수밖에 없기 때문이다. 여기에 대한 대안은 이들을 심의와 사법에 참여시키는 것이다. 솔론 등의 입법자들은 인민에게 공직 선출권과 감사권은 주었지만 이들이 개인 자격으로 공직을 맡을 권리는 주지 않았다. 일반 대중은 함께 모였을 때 탁월한 이해력을 발휘한다. 따라서 이들은 더 높은 계급의 사람들과 섞였을 때 국가에 훌륭하게 기여한다. 이것은 마치 영양가 높은 음식물을 다른 음식물과 섞어 혼합물을 만드는 것이 영양가 높은 소수의 음식보다 영양이 풍부한 것과 같다.

그런데 이런 식의 정체에 몇 가지 문제 제기를 할 수 있다. 우선 치료가 제대로 되었는지 판단할 수 있는 사람은 그 치료를 시행할 수 있는 사람, 즉 의사일 수밖에 없다는 문제다. 이 점은 다른 전문 지식도 마찬가지다. 의사가 의사의 감사를 받아야 하듯, 다른 전문가도 다른 동업자들의 감사를 받아야 한다. 이런 논리대로라면 인민대중에게 공직자를 선출하고 감사할 권한을 부여해서는 안 될 것이다.

그러나 이런 식의 문제 제기가 전적으로 옳은 것은 아니다. 대중이 형편없이 천박하지 않은 이상 그들은 개개인으로서는 전문가만 못할지 몰라도 집단으로서는 최소한 동등한 수준의 판단을 내릴 것이기 때문이다. 그런데 또 다른 문제 제기를 할 수 있다. 좀 더 중요한 업무에서 유능한 자들보다 열등한 자들이 더 큰 권한을 갖는 것이 불합리하다는 것이다. 예를 들어 몇몇 나라에서는 공직자들의 선출과 감사야말로 정치에서 가장 중요한 일인데, 이게 인민에게 위임되어 있어 민회가 이 일에 관한 최고 권력을 갖고 있다는 것이다. 그러나 여기에 대해서는 인민들 각자가 권력을 갖는 것이 아니라 법정, 평의회, 민회 전체가 권력을 갖는 것이라고 답할 수 있다.

결국 올바르게 제정된 법이 최고 권력을 가져야 한다는 것이 논의를 통해 밝혀졌다. 통치자는 한 명이든 여러 명이든 간에 언제나 보편타당한 규정을 만들기 어렵다. 그래서 이들은 법이 정밀한 지침을 제공할 수 없는 업무들만 관할해야 한다. 그러나 올바르게 제정된 법은 과연 어떠해야 하는지 아직 밝혀지지 않았다. 법은 그것이 속하는 정체에 따라 좋을 수도 나쁠 수도, 정당할 수도 부당할 수도 있다. 즉, 법은 정체에 맞아야 한다. 그렇다면 올바른 정체들에 맞는 법은 정의롭고, 왜곡된 정체들에 맞는 법은 불의하다고 할 수 있다. (3권 11장)

    모든 학문이나 기술의 궁극적인 목적은 선이다. 그러므로 모든 학문과 기술 중 가장 뛰어난 정치학의 궁극적인 목적은 최고의 선이다. 이것은 곧 정의이며 공동의 이익이다. 사람들은 보통 정의를 평등의 일종이라고들 한다. 즉, 정의는 특정한 사물을 특정한 사람들에게 분배하고, 평등한 사람은 평등하게 사물의 분배를 받아야 한다는 것이다. 문제는 무엇에서의 평등이며 불평등인가 하는 것이다.
    공직과 명예가 한 측면의 탁월함을 근거로 그 밖의 다른 점에서는 유사하고 아무 차이가 없을지라도 불평등하게 배분되어야 한다고 주장할 수 있다. 만약 이런 이론을 받아들인다면 피부가 좋거나 키가 크거나 그 밖에 다른 이점이 있는 사람들에게 정치적 권리를 더 많이 주어야 한다는 주장도 성립될 것이다. 그러나 이게 말이 되는가? 재능이 비슷한 연주자가 여러 명 있을 때 부유하거나 집안이 더 좋은 자에게 더 좋은 악기를 주는 것은 잘못이다. 이들에게 더 좋은 악기가 주어져야 한다면 부와 좋은 집안이 연주에 기여해야 하지만 전혀 그렇지 못하기 때문이다.
    만일 공직과 명예가 특정한 어떤 자질의 뛰어남에 근거하여 배당되어야 한다는 주장을 받아들인다면, 여러 자질이 모두 공통의 척도로 측량될 수 있어야 한다. 예컨대 일정한 정도의 키는 일정한 정도의 어떤 다른 자질보다 우월하다고 계산되어야 하며, 키 일반이 가문 일반과 어떻게 비교되는지 계산되어야 한다. 그러나 이런 식의 비교는 불가능하다. 따라서 정치에서도 어떠한 특정 자질의 탁월함에 근거를 두고 공직을 요구하는 주장에는 아무 근거가 없다. 날쌘 사람이 그 때문에 상을 받는 것은 운동경기에서나 가능하다. 따라서 귀족과 자유민, 부자 들이 모두 공직을 요구할 수 있다는 것은 당연하다. (3권 12장)

아리스토텔레스는 기계적인 평등을 주장하지는 않았습니다. 만약 정당한 근거가 있다면 불평등한 분배가 오히려 정의로울 수도 있는 것입니다. 그런데 사람들은 저마다 다른 소질을 가지고 국가에 기여합니다. 문제는 이 저마다 다른 소질들을 서로 비교해 기여도를 측정할 수 없다는 것입니다. 따라서 어떤 자질과 소질을 근거로 하는 정치적 불평등은 정당화될 수 없습니다.

국가의 생존만을 고려한다면 어떤 종류의 탁월함을 근거로 공직을 요구하는 것은 정당할지도 모른다. 훌륭한 삶을 고려한다면 교육의 탁월함에 근거하여 공직을 요구하는 것이 가장 정당하다. 그러나 한 가지 점에서 평등한 자들이 모든 점에서 평등해서도 안 되고, 한 가지 점에서 불평등한 자들이 모든 점에서 불평등해서도 안 되므로, 이런 주장들을 인정하는 정체는 필연적으로 왜곡된다.

유능한 자, 부자, 가문 좋은 자들과 인민대중이 한 국가에서 함께 살고 있다고 하자. 누가 통치해야 할까? 과두정체의 특징은 통치자가 부자라는 것이고, 귀족정체의 특징은 탁월한 사람들이라는 것이며, 다른 정체들도 나름대로 특징이 있다. 그러나 이들이 동시에 공직을 요구하게 되면 문제가 복잡해진다. 각 집단은 저마다 자신들이 통치해야 한다고 주장하겠지만 어느 것도 정당화될 수 없다. 대중은 탁월하기 때문에 권력을 가져야 한다고 주장하는 자들에 대해서도, 부자이기 때문에 권력을 가져야 한다고 주장하는 자들에 대해서와 마찬가지로 정당한 이의를 제기할 수 있다. 대중은 개개인으로서가 아니라 집단으로서는 이들보다 더 탁월하고 부유할 수 있기 때문이다.

만약 다른 사람들의 탁월함과 정치적 능력을 다 합해도 비교가 안 될 만큼 월등히 탁월한 사람이 한 명 또는 몇 명 있다면, 그 또는 그들을 국가의 한 부분으로 간주해서는 안 된다. 그런 사람은 인간들 사이의 신이라 할 수 있다. 이들에게는 법이 웃음거리가 될 것이다. 그들 자신이 법이기 때문이다.

이런 이유로 민주주의 국가들에서는 도편추방을 도입해 부와 정치적 영향력으로 권세가 너무 커진 자들을 추방하였다. 이런 평준화 법칙은 다른 기술과 학문에서도 찾을 수 있다. 화가가 사람을 그릴 때 그 사람의 한쪽 발이 아무리 아름답다고 해도 균형을 깰 정도로 크게 그리지는 않을 것이다. 지휘자는 단원 전체보다 목소리가 우렁찬 가수를 합창단에서 쫓아낼 것이다. 물론 입법자가 처음부터 그런 치료약이 필요 없도록 정체를 구성하는 편이 좋겠지만 차선책이 필요할 경우 이런 수단으로 바로잡는 것이다. 그러나 현실은 국가들이 이 제도를 공공의 이익을 위해

사용하는 대신 당파 싸움의 도구로 이용하는 것이었다. (3권 13장)

 아리스토텔레스에 따르면, 왕정이나 귀족정체, 즉 일인이나 소수의 통치는 그 일인이나 소수가 나머지 사람들을 모두 합친 것보다 탁월할 경우에만 정당합니다. 하지만 신이 아닌 다음에야 그런 일은 불가능하다고 봐야 할 것입니다. 그리고 그런 사람들은 도리어 공동체의 질서와 법을 해칠 수 있습니다. 여기에서 아리스토텔레스의 중용사상이 등장합니다. 탁월함이라 할지라도 지나치게 되면 오히려 해롭습니다.

좋은 국가는 여러 정체의 중용인 혼합정체를 가진 것입니다. 탁월함이 지나치면 오히려 해롭습니다. 탁월함이 지나칠 수 있는 것일까요? 그 탁월함이 지나치면 어떻게 해롭다는 것일까요? 소수가 지나치게 탁월하면 반드시 독재가 될 것입니다. 사실 가능하지도 않지만, 아무리 탁월하다 하더라도 소수의 탁월함이 다수의 힘과 지성을 합한 것을 능가하기는 어렵습니다.

14~17장은 왕정에 대해 논하고 있습니다. 하지만 원고의 상당 부분이 소실되어 중간에 끊어지는 경우가 많기 때문에 여기에는 수록하지 않습니다.

● 생각해보기

1. '좋은 사람'으로서의 우수함과 '좋은 시민'으로서의 우수함은 서로 어떻게 다릅니까? 서로 비교하여 설명해 보세요.

2. 바람직한 국가의 권위는 무엇에 근거해야 합니까?

3. 과두정치와 민주정치의 차이점은 단지 수의 많고 적음이 아니라는 구분 기준에 의거하여 오늘날의 정치를 비판해 보세요.

03 한때 강성하였던 나라들이 무너지는 이유는 무엇일까?

이상 정치를 생각하지 않는 현실주의자 아리스토텔레스에게는 세상에 완벽한 정체는 있을 수 없습니다. 모든 정체는 어떤 특성이 지나치거나 모자람으로 인해, 또 특정한 정치 세력이나 계급이 준동함으로 인해 무너지게 됩니다. 그러므로 현실적으로 가능한 최선의 정체는 각 정체의 장점을 조합하고, 각 정치 세력이나 계급이 서로 견제하도록 하는 그런 정체입니다. 이로써 아리스토텔레스는 공화주의에 중요한 기여를 하게 됩니다.

현실의 헌정 질서와 그 변형

3권까지는 정치의 일반론을 펼쳤다면, 4권부터는 실제 현실에서 나타나는 여러 정체에 대해 소개하고 있습니다. 그런데 왕정에 대해서는 4권이 아니라 3권에 기술해 놓았는데, 이는 모든 사람을 다 합친 것보다 탁월한 한 사람에 의한 통치가 현실에서는 불가능하기 때문입니다. 그것은 이상적인 정치입니다. 이 점에서 아리스토텔레스는 플라톤의 철인왕을 거부합니다. 그 대신 현실에서

가능한 여러 가지 정체를 모색하는데, 특히 당시 많은 국가에서 발견되는 과두정체와 민주정체, 그리고 참주정체를 집중적으로 분석하고 있습니다. 그런 후에 아리스토텔레스는 이상 국가가 아니라 이들 정체의 장점을 취한 현실적으로 가능한 최선의 정체를 제안하게 됩니다.

정치학의 과제는 다음과 같다. 먼저 어떤 정체가 최선의 것인지, 외적 장애가 없을 경우 이상적인 정체에 가장 부합하는 정체는 어떤 종류의 것인지, 개별 국가들에 어떤 정체가 적합한지를 고찰해야 한다. 대부분의 국가들에 최선의 정체를 도입하는 것은 불가능하기 때문이다. 그러므로 훌륭한 입법자와 진정한 정치가는 절대적인 최선의 정체뿐 아니라 상대적인 최선의 정체에 대해서도 알아야 한다. 또한 실재하는 정체에 대해 그 발생 과정과 존속의 조건 등을 고찰해야 한다. 그리고 많은 국가에 가장 적합한 정체가 어떤 것인지 알아야 한다. 우리는 최선의 정체뿐 아니라 가능한 정체, 가장 쉽게 실현될 수 있고 모든 국가에 가장 잘 맞는 정체도 고찰해야 하기 때문이다.

이를 위해 수많은 정체의 종류를 알아야 한다. 민주정체와 과두정체가 하나씩만 있는 줄 아는 사람들이 더러 있는데, 이는 잘못된 생각이다. 우리는 각 정체의 변형이 얼마나 많으며, 그것들이 얼마나 다양한 방법으로 구성되는지 명심해야 한다.

이런 통찰력을 갖추면 최선의 법과 각각의 정체에 맞는 법이 어떤 것인지 알 수 있다. 정체에 법을 맞추는 것이지 법에 정체를 맞추는 것이 아니다. 정체는 공직들의 배분과 최고 권력의 소재, 공동체가 추구하는 목표를 결정하는 국가 제도이지만, 법은 통치자들이 거기에 따라 통치하고 위반자를 감시하고 제재하는 법규이기 때문이다.(4권 1장)

앞에서 우리는 정체를 세 가지 올바른 형태인 왕정, 귀족정체, 혼합정체정체와 이들의 왜곡된 형태인 참주정체, 과두정체, 민주정체로 분류하였다. 이 중 왕정과 귀족정체에 대해서는 이미 논하였다. 최선의 정체를 고찰하는 것과 이 두 정체를 고찰하는 것은 같기 때문이다. 따라서 남은 것은 '정체혼합정체'와 다른 정체들, 즉 과두정체와 민주정체, 참주정체에 대해 논의하는 일이다. 이 중 어느 것이 최악이고 어느 것이 차악인지는 분명하다. 올바른 정체 가운데 으뜸가는 정체가 왜곡된 것이 가장 나쁘다. 따라서 최악은 참주정체이고, 차악은 과두정체이며, 민주정체는 그럭저럭 견딜 만하다.

하지만 정체들의 순위는 일단 접어 두고, 먼저 정체의 변형들이 얼마나 많은지, 어떤 정체가 가장 두루 받아들여질 수 있으며 최선의 정체 다음으로 바람직한 것인지 하는 문제를 살펴보기로 하자.(4권 2장)

이후 3~10장까지는 과두정체와 민주정체, 그리고 참주정체의 다양한 변형에 대한 소개입니다. 이 부분은 아리스토텔레스가 당시 존재하던 여러 나라의 헌법을 분석한 결과인데, 그 세세한 내용을 여기에서 굳이 다 확인할 필요는 없습니다. 여기에서 그가 전하려는 메시지는 분명합니다. 바로 과두정체와 민주정체, 그리고 참주정체는 각 나라의 실정에 따라 다양한 변형을 가지고 있다는 것입니다. 그런데 이 세 정체는 모두 왜곡되고 잘못된 정체입니다. 이것들을 고쳐서 올바른 정체로 바꾸어야 합니다. 왜곡이 심하게 된 것일수록 고치는 것도 어렵습니다. 따라서 올바른 정체를 만드는 것도 참주정체, 과두정체보다는 민주정체가 한결 쉬울 것입니다.

대부분의 국가와 인간에게 최선인 정체와 최선인 삶은 어떤 것일까? 여기에서는 보통 사람들에게는 불가능한 수준의 탁월함, 재능과 환경, 교육을 요구하는 이상적인 정체가 아니라, 대부분의 사람들과 국가가 누릴 수 있는 삶과 정체를 잣대로 삼을 것이다.

우리가 《윤리학》에서 밝혔던 "참으로 행복한 삶이란 선의 생활이며, 선이란 중용에 있다."라는 말을 참으로 간주한다면 최선의 생활 방식은 누구나 도달할 수 있는 중도적인 삶, 중용에 있을 것이다.

어느 나라나 시민들을 부유한 계급, 가난한 계급, 그리고 중산계급으로 분류할 수 있다. 그리고 중도와 중용이 가장 좋다. 그러니 재산의 정도도 중간 상태가 최선이라고 단언할 수 있다. 이 상태에 있는 사람들이 이성을 가장 잘 따른다. 양극단에 속하는 사람들, 즉 지나치게 아름답거나 힘이 세거나 가문이 좋거나 부유한 사람들과 반대로 지나치게 약하거나 비천하거나 가난한 사람들은 이성에 따르기 어렵다. 전자는 폭력이나 중범죄를 저지르기 쉽고, 후자는 경범죄나 좀도둑질을 하기 쉽다. 한쪽은 교만, 다른 한쪽은 악의 때문에 불의를 저지른다.

특혜를 많이 누리는 사람들은 복종하는 법을 모른다. 그 반대편에 있는 사람들은 비굴하고 저열하다. 즉, 한쪽에는 복종하는 법은 모르고 오직 지배할 줄만 아는 사람들이 있고, 반대쪽에는 노예처럼 오직 복종하는 법만 아는 사람들이 있다. 이런 국가에는 자유민은 없고 노예와 주인만으로 이루어져 한쪽에는 부러움과 시기심이, 다른 한쪽에는 경멸만이 가득해진다.

국가는 가능하면 평등하고 동등한 사람들로 구성되어야 한다. 그러므로 중산계급에 기초를 두고 있는 국가가 최선이다. 중산계급은 빈민들처럼 다른 사람의 물건을 탐내지도 않고, 부자들처럼 다른 사람에 대해 음모를 꾸미지도 않으므로 가장 안전하다.

지금까지 논의한 바에 따르면, 다음과 같은 점이 명백하다. 중산계급으로 구성되거나, 중산계급이 다른 두 계급을 합친 것보다 강하거나, 최소한 두 계급 중 하나보다는 강한 국가가 최선이다. 이렇게 되면 중산계급이 두 세력 가운데 어느 한쪽이 우세해지는 것을 막을 수 있기 때문이다. 그러므로 국가 구성원이 중간 규모의 적당한 재산을 갖고 있다는 것은 대단한 행운이다. 어떤 사람들이 너무 많이 갖고 있고 나머지는 아무것도 갖지 못한 나라에서는 민주정체나 과두정체라는 극단적인 정체가 나타나며, 이 둘 중 어느 한쪽이 극단으로 흐르면 참주정체로 전락할 것이다. 중간 정체나 그와 유사한 정체들에서 참주정체가 생겨나는 경우는 거의 없다.

중산계급이 많은 곳에서는 시민들 사이에서 갈등이 일어날 가능성이 적다. 민주정체가 과두정체보다 더 안정적이고 오래 존속하는 것도 중산계급 덕분이다. 중산계급은 수가 많은데다 과두정체에서보다 민주정체에서 공직에 더 많이 참여하기 때문이다. 그러나 중산계급이 사라지고 빈민의 수가 훨씬 많아지면 사태가 악화되어 민주정체는 급속히 붕괴한다.

이제 현실에서 정체들이 대부분 민주정체 아니면 과두정체인 이유가 밝혀졌다. 대부분의 국가들은 중산계급이 적으며, 부자와 빈민들 중 어느 하나가 유리해

지면 중용을 벗어나 자기 계급에게 유리하도록 정체를 개편하여 민주정체나 과두정체를 설립하는 것이다.

이상으로 어떤 정체가 최선이고 그 까닭이 무엇인지 밝혔다. 이제 여러 정체의 탁월함의 서열을 매기는 것은 쉬운 일이다. 최선의 정체에 가장 가까운 정체가 필연적으로 다른 정체보다 훌륭하고, 중간 형태의 정체에서 멀수록 나쁜 정체이기 때문이다. (4권 11장)

모든 정체에 적용할 만한 보편적인 원칙 하나를 전제하자. 정체는 국가에서 그것의 존속을 원하는 사람들이 그렇지 않은 쪽보다 강해야 유지된다. 모든 국가는 질과 양으로 구성된다. 질이란 자유와 부, 교육, 좋은 가문이고, 양이란 수적 우위다. 국가를 구성하는 부분 중 어느 한쪽이 질에, 다른 한쪽이 양에 속할 수 있다. 예컨대 평민이 귀족보다, 빈민이 부자보다 수가 더 많을 수 있다. 그러나 한쪽의 양적 우위가 다른 쪽의 질적 우위를 상쇄하지 못할 수도 있다. 따라서 질과 양은 서로 균형을 이루어야 한다. 빈민의 수가 다른 쪽의 질적 우위를 상쇄하고도 남는 곳에서는 민주정체가, 부자와 귀족의 질적 우위가 양적 열세를 상쇄하고도 남는 곳에서는 과두정체가 수립된다.

입법자는 언제나 중산계급에게 정치적 결정권을 주어야 한다. 과두정체에서는 중산계급을 배려해야 하고, 민주정체에서는 중산계급의 환심을 사야 한다. 중산계급이 다른 두 계급을 합한 것보다, 혹은 둘 중 어느 한쪽보다 많은 곳에서는 혼합정체가 지속될 수 있다. 부자와 빈민은 서로 불신하기 때문에 번갈아 가며 지배하는 데 결코 찬성하지 않겠지만, 중립적인 중재자는 항상 신뢰를 받기 때문이다. 중산계급 출신자야말로 그런 중재자다. (4권 12장)

여기까지의 내용은 아리스토텔레스의 《니코마코스 윤리학》을 읽으면 좀 더 명료하게 이해할 수 있습니다. 아리스토텔레스는 도덕을 어떤 절대적인 기준이 아니라 적정성에서 찾았습니다. 예를 들어 우리가 용기라고 부르는 것이 상황에서 요구되는 적정성을 벗어나 지나치면 만용이 되고 모자라면 비겁이 되듯이 말입니다. 너그러움도 지나치면 헤픈 게 되고 모자라면 인색해집니다. 이걸 국가에 적용하면 부자에게 치우치거나 빈민에게 치우친 정체는 모두 적정하지 않은 것이 됩니다. 따라서 그 중간인 중산층이 주도하는 정체야말로 최선이라고 보는 겁니다. 물론 이런 정체가 플라톤이 주장한 완벽한 정체는 되지 않겠지만, 아리스토텔레스는 그런 완벽한 정체는 신에게나 가능하다고 하였으니, 인간으로서는 이 정도를 추구해야 한다고 본 셈입니다. 이렇게 두터운 중산층이 정치적 안정에 중요하다는 견해는 오늘날에도 그 중요성을 잃지 않고 있습니다.

모든 정체에는 세 부분이 있는데 훌륭한 입법자는 이와 관련해 각 정체에 어떤 것이 유익한지 고려해야 한다. 이 부분이 잘 구성되면 정체 전체가 잘 구성되며, 이 부분이 다르게 구성되면 정체도 달라질 것이기 때문이다. 그 부분들은 공무에 대해 심의하는 부분, 공직에는 어떤 것이 있어야 하고 그 권한은 무엇이며 공직자는 어떻게 임명되어야 하는가에 관한 부분, 재판에 관한 부분이다.

심의하는 부분은 전쟁, 평화, 조약의 체결과 폐지, 입법, 사법, 공직자 임명과 감사에 관한 최고 권력을 갖는다. 이 결정권은 권한에 따라 어떤 것은 시민 전체, 어떤 것은 몇 사람에게 주어진다.

민주정체의 특징은 시민 전체가 모든 공무를 결정하는 것이다. 인민이 추구하는 평등이 그런 종류의 것이기 때문이다. 그러나 시민 전체가 심의한다는 원칙은 여러 방법으로 운용될 수 있다. 그중 첫째는 시민 전체가 심의하되 모두가 동시에 하는 것이 아니라 교대로 한다. 둘째는 시민 전체가 심의하되 공직자들의 선출과 감사, 입법, 전쟁과 평화에 관한 것만 심의하고, 다른 안건들은 시민들 중 선출된 공직자들에게 위임한다. 셋째는 시민들은 공직자들의 임명과 감사, 그리고 전쟁과 조약에 관한 것만 심의하고, 나머지는 선출된 공직자들에게 위임한다. 마지막 넷째는 시민 전체가 모든 안건을 심의하며, 공직자는 예비 조사만 한다.

과두정체의 특징은 시민들 중 일부가 모든 안건을 심의하는 것이다. 이 역시 여러 방법으로 운영될 수 있다. 한 가지는 심의 기구의 구성원이 되기 위한 재산 자격을 그리 높지 않게 하여 다수가 심의 기구에 참여할 수 있게 하되, 법에 그들이 바꾸지 못하도록 금지된 것을 바꾸려 하지 않는 것이다. 이런 정체는 과두정체이기는 하지만 절제되어 있기에 혼합정체의 성격을 가진다.

다른 한 가지는 재산 자격 요건을 갖춘 모든 시민이 아니라 선출된 자들만이 심의 기구에 참가하되 법에 따라 지배하는 것이다. 이때 심의권을 가진 자들은 자기들 중에서만 구성원을 충원하고 세습까지 한다. (이런 제도는 과두정체의 극단에 해당한다.)

한편 특정한 안건을 특정한 인물들이 심의하는 경우도 있다. 예컨대 전쟁, 평화, 공직자 감사에 관해서는 시민 전체가 심의하고, 다른 안건은 선출된 공직자들이 심의한다면 이런 제도는 귀족정체다. 마지막으로 어떤 안건은 투표로 선출된 공직자들이, 다른 안건은 추첨으로 선출된 공직자들이 결정하거나, 아니면 투표로 선출된 자들과 추첨으로 선출된 자들이 공동으로 결정한다면, 이런 제도는 일부는 귀족정체, 일부는 진정한 의미의 혼합정체의 성격을 가진다.

민주정체, 즉 인민이 법에 대해서도 최고 권력을 행사하는 극단적인 민주정체에서는 과두정체의 관행을 도입하는 것이 유익하다. 모두가 함께, 즉 인민이 귀족과 함께, 귀족이 대중과 함께 심의한다면 더 나은 결과가 나올 것이기 때문이다. 시민 가운데 인민의 수가 훨씬 더 많은 경우 귀족의 수를 초과하는 인원은 추첨을 통해 배제하는 것이 유익하다.

과두정체에서는 인민들 중 몇 명을 심의 기구의 구성원으로 뽑거나 '예비 위원회', '법의 수호자들'이라는 이름으로 몇몇 국가에 존재하는 그런 기구를 설치하여 미리 심의된 안건들만 이들과 함께 다루는 것이 유익하다. 그러면 인민도 심의에 참여하게 되기 때문에 정체를 해체할 수 없을 것이다. (4권 14장)

결국 아리스토텔레스의 결론은 다 옳거나 다 그른 정체는 인간 사회에서 있을 수 없다는 것입니다. 모든 것은 상황에 따라 얼마나 적정할 수 있느냐 하는 것입니다. 그렇다면 최선의 정체는 어떤 하나의 특징을 고수하는 것이 아니라 상황에 따라 유연하게 대처할 수 있는 복합적인 성격의 것이 되어야 할 것입니다. 소수의 전문가가 유리한 상황에서는 과두정체가, 인민 전체의 힘이 필요한 상황에서는 민주정체가 될 수 있어야 하는 것입니다. 따라서 그는 이 모든 정체의 특성들이 적정하게 조합된 혼합정체를 제시합니다. 이건 어떤 면에서 오늘날의 권력

분립의 원리, 대의제의 원리와 비슷하게 연결되기도 합니다. 훗날 이 혼합정체를 채택한 국가는 국가를 구성원 중 어느 계급의 것도 아닌 공공의 것으로 하였다 하여 '공공의 것 res publuica, commonwealth'이라 불리게 됩니다. 이걸 쑨원 등 중국의 혁명가들이 공화共和라고 번역하였던 것입니다.

이 다음 4권의 나머지 부분은 집행권, 사법권의 여러 가지 운용 사례를 당시 그리스와 인근 지역 여러 나라의 사례를 들어 상세하게 설명하고 있습니다. 하지만 여기에서는 아리스토텔레스의 정치 일반에 대한 생각을 알아보는 것만으로도 벅차기 때문에 지나치게 상세한 부분은 생략합니다.

혁명의 원인과 정체의 변화

이 세상에 서로 다른 정체들이 있는 까닭은 사람들이 모두 정의가 비례적 평등의 원칙에 있다는 것에는 동의하면서도 실제로는 그것을 달성하지 못하기 때문이다. 민주정체는 자유민으로서 평등한 사람들은 다른 모든 면에서 절대적으로 평등하다는 생각에서 비롯되었다. 과두정체는 부의 측면에서 불평등한 만큼 모든 면에서도 불평등하다는 의견에서 나왔다. 그리하여 민주주의자들은 모든 면에서 동등한 몫을, 과두주의자들은 모든 면에서 더 많은 몫을 요구한다. 민주정체와 과두정체 모두 일종의 정의에 근거를 두고 있지만 둘 다 절대적인 정의에 미치지 못한다. 이 때문에 양측 모두 자신들의 정의 개념이 요구하는 만큼 권리를 누리지 못하면 분쟁을 일으킨다.

여기에서 잠깐 세 가지 정의에 대해 설명해 보겠습니다. 아리스토텔레스는 정의를 '각자에게 적합한 그의 몫'이라는 말로 정리하였습니다. 이건 무조건 똑같은 몫을 나누어 가지라는 것이 아니라 각자에게 합당한 몫이 주어져야 한다는 의미입니다. 이 합당한 몫은 세 가지 정의 원칙으로 나타납니다. 먼저, 권력과 부는 가장 적정하게 분배되어야 합니다분배적 정의. 뭔가 손해를 끼치거나 잘못을 저지르면 거기에 합당한 응분의 대가를 치러야 합니다시정적 정의. 서로 관계를 맺는 사람들은 서로 간에 공정해야 합니다호혜적 정의. 이 중 아리스토텔레스가 여기에서 말하고 있는 것은 첫 번째 정의입니다.

이렇게 보면 왜 정체 변혁에 두 가지 방식이 있는지 설명할 수 있다. 첫 번째 방식은 기존의 정체에 반대하여 정체 자체를 바꾸는 것이다. 두 번째 방식은 기존의 정체는 존속시키면서 다만 정권만 장악하려는 것이다.

여기에서 민주정체가 과두정체보다 안전하고 분쟁의 우려도 적다는 것을 인정해야 한다. 과두정체에서는 두 종류의 분쟁, 즉 과두 정파들끼리의 분쟁과 과두 정파와 인민 간의 분쟁이 일어나기 쉽다. 반면 민주정체에서는 인민과 과두 정파 간의 분쟁만 있다. 또 민주정은 정체들 중 가장 안정적인 중산층 기반의 혼합정체에 가깝다는 이점을 가지고 있다.(5권 1장)

우리는 여러 분쟁과 정체 운영 원리의 변혁을 초래하는 원인들을 살펴보아야 한다. 어떤 사람들은 평등에 대한 크나큰 열정 때문에 분쟁을 일으킨다. 이들은 자신들이 사회적으로 혜택을 받고 있는 사람들과 평등함에도 아무 혜택을 받지 못한다고 생각하기 때문이다. 또 다른 사람들은 불평등, 즉 우월성에 대한 열정 때문에 분쟁을 일으킨다. 이들은 자신들이 다른 사람들보다 우월함에도 특권을 누리지 못한다고 생각한다. 결국 열등한 사람들은 평등해지려고, 평등한 사람들은 우월해지려고 혁명가가 된다.(5권 2장)

아리스토텔레스는 정체 변혁혁명이 일어나는 일반적 원인으로 결국 부자와 가난한 사람, 즉 과두 정파와 민주 정파 간의 정의관의 차이에서 비롯된다고 보았습니다. 하지만 이것은 주된 원인이며, 그 외에도 여러 다양하고 우연적인 원인이 있습니다. 3장과 4장에서는 이 주된 원인 외에 뜻밖의 정체 변혁을 야기하는 여러 우연적 원인을 상세하게 소개합니다. 하지만 이 세세한 내용들까지 여기에서 읽을 필요는 없습니다.

민주정체에서 혁명은 주로 선동가dēmagōgos들의 무절제 때문에 일어난다. 이들은 모함과 대중 선동을 통해 부자들을 공격한다. 선동가들은 인민의 환심을 얻기 위해 귀족을 박해하기 때문에 귀족들이 단결하지 않을 수 없게 한다.

선동가가 장군을 겸하였던 옛날에는 민주정체가 참주정체로 바뀌었다. 옛날 참주들은 대부분 선동가였다. 그런데 수사학이 발달한 지금은 전쟁이 아니라 언변에 능한 자들이 선동가가 된다. 참주정체가 옛날에 더 흔하였던 또 다른 이유는, 당시에는 영향력 있는 공직이 몇몇 사람들에게 맡겨졌고, 도시가 크지 않았으며, 인민은 시골에서 농사일에 바빠서 지도자들에게 군사적 재능만 있다면 참주정체를 도입하려 하였기 때문이다. 민주정체 역시 새로운 유형으로 변하고 있다. 공직자들이 재산의 자격 조건 없이 투표로 선출되고, 전체 인민이 투표권을 가진 곳에서는 공직 후보자들이 인민의 환심을 얻으려고 인민이 법 위에 군림하도록 사태를 이끈다. (5권 5장)

민주정체는 인민이 권력을 갖습니다. 그런데 당시의 의미에서, 인민은 개개인으로는 다소 능력과 사고가 떨어지기 때문에 선동에 쉽게 넘어갑니다. 그러므로 민주정체의 가장 큰 적은 선동가입니다. 이들은 군사적인 위엄을 통해 선동하기도 하고, 대중의 환심을 사는 달콤한 언변으로 선동하기도 합니다. 법이라는 제약을 무시하고서 인민에게 뭔가를 줄 수 있는 것처럼 유혹하는 선동가를 가려내는 일은 오늘날에도 여전히 중요합니다. 그런 사람들은 환심을 사서 정권을 잡은 뒤 여지없이 참주의 모습을 보이기 때문입니다.

과두정체의 혁명 원인으로는 특히 두 가지가 두드러진다. 하나는 정부가 대중을 부당하게 억압하는 경우다. 이 경우에는 누구나 대중의 지도자로 나설 수 있다. 다른 하나는 과두정체가 안으로부터 무너지는 경우다. 여기에서는 과두 정부의 구성원 일부가 경쟁심에서 선동가 노릇을 한다. 또한 과두정체의 선동에는 두 가지가 있는데, 그 첫 번째는 과두 정부의 구성원 선동이고, 두 번째는 군중 선동이다. 이는 공직에서 배제된 자들이 평등을 추구하려면 인민에게 도움을 호소해야 하기 때문이다. 과두정체는 정부 구성원이 방탕해서 자산을 탕진한 경우에도 바뀔 수 있다. 이 경우 그들은 참주가 되려 하거나 다른 사람을 참주로 앉히려 한다.

혁명은 부자와 평민들처럼, 주로 국가에서 적대적이라고 간주되는 세력이 비슷하고, 결정적인 역할을 할 중간계급이 없거나 미약할 때 일어난다. 두 세력 중

어느 한쪽이 월등히 강하다면 다른 한쪽이 모험을 감행하지 않을 것이기 때문이다. (5권 4장)

 5권의 나머지 부분은 각 정체가 변혁에 휘말리지 않고 보존되려면 어떻게 해야 하는가에 대해 간단하게 논하고 있습니다. 하지만 이는 6권의 내용과 겹치는 부분이 많으므로 여기에서 굳이 다시 읽지는 않습니다.

민주정체와 과두정체의 가장 안정적인 구성

민주정체의 토대는 자유다. 모든 사람이 번갈아 가며 지배하고 지배받는다는 것이 자유의 원칙이다. 가치에 따른 비례적 평등이 아니라 수에 따른 산술적 평등이 이 정체의 정의이기 때문이다. 산술적 평등에 따르면, 다수가 최고 권력을 갖고, 다수가 결의한 것이 최종적인 것이며 정의로운 것이다. 따라서 다수의 결정이 최고의 권력을 가지는 민주정체에서는 다수인 빈민이 부자보다 강력하다. 이게 민주주의자들이 말하는 자유의 징표 중 하나다.

다른 하나는 마음대로 사는 것이다. 민주주의자들에 따르면, 마음대로 사는 것이 자유이며, 마음대로 살지 못한다면 노예다. 자유를 이렇게 이해하기 때문에 가능하면 누구의 지배도 받지 않는 것이 최선이지만, 그게 어렵다면 번갈아 가며 지배하고 지배받아야 한다는 발상이 나오는 것이다.

이런 토대와 원칙을 가진 민주정체의 특성은 다음과 같다. 공직자는 시민 전체 중에서 전체 시민이 선출한다. 전체가 개인을 지배하며, 개인은 번갈아 가며 전체를 지배한다. 공직에 요구되는 재산 자격은 폐지하거나 최저 수준으로 낮춘다. 공직의 연임을 금지하거나 그 횟수를 제한하며 임기를 짧게 한다. 대부분의 재판을 전체 시민 혹은 전체 시민 중에서 선출된 배심원에게 맡긴다. 모든 문제 혹은 가장 중요한 문제에 대해 민회가 최종 의결권을 가지며, 공직자는 결정권을 전혀 갖지 못하거나 몇몇 제한된 결정권을 가진다. (6권 2장)

입법자나 정체의 설립자들에게는 정체의 수립보다 유지가 중요한, 아니 유일한 과업이 되어야 한다. 그들은 정체에 파괴적인 요소는 피하고 정체 유지에 유익한 요소는 많이 내포하는 그런 성문법과 불문법을 제정해야 한다. 그들은 민주정체나 과두정체를 극단적으로 만드는 정책이 아니라, 그것들을 오래 유지하게 해 주는 정책이 진정한 민주적 혹은 과두적 정책임을 알아야 한다.

만약 인구가 많다면 극단적 민주정체에서는 모든 시민이 수당 없이 참가하기가 어렵다. 이런 상황은 세수가 부족할 경우 귀족에게 불리할 수 있다. 필요한 기금을 재산세나 몰수, 불공정한 재판으로 충당할 것이기 때문이다. 바로 이런 관행 때문에 많은 민주정체가 전복되었다. 그러나 세수가 넉넉하다고 하더라도 오늘날의 선동가들처럼 해서는 안 된다. 그들은 잉여분을 인민에게 분배하는데, 인민은 받기가 무섭게 더 달라고 하므로, 그런 식으로 인민을 돕는 것은 밑 빠진 독에 물을 붓는 것과 같다. 진정한 민주정체 옹호자라면 대중이 너무 가난해지지 않도록 보살펴야 한다. 지나친 가난이 민주정체의 질을 떨어뜨리기 때문이다. (6권 5장)

이로써 아리스토텔레스는 정체의 특징, 그것이 무너지는 원리, 그것을 수립하는 원리를 두루 살폈습니다. 그렇다면 이제 '사람은 왜 정치를 해야 하며, 정치의 궁극적인 목적은 무엇인가?'라는 원래의 질문으로 되돌아갑니다. 그의 《정치학》이 《니코마코스 윤리학》의 2부에 해당된다는 것을 감안한다면, 이제 다시 원래의 《니코마코스 윤리학》으로 돌아가서 대단원을 정리하려 한다고 보면 되겠습니다. 따라서 '어떤 국가가 최선인가?'라는 질문은 다시 '어떤 삶이 최선인가?'로 넘어가게 되며, 이 둘 간의 관계가 불가분임을 보여 주게 됩니다. 가장 좋은 삶을 살게 해 주는 국가가 가장 좋은 국가입니다.

| 정치적 이상과 교육적 원리 |

최선의 정체는 최선의 생활 방식과 합치될 것이다. 우리는 모든 사람에게 가장 바람직한 생활 방식이 무엇인지 납득할 만한 개념을 찾아야 한다. 최선의 생활을 구성하는 요소를 분류하는 방식으로 누구도 이의를 제기하지 않는 것은 구성 요소들을 외적인 선, 육체의 선, 그리고 영혼의 선으로 분류하는 것이다. 상이한 이 선들

을 모두 갖추어야 행복한 사람이라는 것에는 이의가 없다. 용기, 절제, 정의, 지혜를 갖지 못한 사람을 행복한 사람이라고 할 수 없기 때문이다.

거의 모든 사람이 여기에는 동의하지만 문제는 이 선들을 각각 어느 정도 갖춰야 하는가, 그리고 어떤 선이 다른 선에 대해 우월한가 하는 것이다. 탁월함은 조금만 있어도 좋다고 여기면서 재산이나 권력, 명성 같은 것에는 지나칠 정도로 탐내는 사람도 있다. 이런 사람들에게 "행복이란 자기 개성과 정신을 최대로 계발하고 외적 선의 획득을 절제 있게 제한한 사람들에게 속하는 것이다. 반면 그들이 사용할 수 있는 것보다 더 많은 외적 선을 획득하였으나 영혼의 선이 결핍된 사람들에게 속하는 것이 아니다."라고 말해 줄 수 있다.

일반적으로 다음과 같은 명제를 세울 수 있다. "A의 최선 상태와 B의 최선 상태의 관계는 A와 B의 관계와 같다." 그러므로 만약 영혼이 육체나 재산보다 귀중하다면, 영혼의 최선 상태도 재산이나 육체의 최선 상태보다 귀중할 것이다. 하지만 재산이나 신체의 건강이 영혼을 위해 필요한 것이지, 이들을 위해 영혼이 필요한 것은 아니다.

따라서 각자에게 주어지는 행복의 양은 각자가 가진 탁월함과 지혜와 그에 따른 행위의 양에 비례한다는 데 동의해도 좋다. 신이 행복하고 축복받은 것은 자신 때문이고 그런 본성을 타고난 때문이지 어떤 외적인 선 때문이 아니다. 영혼 외부의 선은 우연히 얻을 수 있는 것이다. 그러나 누구도 우연히 정의롭고 절제 있게 될 수는 없다.

이제 도덕적으로 최선인 국가가 행복하고 또 형편이 좋은 국가라는 명제에 도달하였다. 올바르게 행하지 않고 형편이 좋아질 수 없다. 그리고 개인이나 국가나 선과 지혜가 없이는 올바르게 행할 수 없다. 국가의 용기, 정의, 지혜, 절제는 개인이 용감하고, 정의롭고, 지혜롭고, 절제 있다고 할 때 나누어 가지게 되는 탁월함과 동일한 효력과 성격을 가진다. (7권 1장)

좋은 삶은 행복한 삶이며, 행복한 삶은 곧 도덕적인 삶입니다. 그렇다면 좋은 국가는 도덕적인 삶을 살 수 있게 해 주는 도덕적인 국가일 수밖에 없습니다. 이렇게 아리스토텔레스는 국가에 어떤 윤리적인 목표를 부여하였으며, 이 전

> 통은 마키아벨리 이전까지 이어졌습니다.

우리는 국가와 개인의 행복이 동일하다는 데 합의하였다. 개인의 복지가 부에 있다고 믿는 사람들은 부유한 국가가 행복하다고 믿을 것이다. 참주의 삶을 가장 높이 평가하는 사람들은 다른 나라들을 지배하는 커다란 제국이 행복한 나라라고 생각할 것이다. 개인을 그들의 선에 따라 평가하는 사람은 국가의 행복도 그것이 가진 선에 비례하는 것으로 여길 것이다. 여기에서 두 가지 문제가 제기된다. 먼저, 다른 사람들과 연대하여 정치 활동에 참여하는 삶과 정치 공동체를 초월하여 이방인처럼 사는 삶 중 어느 것이 더 바람직한가? 다음으로는 최선의 정체, 즉 국가의 최선의 상태는 어떤 것인가?

최선의 정체는 분명 누구나 가장 훌륭하게 행동할 수 있고 행복하게 살 수 있는 제도일 것이다. 그러나 탁월한 삶이 가장 바람직한 삶이라는 데 동의하는 사람들도 정치적이고 공적인 삶과 모든 외부 상황을 초월한 삶, 즉 철학자에게 가장 잘 어울리는 삶의 방식인 관조적 삶 중 어느 것이 가장 바람직한가에 대해서는 의견을 달리한다. 둘 중 어느 쪽이 옳은가는 사소한 문제가 아니다. 개인이든 국가든 지각이 있다면 자신의 삶을 더 높은 목표에 맞추어야 하기 때문이다. 따라서 훌륭한 입법자는 국가, 민족, 공동체가 어떻게 훌륭한 삶과 행복에 참여할 수 있는지 고찰해야 하며, 그 상황에 따라 법을 달리 제정해야 한다.(7권 2장)

어떤 사람들은 자유민의 삶과 정치인의 삶이 다르다며 공직에 취임하기를 거부한다. 또 다른 사람들은 정치가의 삶이야말로 최선이라고 생각하며 "아무것도 행하지 않는 자는 '만사형통eupragia'할 수 없으며, 만사형통이 곧 행복이다."라고 말한다.

자유민의 삶이 노예주의 삶보다 낫다는 전자의 주장은 사실이다. 노예를 부리는 것은 대단한 일이 아니며, 일상사에 대해 지시하는 것은 천한 일이다. 하지만 모든 종류의 지배를 노예에 대한 주인의 지배라고 생각하는 것은 옳지 못하다. 자유민의 지배와 노예의 지배의 차이는 자유민과 노예의 차이만큼이나 크기 때문이다. 그래서 활동하지 않는 것을 더 높이 평가하는 것은 잘못이다. 행복은 활동이며, 정의롭고 절제 있는 사람들의 활동은 훌륭한 일을 더 많이 성취할 수 있기 때문이다.

이런 결론에 근거하여 만인에 대한 절대 권력을 갖는 것이야말로 최선이라고 생각할 사람도 있을 것이다. 그래야만 가장 훌륭한 행위를 가장 많이 실행할 수 있을 테니 말이다. 그러나 권력을 강탈하고 폭력을 행사하는 자들이 가장 훌륭한 여러 가지 일을 달성한다고 볼 근거는 없다. 그들이 그런 일을 해낸다는 것은 불가능하다. 법을 위반한 자는 나중에 아무리 성공하더라도 이전에 선을 멀리하였을 때 잃어버린 것을 만회할 수 없다.

서로 대등한 자들끼리는 공직을 번갈아가며 맡는 것이 바람직하고 옳다. 그것이 동등이고 평등이기 때문이다. 동등한 자들에게 동등하지 않은 것이 주어지고, 평등한 자들에게 불평등한 것이 주어지는 것은 자연에 배치背馳되며, 자연에 배치되는 것은 추하다. 그러므로 탁월함과 최선의 행위를 실현할 빼어난 능력을 가진 자를 따르는 것은 올바르다. 그러나 그는 탁월함뿐 아니라 활동 능력도 있어야 한다.

우리의 이런 주장이 옳고 행복이 곧 만사형통이라면, 국가 전체를 위해서나 개인을 위해서나 활동적인 삶이 최선의 삶일 것이다. 그러나 활동적인 삶이라 해서 반드시 타인과 관계해야 하는 삶일 필요는 없다. 그 자체로 완전하고 자기 목적적인 관조와 사색이 더 활동적일 수도 있다. 그런 사색은 훌륭한 행위를 목적으로 하고 있기 때문에 활동이다. 그리고 외향적인 활동도 엄밀한 의미에서는 사색을 통해 주도할 때라야 활동이라 할 수 있다. (7권 3장)

이제 문제는 국가에 참여하는 삶이 좋은 삶이라고 하였으니 아리스토텔레스 본인과 같은 철학자들은 그럼 좋은 삶이 아니지 않느냐는 질문이 나올 수 있다는 것입니다. 그래서 아리스토텔레스는 활동적 삶과 더불어 관조적이고 사색적인 삶도 좋은 삶이 될 수 있으며, 관조적인 삶 역시 충분히 정치적인 삶일 수 있다고 주장하는 것입니다. 정치적인 활동이 어떤 관조나 사색의 뒷받침 없이 이루어진다면 훌륭한 행동을 할 수 없기 때문입니다.

4~12장에서는 아리스토텔레스가 제안하는 구체적인 국가의 상이 제시됩니

다. 하지만 플라톤 식의 어떤 이상 국가를 제시한다기보다는 인구와 기후, 풍토, 면적 등에 따른 국가의 성격을 상술하고 있습니다. 또 각 조건에 따른 관직의 편성과 조직 등에 대한 행정학적인 제안도 하고 있습니다. 하지만 이 부분은 너무 구체적이기 때문에 오늘날 우리가 참고할 만한 부분이 많지 않습니다. 다만 인구 등의 여러 외적 조건과 시민의 덕성이라는 내적 조건의 상호작용의 결과로서 국가를 생각하고 있다는 점에서, 아리스토텔레스가 어떤 면에서는 현대 사회학의 관점에서 정치를 바라보는 능력이 있었음을 유념해 둡시다.

누가, 어떤 사람들이 구성원이 되어야 국가가 행복할 수 있는지 논의해 보자. 성공의 요인은 항상 의도와 행위의 목표를 올바르게 설정하는 것과 목표에 이르는 수단을 발견하는 것 두 가지다. 이 두 가지는 서로 일치할 수도 일치하지 않을 수도 있다. 따라서 어떤 기술이나 전문 지식을 이용할 때는 목표와 목표에 이르는 수단을 마음대로 제어할 수 있어야 한다.

지금 우리 과제는 최선의 정체를 찾는 것이다. 최선의 정체란 국가가 가장 잘 다스려지는 정체다. 가장 잘 다스려지는 국가는 행복에 이를 수 있는 가능성이 가장 큰 국가다. 따라서 우리는 먼저 행복이 무엇인지 알고 있어야 한다.

우리는 《윤리학》에서 행복은 활동이나 탁월함의 상대적이 아니고, 절대적 실현이라고 말하였다. 여기에서 상대적이란 상황에 따른다는 것이고, 절대적이란 그 자체로서 선한 것을 말한다. 예컨대 처벌과 응징은 필요한 행위로서만 정당한 것이다. 개인이든 국가든 그런 행위가 필요하지 않을수록 바람직하기 때문이다. 반면 명예와 재산에 관계된 행위는 절대적인 의미에서 훌륭하다. 전자는 악을 제거하지만 후자는 선을 예비하고 창출하기 때문이다.

훌륭한 사람이란 자신의 탁월함 때문에 절대적으로 선한 것만 선하다고 여기는 사람이다. 그런데 보통 사람들은 외적인 선이 행복의 원인이라고 믿는데, 그것은 마치 리라의 청아한 연주가 연주자의 솜씨 때문이 아니라 악기 덕택이라고 말하는 것과 같다.

국가가 훌륭해지는 것은 운수가 아니라 지혜와 윤리적 결단의 산물이다. 국정에 참여하는 시민들이 훌륭해야 훌륭한 국가가 된다. 그러므로 우리는 어떻게 해야 사람이 훌륭해질 수 있는지 고찰해야 한다.

사람은 본성과 습관, 이성을 통해 선하고 훌륭해진다. 먼저 사람은 동물이 아닌 인간으로, 게다가 특정한 성질의 몸과 영혼을 가지고 태어나야 한다. 그런데 타고난 탁월함은 양면성을 가지고 있어서 습관에 따라 더 나쁘게도, 더 좋게도 바뀔 수 있다. 동물들은 대개 본성에 따라 살고, 간혹 습관에 따라서도 살지만 사람만이 이성에 의해 살아간다. 따라서 이 세 가지가 서로 조화를 이루어야 한다. 이제 남은 것은 교육의 과제다. 사람은 어떤 것은 습관에 의해 배우고, 어떤 것은 들어서 배우기 때문이다.(7권 13장)

7권의 14~17장과 8권 전체는 훌륭한 시민을 기르기 위한 교육에 대한 제안으로 마무리됩니다. 물론 이 부분도 귀담아들을 만한 좋은 내용을 담고 있지만, 정치학이라는 주제에서는 벗어납니다.

● **생각해보기**

1. 아리스토텔레스가 가장 최선의 국가형태로 보는 것은 어떤 계급이 주류를 형성하는 것이며, 그 이유는 무엇입니까?

2. 아리스토텔레스는 모든 정치 질서에 꼭 필요한 세 가지 요소로 '심의, 관리, 사법'을 제시하였습니다. 이것을 오늘날의 국가에서 찾아보면 각각 무엇에 해당한다고 볼 수 있습니까?

3. 이 글에 따르면, 혁명이 일어나는 이유는 무엇입니까?

4. 이 글에 따르면, '행복'이란 무엇입니까?

5. "개인과 국가의 진정한 행복은 최고의 선을 추구하는 것이다. 개인의 복지가 부에 있다고 믿는 사람은 국가 역시 부유할 때 전체적으로 행복하다고 생각할 것이다. 그러나 개인을 그의 선에 따라 평가하는 사람은 국가의 행복도 그것이 가지는 선에 비례하는 것으로 여길 것이다." 이 내용으로 볼 때, 개인이나 국가가 추구해야 하는 행복과 최고의 선은 무엇인지 자신의 생각을 써 보세요.

국가폴리스는 모든 공동체 가운데 으뜸으로, 다른 공동체들을 포괄하는 것이고, 국가의 목표는 '최고의 선'을 추구하는 것입니다. 이러한 국가는 자연의 창조물이고, 사람은 본질적으로 태어나면서부터 국가에 속하게 되므로 '정치적 동물'입니다. 국가는 단일한 통일체가 아니라 본성적으로 하나의 복합체이므로, 그 본성을 파괴하지 않는 원칙은 동등한 권리를 가진 사람들이 교대로 공직에 올랐다가 물러나는 것입니다.

어떤 형태든 공공의 이익을 추구하는 정체는 올바른 정체이며, 통치자의 이해를 돌보는 정체는 모두 그릇된 것이거나 올바른 정체의 왜곡입니다. 한 국가가 진실로 국가라고 불릴 수 있으려면 정치권력의 올바른 배분을 통해 선을 고취하는 목표에 헌신해야 합니다.

과두정체와 민주정체에서 정의를 내세우지만 민주정체에서는 평등한 사람들을 위한 평등, 과두정체에서는 관직 분배의 평등을 의미합니다. 권력을 갖는 것은 개인이나 소수보다는 법정, 평의회, 민회 전체인 것이 중요한 문제를 해결하기에 적합합니다. 따라서 올바르게 제정된 법이 최고 권력을 가져야 하며, 법은 정체에 맞아야 합니다.

정치학의 궁극적인 목적은 최고의 선이며, 이것은 곧 정의이고 공동의 이익입니다. 민주주의 국가들의 도편추방처럼 부와 정치적 영향력으로 권세가 너무 커진 자들을 추방하여 바로잡는 방법이 필요합니다. 그러나 국가들은 실제로 이 제도를 공공의 이익을 위해 사용하는 대신 당파 싸움의 도구로 이용하였습니다.

그러면 정체들의 질적 순위는 어떻게 매겨질까요? 왜곡된 정체들 가운데 최악의 정체는 참주정체이고, 그 다음이 과두정체이며, 민주정체는 가장 견딜 만합니다.

대부분의 국가를 위해 가능한 최선의 정체는 무엇일까요? 국가는 가능하면 평등하며 동

등한 사람들로 구성된 사회가 되어야 합니다. 우선 중산계급에 기초를 두고 있는 국가가 최선의 질서를 가지고 있습니다. 중산계급은 빈민들처럼 다른 사람의 물건을 탐내지도 않고, 다른 사람에 대해 음모를 꾸미지도 않기 때문입니다.

정체에서 질과 양의 균형을 이루기 위해서는 그 국가 정체의 존속을 원하는 사람이 그렇지 않은 쪽보다 강해야 합니다. 모든 국가는 질과 양으로 구성됩니다. 질이란 자유와 부, 교육, 좋은 가문이고, 양이란 대중의 수적 우위를 뜻합니다. 따라서 질과 양은 서로 균형을 이루어야 합니다. 이러한 의미에서 입법자는 언제나 정치적 결정권을 가진 계층에 중산계급을 포함시켜야 합니다. 중산계급이 다른 두 계급을 합한 것보다, 혹은 둘 중 어느 한쪽보다 수가 많은 곳에서는 혼합정체가 지속될 수 있습니다.

국가와 개인의 행복의 관계를 정리해 봅시다. 도덕적으로 최선인 국가가 행복하며, 또 형편이 좋은 국가입니다. 올바르게 행하지 않으면 형편이 좋아질 수 없고, 개인이나 국가 선과 지혜가 없이는 올바르게 행할 수 없습니다. 국가의 용기와 정의, 지혜, 절제는 개인이 용감하고, 정의롭고, 지혜롭고, 절제 있다고 할 때 나누어 가지게 되는 훌륭함과 동일한 효력과 성격을 가집니다.

이러한 덕은 교육적 원리가 실천될 때 가능한 것입니다. 훌륭한 사람이란 절대적으로 선한 것만 선하다고 여기는 사람이기 때문입니다. 마찬가지로 국가가 훌륭해지는 것은 요행이 아니라 지혜와 윤리적 결단의 산물입니다. 국정에 참여하는 시민이 훌륭해야 훌륭한 국가가 됩니다.

4장

누구도 독점할 수 없는 국가를 꿈꾸다

키케로 《국가론》

Marcus Tullius Cicero
De Re Publica

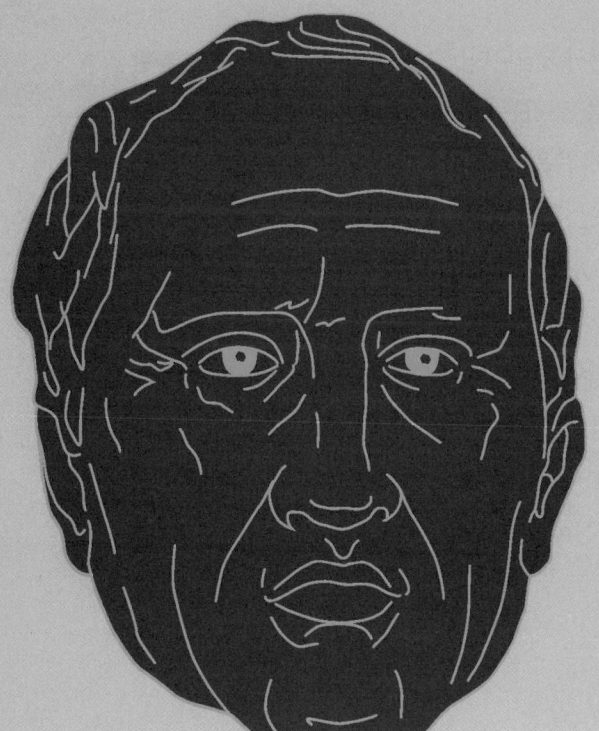

《국가론》을 읽기 전에

마르쿠스 툴리우스 키케로Marcus Tullius Cicero, 기원전 106~기원전 43는 고대 로마의 변호사이자 정치가이며 문학가입니다. 뛰어난 문장력과 연설 능력을 바탕으로 정계에서 두각을 나타낸 그는 마침내 로마의 최고 관직인 집정관consul의 지위에까지 오르게 됩니다.

키케로는 자신을 웅변가라고 자처하였습니다. 그가 말하는 웅변가는 오늘날 웅변대회 따위에서 말하는 그런 사람을 뜻하는 것이 아닙니다. 단지 관조하고 사색하는 삶을 벗어나 광장에서 자신의 의견을 대중에게 설득력 있게 전달하는 사람을 뜻합니다. 그러므로 오늘날의 언론인 혹은 대중 정치인 등과 그 의미가 통합니다. 실제로 당시 로마에는 대중을 설득하기 위해 조리 있게 말과 글을 구사하는 기술인 수사학이 중요한 교육 과목 중 하나였습니다.

키케로는 단지 사색하여 진리를 탐구하는 고독한 철학자보다 공적인 생활 속에서 진리를 구현하려고 하는 웅변가를 높이 평가하였습니다. 그렇다고 그가 철학을 소홀히 한 것은 아닙니다. 독창적인 학설이나 철학을 주창하여 큰 업적을 남긴 학자라고 보기는 어렵지만, 그는 플라톤에서 아리스토텔레스로 이어지는 아테네

학파에 정통하였던 사람입니다. 아리스토텔레스가 왕정이나 귀족정체는 사실상 이상에 불과하기 때문에 현실적으로 가능한 과두정체와 민주정체를 적절히 조합한 혼합정체를 주장한 것처럼, 키케로는 국가를 이루고 있는 집단들 중 누구도 독점할 수 없는 국가, 즉 공유물로서의 국가를 주장하였습니다. 이것이 바로 '공공의 것Res Publica', 즉 '공화국Republic, Commonwealth'입니다.

그러나 키케로가 활동하던 시기는 이미 로마의 공화정이 붕괴되고 있던 시절이었습니다. 당시 로마는 마리우스와 술라에 이어 카이사르 등 강력한 군벌에 의한 싸움판이 되었고, 승리한 군벌은 즉시 독재자가 되었습니다. 이 와중에도 키케로는 공화정의 원칙을 지키려고 애쓰면서 '콩코르디아 오르디눔Concordia ordinum, 계층 간의 화합'을 호소하지만 끝내 실패하고 말았습니다. 또한 마지막 공화주의자들인 브루투스, 카시우스와 연대하여 옥타비아누스와 안토니우스 등 황제를 꿈꾸는 군벌과 대항하지만 이 역시 실패하고, 옥타비아누스에게 살해당하고 맙니다. 옥타비아누스는 훗날 아우구스투스 황제가 됩니다.

카틸리나를 탄핵하는 키케로 로마는 원로원, 민회 같은 의결기구에서 다수결로 정책을 결정하였기 때문에 사람들을 설득할 수 있는 언변이야말로 정치가의 필수적인 능력이었다. 그러나 이후 유력한 군인들의 세력이 커지면서 로마 공화정은 무너지고, 끝내 제국이 되고 말았다. 키케로는 언변으로 무력에 맞선 마지막 로마 공화주의자였다. 이탈리아 화가 체사레 마카리는 '국부(Pater Patriae)'라고까지 불린 키케로를 1888년에 프레스코 벽화로 남겼다.

키케로는 초기 스토아학파의 중심인물이자 고대 그리스 철학 전통의 마지막 인물입니다. 그는 라틴어의 표현법과 수사법을 확립하여 오늘날 유럽 문학의 토대를 닦은 선구자이며 군사 독재자에 맞서 로마의 민주주의를 지키기 위해 목숨을 걸고 최후까지 저항한 고결한 인격자입니다.

마지막 공화주의자, 열렬하게 공화정을 그리다

키케로는 학자라기보다는 정치가이자 문인에 가까웠습니다. 그 스스로도 자신은 독창적인 저술을 남기기보다는 플라톤과 아리스토텔레스, 스토아학파, 에피쿠로스학파의 그리스어 원전을 알기 쉽게 라틴어로 옮겨 적는 것을 과업으로 삼고 있다고 밝혔습니다. 하지만 그는 당시 서양 고대 철학의 네 흐름인 아카데미학파와 소요학파, 스토아학파, 에피쿠로스학파에 모두 정통하였으며, 이들 전통을 잘 엮어 내는 데 크게 기여하였습니다. 그런 종류의 책으로는 여기에 소개한 《국가》 외에도 《법률론》,《의무론》,《최고선에 관하여》,《아카데미카》 등이 있습니다. 이 책들에 대해 키케로는 "남의 생각을 베낀 사본이다. 나는 거기에 낱말을 공급하였을 뿐이다. 나는 낱말을 많이 갖고 있다." 하였습니다.

그 외에도 키케로는 정치가이자 연설가였기 때문에 많은 연설문과 서간문을 남긴 것으로 알려져 있습니다. 하지만 그의 정치적인 연설이나 서간 혹은 저술은 로마의 공화주의가 무너지면서 황제파에 의해 상당수가 소실되었습니다. 남아 있는 그의 서간집으로는 《아티쿠스에게》,《친구에게》,《브루투스에게》,《형제에게》가 있습니다. 이것들은 모두 라틴어라는 언어의 표현력을 극한으로 끌어올렸다는 평가를 듣는 아름다운 문장으로 이루어져 있습니다. 그 외에도 그는 서양의 교양인이라면 누구나 즐겨 사용하는 수많은 주옥같은 격언과 명언을 남겼습니다.

키케로는 로마의 정치가로서 가장 널리 알려진 사람입니다. 그는 정치가로서 보기 드물게 뛰어난 문장가이자 학자이기도 하였습니다. 사실 플라톤이나 아리스토텔레스 같은 이들은 정치적으로 중요한 활동을 하지 않았습니다. 그 결과 정치적 삶보다 관조적인 학문적 삶이 더 고귀하다는 주장을 합니다. 반면 키케로는 열렬한 공화주의자였습니다. 불행히도 그가 살았던 시대는 로마의 공화정이 막을 내리던 혼란기였습니다. 그렇기 때문에 오히려 그는 공화정을 좀 더 객관적으로 바라보게 되었고, 이상적인 공화정에 대한 꿈도 가지게 되었습니다.

　이 책은 플라톤 스타일의 대화편입니다. 소크라테스가 플라톤 저술의 화자 역할을 맡고 있는 것처럼, 이 책에서는 스키피오가 키케로의 대변자 역할을 맡고 있습니다. 스키피오는 다른 등장인물들과 때로는 토론하면서 때로는 연설하면서 키케로가 생각하는 정치와 국가, 그리고 정치가의 상을 역설합니다. 키케로는 실제 로마 역사에서는 좌절한 정치가인 스키피오를 부활시켜 그의 입을 통해 자신의 포부와 이상을 아름다운 문장으로 표현한 것입니다. 이 책은 훗날 아우구스티누스, 홉스, 흄, 몽테스키외 같은 정치사상가들에게 막대한 영향을 주었습니다.

　다만 안타까운 점은 이 책이 온전한 형태로 전해지지 않아 전체의 절반만 남았다는 것입니다. 이 책은 원래 총 6권으로 이루어져 있습니다. 그런데 오랫동안 극히 일부분, 흔히 〈스키피오의 꿈〉이라고 불리는 부분만 온전히 전해지고, 나머지는 소실된 것으로 알려졌습니다. 그런데 19세기 초, 바티칸의 도서관에서 아우구스티누스가 쓴 《구약성서》〈시편〉의 주석 필사본 밑에서, 이 책의 1권부터 3권까지가 발견되었습니다. 물자가 귀하던 중세에, '이교도' 키케로의 글이 쓰여 있던 책을 쓸모없다고 여긴 누군가가, 그것을 문질러 지운 후 양피지를 재활용하여 그 위에 성 아우구스티누스의 글을 옮겨 놓았던 것입니다. 이렇게 지워진 글들의 흔적을 노고 끝에 다시 복원한 것이 오늘날 우리가 접하는 키케로의 《국가》입니다. 그래서 이 책은 키케로의 다른 책들에 비해 주옥같은 그의 문장력을 맛보기 어렵고, 군데군데 문장이 어색하게 연결되기도 하지만, 그 속에서 우리는 로마의 마지막 민주주의자의 고귀한 이상을 찾아낼 수 있습니다.

로마의 공화정, 독재를 막기 위해 체제를 정비하다

키케로는 로마 공화정의 붕괴를 막으려고 애썼던 사람이며, 결국 공화정의 붕괴와 함께 목숨을 잃은 사람입니다. 그러므로 이 글을 충분히 이해하려면 무너져 가던 로마 공화정이 어떤 정체였는지 알아야 합니다.

　로마 공화정체는 아테네의 민주정체와는 달랐지만, 그렇다고 해서 왕정이나 귀족정체도 아니었습니다. 로마의 정치제도는 귀족과 평민 그 어느 쪽도 국가를 독점할 수 없도록 교묘한 균형 체제를 갖추고 있습니다.

로마 공화정의 가장 큰 특징은 바로 법치입니다. 법은 귀족과 평민을 가리지 않고 평등하게 적용되었으며, 이 법에 따라 통치를 담당하는 각종 정무관이 선출 또는 임명되었습니다. 정무관은 임기가 엄격하게 규정되어 권력을 오랫동안 독점하지 못하였으며, 평민회나 호민관의 견제를 받고 귀족들의 모임인 원로원의 자문을 들어야 하였습니다.

우선, 나라를 통치하는 정무관들이 있습니다. 정무관들 중 최고직인 집정관은 인민들의 직접 선거로 선출하였습니다. 집정관은 왕과 같이 군림하지 못하도록 두 명을 두어 서로 견제하게 하였으며, 2년이라는 짧은 임기를 두어 독재를 방지하였습니다. 민회에서는 정무관뿐 아니라 평민들을 대변하는 호민관도 선출하였습니다. 호민관은 오늘날의 헌법재판소처럼 정무관의 명령을 무효화할 권한을 가지고 있었으며, 인민을 대표하여 입법권도 행사할 수 있었습니다. 반면 귀족들은 원로원에서 집정관에게 정책을 권고하고 자문할 수 있었으며, 국가의 재정에 대한 통제권을 행사하였습니다.

이렇게 로마 공화정체는 귀족과 인민이 서로 세력 균형을 이룬 가운데서 대표를 선출하여 정치를 담당하도록 하는 일종의 대의정치였지만, 그 대표자의 독단과 전횡을 막기 위한 여러 장치가 마련되어 있어서 사실상 그 누구도 국가를 독점할 수 없는 구조를 이루고 있었습니다. 이렇게 될 경우 로마라는 나라는 문자 그대로 '공공의 것', 즉 공화국일 수밖에 없는 것입니다.

키케로는 적극적인 정치가였고 스스로 직업적인 정치가를 자처하였지만, 정작 정치와 직접 관련된 이 책을 제외한 다른 책들이 널리 알려져 있습니다. 오히려 이 책은 정치가 직접 주제가 되고 있을 뿐 전후 맥락의 손실이 많아서 그의 정치사상 전반을 아우르기가 어렵습니다. 그러므로 비교적 쉽게 구할 수 있는 그의 다른 책들을 읽어 보는 것이 도움이 됩니다. 특히 《의무론》과 《법률론》이 많은 도움이 됩니다. 《의무론》은 고대 정치사상이 윤리와 밀접하다는 측면에서, 《법률론》은 고대 로마 공화정의 핵심이 법치에 있었다는 점에서 중요합니다.

키케로가 남긴 명언들
- 일을 끝내기 전에, 무슨 일이든 불가능하다고 생각하지 마라.

- 행복한 생활 없이 미덕은 존재할 수 없고, 미덕 없이 행복한 생활은 존재할 수 없다.
- 참다운 친구는 너의 기쁨을 두 배로 주고, 슬픔을 반으로 줄인다.
- 걷잡을 수 없는 강한 욕망을 버리고 싶거든, 그 모체인 낭비를 버려라.
- 가르치는 자의 독선적인 권위는 때로는 가르침을 받고자 원하는 자를 그르친다.
- 권세 있는 자와 있을 때 마음이 흔들리지 않고, 가난한 자와 있을 때 그를 업신여기지 않는 사람이 인격자다.
- 눈빛과 눈썹의 움직임, 얼굴 표정은 우리를 자주 속이지만, 가장 많이 속이는 것은 혀에서 나오는 말이다.
- 명예를 하찮게 여기라고 책에 쓰는 사람들도 자기 이름은 꼭 그 책에 쓴다.
- 모략이나 중상, 나쁜 소식만큼 빠른 것이 없고, 쉽게 발설되는 것도 없으며, 빨리 받아들여지는 것도 없고, 널리 퍼지는 것도 없다.
- 사는 집에 책이 없는 것은 몸속에 영혼이 없는 것과 같다.
- 믿음직한 청년은 인품이 어느 정도 노인스러워야 하며, 호감이 가는 노인은 청년의 마음을 담고 살아가는데, 이러한 사람들은 나이가 먹어도 늙는 일이 없다.
- 음식의 가장 좋은 조미료는 배고픔이다.
- 악은 어려서 부드러울 때는 꺾을 수 있으나 커서 굵어지면 다루기가 어렵다.
- 누구나 잘못을 할 수는 있으나, 어리석은 자는 이 잘못을 되풀이하며 후회하지도 않는다.

▨ 《국가론》 발췌 부분

01 공화국이란 무엇일까? 1권 4~8, 24~34

02 공화국을 유지하기 위해 필요한 것은 무엇일까? 1권 34, 35, 42~45

01 | 공화국이란 무엇일까?

 키케로가 살았던 당시 지식인들 사이에서는 금욕을 하면서 세상으로부터 은둔하자는 사조가 확산되고 있었습니다. 하지만 키케로는 이런 생각이 옳지 않다고 여겼습니다. 그래서 그는 정치에 적극적으로 참여하는 시민의 덕성과 그런 시민이 있어야만 유지되는 공화국에 대한 자신의 신념을 작중 화자인 스키피오의 입을 빌려 역설합니다.

정치에 참여하는 삶은 시민의 의무

스키피오 집정관에서 물러났을 때, '내 노력 덕분에 로마 공화국이 안전하게 되었다'고 인정받은 것만으로도 내가 그동안 받은 고통과 염려를 충분히 보상받았음을 이해해 준 사람은 극소수에 불과하였다. 하지만 지금까지 내게 고통은 노고보다 명예, 괴로움보다 영광을 주었다. 또한 이 고통은 사악한 자의 기쁨이 아니라 선량한 시민이 내게 애정 어린 기대와 열망을 보내고 있음을 발견하는 즐거움을 주었다. 그러니 비록 일의 상황이 나의 뜻과 다르게 진행된다 한들 무슨 불평을 할 수 있었겠는가? 내가 행한 크나큰 봉사가 도리어 내게 불행한 결과를 가져왔지만 어차피 모두 예상하였던 것들이며, 도리어 예상보다 심각하지도 않았는데 말이다.

　소년 시절 나는 학업에 흥미를 느껴 열심히 공부하였으며, 그 결과 다른 사람들보다 더 많은 결실을 거둘 수 있었다. 그래서 조용한 삶을 살 수 있었고, 모두에게 어려운 일이 일어날 때 그저 다른 사람들과 같은 운명을 겪으면 되었다. 그럼에도 나는 시민의 안전과 평화로운 삶을 보호해야 한다면 언제든지 위험을 무릅쓰고 폭풍과 벼락이 치는 곳으로 기꺼이 뛰어들 것이다. 사실 조국은 편안하고 안전한 쉼터에서 여가와 조용하고 평화로운 삶을 누리라고 우리를 기른 것이 결코 아니다. 오히려 조국은 우리의 정신과 재능, 그리고 지혜 중 가장 큰 부분을 유용하게 쓰고자 한다. 우리는, 그리고 나는 그 나머지를 사적 용도로 쓸 수 있다.(1권 4)

스키피오　단지 여가를 누릴 목적으로 정치 참여를 마다하며 이런저런 핑계를 대는 사람들의 말에 귀를 기울이지 말아야 한다. 그들은 군중이 이성을 상실하고 충동을 억누르지 못하는 상태일 때 통치하자고 나서는 것은 지저분한 일이기 때문에 지혜로운 자가 할 바가 아니며, 자유인이라면 큰 곤란에 직면했음에도 지혜로운 자에 걸맞지 않는 일에 처하지 않을 것이라 기대해서는 안 된다고 말한다. 그런데 이는 선하고 강하고 위대한 정신을 가진 사람이 공직을 마다하는 것이 악한 자의 통치를 거부하고 그들이 국가를 유린하는 것을 견디지 못하는 것보다 더 정당하다고 말하는 꼴이다.(1권 5)

　스키피오 아프리카누스는 포에니 전쟁을 승리로 이끌었지만, 젊은 나이에 너무 많은 공을 세워 공화정의 위협이 될 수도 있다는 우려 등으로 인해 공적만큼의 보답을 받지 못하였습니다. 또한 그의 탁월함을 시샘하는 여러 정치인의 견제에도 시달려야 하였습니다. 플루타르코스의 기록에 따르면, 스키피오는 여기에 많은 서운함을 느끼고 죽는 날까지 원망하였던 것으로 알려져 있습니다. 심지어 그는 자신의 무덤을 로마에 만들지 말라고까지 유언하였습니다. "로마는 나의 뼈를 받을 자격이 없다." 하였습니다.
　그러나 이 작품에서 키케로의 대변자로 등장하는 스키피오는 '애초에 어떤 대가를 바라고 조국에 봉사한 것이 아니기에 그런 서운함을 느끼지 않았노라.'고 말하고 있습니다. 그렇지만 이것은 키케로의 생각이지 실제 스키피오의 생각이 아니라는 점을 유념해 둡시다. 어쨌든 여기에서 스키피오는 원래 자신의 탁월함을 기를 수 있는 여가 시간은 국가를 위해 사용하려고 있는 것이며, 자신의 탁월함을 국가를 위해 사용하는 것은 당연한 일이기 때문에 어떤 대가를 바라서는 안 된다고 말하고 있습니다.

평소 나랏일에 참여해야 비상시에도 도움이 된다

스키피오   한편 그들은 시대와 필연이 강요하지 않는 한 지혜로운 자는 절대 국정을 맡아서는 안 된다고 말하는데, 그러한 예외가 대체 누구에게 정당하다고 인정할 수 있겠는가? 그런 말은 마치 내가 발휘할 수 있는 것보다 더 큰 능력과 권능이 아무에게나 생길 수 있다고 하는 것과 같다. 그러나 그때포에니 전쟁 만약 내가 집정관이 아니었다면 무엇을 할 수 있었겠는가? 또 내가 기사 신분으로 태어나 최고의 명예에 도달하게끔 소년 시절부터 경력을 쌓지 않았더라면 어떻게 집정관이 될 수 있었겠는가? 비록 국가가 위험으로 인해 난관에 봉착한다 하더라도 국가를 도울 능력이 그대가 원하는 바로 그 순간 생기지는 않을 것이다. 그런 능력은 애초에 그럴 만한 위치에 있어야 생기는 법이다.

　학자들의 웅변에서 내가 매우 이상하게 생각해 왔던 것은 다음과 같은 점이다. 그들은 평온한 바다에서 배를 조정하는 것을 배우지도 않고 또 굳이 알려고 애쓰지 않겠다고 하면서도 매우 큰 풍랑이 일어나면 스스로 배를 조정하는 일에 나서겠다고 공언하는 것처럼 보인다. 그들은 국가를 만들고 유지하는 방법에 관해서는 배운 바도, 가르친 바도 없다고 공개적으로 말하였다. 심지어 그렇게 함으로써 큰 영예를 누려 왔다. 그런 일에 관한 지식은 학자와 현인에게가 아니라 그런 종류의 일에 숙달된 자들에게 맡겨야 한다고 주장하였기 때문이다.

　그런데 훨씬 쉬운 일이라 할 수 있는, 평상시에 국가를 통치하는 것을 모르는 사람이 어떻게 더 어려운 일, 국가가 급박할 때 국가를 위해 자신의 능력과 노력을 발휘하는 일을 할 수 있겠는가? 물론 현자가 자발적으로 나랏일을 보러 내려오지 않았다는 것은 일반적인 사실이다. 하지만 시대가 현자의 참여를 요구할 때 그 의무를 끝내 거절하지 않았다는 것 역시 사실이다. 그러니 현자는 누구에게 또 언제 필요하게 될지 모르더라도 만일의 경우를 대비하여 공공의 일에 대한 지식을 무시하지 말고 만반의 준비를 갖추어 놓아야 한다.(1권 6)

스키피오　지금까지 이 점을 장황하게 언급한 이유는 이 책에서 국가에 관한 논쟁을 시작하려고 하기 때문이다. 나는 이 논쟁이 잘못 진행되지 않게 하기 위해 국정에 진출하는 것에 대한 회의감을 먼저 제거해야 하였다. 그럼에도 불구하고 만약 철학자들의 권위에 의해 동요되는 자들이 있다면, 그들로 하여금 잠시 최고의 지식인들 사이에서 최상의 권위와 명예를 가진 분들의 말을 들어 보는 수고를 하게 하라. 내가 감히 평가해 보건대, 그분들은 몸소 국가를 이끌지 않았던 것은 사실이지만, 그럼에도 국가에 관해 많은 것을 연구 조사하고 또 실천하였기에 국가에 대해 의무를 수행한 셈이다. 그리스인들이 7현인이라고 칭한 이들을 보라. 그들은 모두 매우 중요한 국가의 일에 간여하였다. 인간의 덕이 신의 뜻에 가장 가깝게 접근하는 경우는 사실상 국가를 세우거나 세워진 국가를 유지하는 것 외에는 없기 때문이다.(1권 7)

스키피오　선학들 중 어떤 사람은 업적이 전혀 없으면서 논쟁에서만 세련된 반면, 어떤 사람은 통치에서는 유능하나 논쟁에서는 서툴렀다. 그에 비해 나는 국가를 통치하면서 기억에 남을 만한 가치 있는 업적을 추구하였고, 공공의 일에 대한 의견을 개진하는 능력도 지녔기에, 이러한 일에 관해 실용적일 뿐 아니라 학문적으로도 배우고 가르치자고 주장해 왔다.

　진실로 내가 하는 일은 새로 만든 것도 아니고 생각해 낸 것도 아니다. 다만 그것은 우리나라에서 가장 고귀하고 현명한 사람들의 논쟁을 되풀이해서 상기시킨 것에 지나지 않는다. 이 논쟁은 그대와 내가 스미르나에서 여러 날 있었을 때 푸블리우스와 루틸리우스, 루푸스가 전해 준 것이다.(1권 8)

여기까지는 스키피오가 독백을 하는 형식이었고, 이후부터는 스키피오와 다른 사람들이 대화를 하는 형식으로 되어 있습니다. 여기서 키케로는 스키피오의 입을 빌려 정치 참여보다 은둔을 주장하는 후기 스토아학파를 비판합니다. 현명한 삶은 공동체에 적극적으로 참여하는 삶이라는 것입니다. 이는 특히 고대 그리스의 7현인인 클레오브로스, 페리안드로스, 피타코스, 비아스, 탈레스, 킬론, 솔론 중 여섯 명이 정치가였음을 증거로 제시합니다.

먼저 용어를 분명히 하고 토론하자

스키피오   나는 먼저 논쟁의 규칙을 세우는 것부터 시작하려고 합니다. 그대들이 오류를 피하고자 한다면, 모든 논쟁에서 이 규칙을 사용해야 한다고 믿습니다. 그 규칙은 연구하고자 하는 바로 그 대상에 붙일 명칭이 무엇인지 합의될 때 비로소 그 이름에 의해 지시되는 것이 설명된다는 것입니다. 이 점에 동의한 이후에야 비로소 논의에 들어가는 것이 적절합니다. 사전 이해가 없다면 논의의 내용을 이해할 수 없기 때문입니다. 우리는 지금 국가에 관해 탐구하고 있으므로 우선 이런 규칙에 따라 탐구하는 것이 무엇인지 살펴보도록 합시다.(1권 24)

이렇게 분명한 정의를 얻기 위해 통상적으로 사용되는 용어들을 세세히 따지고 들어가는 것은 고대 그리스 철학의 전통입니다. 이렇게 따지고 들어가다가 그 말에 대한 오해와 무지를 깨닫게 함으로써 진리를 향하는 마음을 만들고자 한 것이 바로 플라톤의 변증법입니다. 이는 같은 시기 동양에서도 공자의 정명사상正名思想을 통해 나타나고 있습니다.

국가는 인민 공동의 것

스키피오   그럼 시작합니다. 국가는 인민의 것입니다. 인민은 아무렇게나 모인 인간 무리에 대한 통칭이 아닙니다. 인민은 정의에 대한 존중, 공공선에 대한 연대감으로 결속한 다수의 모임입니다. 인간이 결합하는 첫 번째 이유는 연약해서가 아니라 군집성, 사회성과 같은 자연스러운 어떤 속성을 가지고 있기 때문입니다. 인간은 제아무리 모든 것을 풍부하게 물려받고 태어났다 할지라도 홀로 떠도는 존재가 아닙니다. 인간은 그 본성상 사회 속에 살도록 강제되어 태어났습니다.(1권 25)

앞에서 용어의 엄밀한 정의를 요구한 스키피오는 '국가론'을 펼치기 위해 먼저 국가라는 용어의 의미를 분명히 하면서 논의를 시작합니다. 여기에는 매우 단호한 국가의 정의가 나오는데 바로 '인민의 것'이라는 겁니다. 이 말의 라틴어 표기인 res publica가 바로 오늘날 공화국republic의 어원임은 이미 밝힌 바와 같습니다. 또한 이 말은 commonwealth라는 영어 단어로 번역되어 역시 공화국이라는 말로 사용됩니다. 이때 인민은 다만 모여 있는 군중이나 대중이 아니라 공공선에 대한 연대감을 가지고 모인 사람들로 정의됩니다. 여기에서 다만 사람들의 집합인 대중mass과 공중public이 구별됩니다.
그런데 여기서 아리스토텔레스가 말한 '인간은 정치적인 동물'이라는 말이 '사회적인 동물'로 바뀐 것을 알 수 있습니다. 그 까닭은 도시국가의 규모를 한참 넘어선 로마인들에게 국가는 직접 참여하여 활동하기에는 너무도 거대한 공동체였기 때문입니다. 그러므로 개인들이 직접 참여하고 운영할 수 있는 공동체를 부를 다른 말이 필요했습니다. 이렇게 국가보다 작지만 개인과 가족의 수준을 넘어서는 공동체를 지칭하는 말로서 등장한 것이 사회입니다.

스키피오   이 집단들은 우선 일정한 장소에 살기 위한 터를 정합니다. 이러한 거주지는 자연적 상황이나 사람들의 노력을 통해 강화됩니다. 이러한 거주지들이 집단을 이루면 마을이나 도시가 됩니다. 여기에는 공유재산인 신전과 집회 장소가 있습니다.
　따라서 내가 설명한 군중의 결합인 전체 인민, 인민의 질서 있는 구성체인 도시, 내가 이미 말하였듯이 인민의 소유물인 국가 전체가 지속되려면 토의 기구에 의해 다스려져야 합니다. 그 토의 기구는 무엇보다도 그 도시를 창출한 원인, 즉 인민으로부터 비롯되어야 합니다. 다음으로 이 기구는 한 사람 혹은 선발된 몇 사람에게 위임하든가, 군중이나 전체 인민이 직접 담당하든가 해야 합니다.

최고 권위를 한 사람의 수중에 둘 때, 우리는 그 사람을 왕이라 부르며 그의 국가 상태를 왕정이라 합니다. 만약 선발된 자들의 수중에 권력이 있으면 귀족정체라고 합니다. 인민에게 모든 것이 있을 때는 인민적 국가(민주정체)가 됩니다. 이 세 가지 정부 중 어느 것이라도 인간을 국가라는 유대 관계로 계속 묶어 놓는 질서를 유지할 수 있다면, 비록 완전한 것도 최선인 것 같지 않고 이 중 어떤 것이 다른 것보다 우월할 수도 있지만 일단 모두 허용할 만한 것들입니다. 공평하고 현명한 왕, 지도적 시민들 중 선발된 자들, 별로 권장하고 싶지 않지만 인민 자체는 만약 그들에게 아무런 불공평이나 욕심이 끼어들지 않는다면 충분히 안정된 정부를 수립할 수 있을 것이기 때문입니다.(1권 26)

국가는 인민의 공동재산입니다. 주인이 여럿이기 때문에 그것이 지속되려면 토의 기구가 있어야 합니다. 그 토의 기구는 최고의 권위를 가지고 있어야 하며, 그 권위를 바탕으로 통치를 합니다. 그 권위는 당연히 주인인 인민으로부터 위임받은 것입니다. 물론 인민이 직접 통치할 수도 있습니다. 여기에서 이미 근대 정치 이론의 주권론이 등장함을 확인할 수 있습니다.

| 여러 정체가 혼합된 것이 가장 훌륭하다 |

스키피오   왕정에서는 왕 한 사람을 제외한 나머지 사람들이 사법과 공공 협의에서 거의 배제됩니다. 귀족정체에서는 대중이 나랏일에 대한 토의와 권력에서 배제되기 때문에 자유를 거의 공유하지 못합니다. 모든 것이 인민을 통해 주도될 경우, 비록 그것이 정의롭고 온전한 것일지라도 평등 그 자체가 전혀 위계를 가지지 않기 때문에 형평성이 없습니다. 따라서 페르시아의 왕 키루스가 매우 정의롭고 현명한 왕이었지만, 내게는 그런 종류의 정부가 가장 바람직한 것으로 보이지 않습니다. 그것은 '인민의 재산'이 한 사람의 명령과 변덕에 의해 다스려지기 때문입니다. 우리의 보호령인 마실리아의 경우 인민들이 지도적 시민들 중에서 선발된 자들에 의해 가장 정의롭게 통치되었는데, 그럼에도 그 인민들의 상태는 노예제와 유사한 점이 있었습니다. 아테네인들은 아레오파고스의 권력을 박탈한 이후의 일

정한 시기 동안 그들의 모든 공공 업무를 인민의 결의와 포고를 통해 성공적으로 수행하였습니다. 하지만 위계의 명확한 구분을 가지지 않았기 때문에 그들의 나라는 자신의 영광을 보존하지 못하였습니다. (1권 27)

스키피오 나는 지금 이 세 종류의 정부 유형들이 혼합되거나 융합되지 않고 자신의 고유한 속성을 유지하고 있는 경우를 말하고 있습니다. 그들 모두는 무엇보다 먼저 내가 언급한 각각의 결함을 가지고 있고, 여기에 더해 다른 위험으로 인해서도 고통을 받습니다. 저들 모두의 앞에 그것과 인접한 어떤 타락한 형태로 가는 미끄럽고 험한 길이 놓여 있기 때문입니다. 예컨대 쓸 만한 혹은 가장 사랑받을 만한 탁월한 본보기인 키루스 왕조차 자의적인 변화를 강제하는 극도로 잔인한 필라리스 왕의 속성을 지니고 있었습니다. 이처럼 한 사람이 통치하는 정부는 쉽게 폭정으로 타락합니다. 한편 탁월한 마실리아인들의 정부와 유사한 것이 한때 아테네를 통치하였던 30인 참주입니다. 민주정체의 경우 다른 예를 찾을 것도 없습니다. 인민들이 모든 권력을 가졌던 아테네는 격정과 방종으로 빠져들었습니다. (1권 28)

스키피오 현명한 사람이 이러한 변화를 알아채야겠지만, 국가의 경로를 잡아주고 앞으로 닥치게 될 일을 예견하면서 국가를 통치하는 일은 매우 위대한 시민 혹은 거의 신과 같은 통치자가 할 수 있는 일입니다. 따라서 나는 네 번째 유형의 정부가 가장 권장할 만하다고 생각합니다. 이 형태는 내가 앞에서 말한 세 가지가 잘 조절되어 혼합된 것입니다. (1권 29)

주권을 행사하는 통치자의 수를 한 기준으로 다시 그것의 이상적인 형태와 타락한 형태를 다른 기준으로 하여 여섯 개의 정체를 구분한 아리스토텔레스와 달리, 키케로는 통치자의 수에 따른 세 가지 정체만 제시하고 있습니다. 이 세 정체는 모두 결함을 가지고 있기 때문에 혼합정체가 필요합니다. 키케로에 따르면, 이 세 가지 정체는 '인민의 공동재산'이라는 국가의 정의와 어긋나게 국가를 일부의 것으로 만들기 때문입니다. 따라서 '공화국'은 이 세 가지 정체 어느 것에도 해당하지 않는 새로운 혼합정체가 되어야 합니다.

인민주권에 기반한 공화정만이 국가라 불릴 수 있다

라일리우스 곤란하지 않다면 나는 당신이 세 유형의 정부 중 어느 것이 가장 좋다고 생각하는지 알고 싶습니다.(1권 30)

스키피오 모든 국가는 그것을 통치하는 자의 본성이나 의지와 부합합니다. 그러므로 인민의 권력이 가장 큰 곳이 아니면 자유가 머물 곳이 없습니다. 만약 자유가 평등하게 향유되지 않는다면 사실상 그것은 자유가 아닙니다.

하지만 의심의 여지없이 인민이 사실상의 노예 상태가 되는 왕정은 말할 것도 없고, 심지어 모든 사람이 문자 그대로 자유로운 국가라 할지라도 어떻게 자유가 모두에게 똑같이 주어질 수 있겠습니까? 내가 지금 말하는 국가는 겉보기에는 인민들이 투표를 하고, 사령관과 관리들을 선출하며, 투표로 그들에게 위임하고, 의안議案으로 그들에게 제안하지만, 실제로는 자신들이 원해서가 아니라 그래야만 하기 때문에 하는, 그리하여 그들이 가지지 않은 것을 타인에게 이양하도록 강요받는 그런 국가를 말하는 것입니다. 인민들은 통치권, 공공위원회, 법정에서 아무것도 공유하지 못하기 때문에 특권층만이 그들의 출신과 부에 기반을 하여 그런 권한을 가지게 됩니다. 그러나 로도스나 아테네 같은 자유로운 나라에서는 모든 자유로운 시민이 관청이나 정부의 활동적인 역할을 담당합니다.(1권 31)

스키피오 우리 선현들은 인민 중 부유하고 권세 있는 한 사람 혹은 소수가 나타나면 이들의 혐오스럽고 오만한 행위로 인해 한 사람 혹은 소수에 의한 정부참주정체나 과두정체가 발생하며, 인민은 비겁하고 나약해지면서 부와 오만 앞에 굴종하게 된다고 말하였습니다. 반면 선현들은 만약 인민이 참으로 자신의 권리를 지닐 수 있다면 그것보다 더 우월하고 자유롭고 행복한 것은 없을 것이라고 말하였습니다. 그 이유로는 인민이야말로 법률과 재판, 전쟁, 평화, 조약, 각자의 생명, 재산에 대한 주인이기 때문입니다. 그들은 오직 이 정부만이 정당하게 국가, 즉 '인민의 재산'이라 불릴 수 있다고 믿었습니다.

그들은 일반적으로 왕이나 귀족의 지배에서 인민의 재산을 해방시키자고 주장하였고, 자유로운 인민은 왕이나 귀족들의 권력과 부를 필요로 하지 않는다고 생각하였습니다. 사실 그들은 자유로운 인민에 속하는 이 자유로운 인민 정부가 폭민에 의한 남용이라는 약점 때문에 전적으로 거부되어야 한다는 주장을 받아들이지 않았습니다.

 폭민mob과 인민people은 다른 개념입니다. 폭민은 그때그때의 이익 충동과 선동에 따라 횡포를 부리는 군중이고, 인민은 하나의 공통 이익과 선을 추구하는 다수의 사람입니다.

선현들의 주장에 따르면, 주권자인 인민의 정신이 조화롭고 자신의 안전과 자유에 대한 기준으로 가득하다면 어떤 정부 형태도 이보다 더 확고부동할 수 없습니다. 또한 조화는 모든 사람의 이해관계가 동일한 국가에서 훨씬 이루기 쉬우며, 불화는 서로 다른 시민들 간 이익의 기준이 다를 때 나타나는 이해관계의 충돌에서 야기된다고 그들은 주장합니다. 그리하여 그들은 귀족들이 국가를 장악하면 결코 안정된 국가를 유지하지 못하며, 왕의 치하에서는 더더욱 이루어지기 어렵다고 주장합니다. 거기에는 '신성한 결속과 명예'가 없습니다.

사회의 유대 관계는 시민법에 따르며, 이 법이 모두에게 평등하게 적용되어야 정의라고 할 수 있는데, 시민들 사이에 평등이 없다면 어떤 정의가 시민 사회를 유지할 수 있겠습니까? 물론 우리는 모든 사람의 부의 평등에 동의할 수 없고, 타고난 재능의 평등도 사실상 불가능하다는 것을 인정합니다. 하지만 적어도 한 국가에 사는 시민들의 법적 권리만큼은 평등해야 합니다. 정의 안에서의 결사 혹은 유대가 아니라면 그게 무슨 국가겠습니까?(1권 32)

스키피오 심지어 선현들은, 이와 다른 종류의 국가들은 그것들이 참칭하는 대로 국가라고 불러서도 안 된다고 주장합니다. 지배하려는 욕심을 가진 자, 혹은 단독의 권력을 탐하는 자, 인민을 억압하고 지배하는 자를 과연 유피테르 신을 일컫는 최상의 이름인 왕이라 불러야 할 이유가 있을까요? 차라리 그를 참주라고 불러야 하지 않을까요? 물론 참주 중에는 억압적인 참주뿐 아니라 자비로운 참주도 있을 수 있습니다. 그러나 인민에게는 단지 그들이 자비로운 주인의 노예인지, 아니면 잔혹한 주인의 노예인지의 차이밖에 없습니다. 어느 경우에도 인민은 노예입니다.(1권 33)

스키피오   한편 스파르타에서는 선하고 정의로운 왕들을 이용하기 위해 국가의 법률을 가장 우선시하였으며, 왕가의 혈통을 가지고 태어난 자를 왕으로 인정하였습니다. 그런데 그들은 어떤 방식으로 왕정을 추구하였습니까? 인민의 합의를 통하지 않고 자기들끼리의 모임에서 그 이름을 주장한 자를 진실로 귀족이라고 할 수 있겠습니까? 인간은 어떻게 '최선의 자'로 판단됩니까? 지식, 기술, 학습, 그리고 그와 같은 자질들에 의해서이지 관직을 탐하는 욕망 때문이 아닙니다.(1권 34)

여기에서 키케로는 사실상 인민주권에 기반한 공화정만이 국가라 불릴 수 있다고 주장하고 있습니다. 이는 이미 앞에서 국가를 '공동의 것'으로 정의할 때 충분히 예견된 것입니다. 그리고 모두가 공동의 주인이 되려면 그들이 평등해야만 한다는 점을 분명하게 밝히고 있습니다. 불평등하다면 주인들 안에서 다시 주종 관계가 생기게 되며, 그렇게 될 경우 국가가 부와 권력을 더 많이 가진 사람들의 사유물이 되기 때문입니다. 여기에서 우리는 막대한 부를 가진 크라수스, 막대한 군사력을 가진 폼페이우스와 카이사르의 권력 쟁탈전 속에서 인민이 소외되어 가던 당시 로마 공화국을 우려하는 키케로의 목소리를 느낄 수 있습니다.

● 생각해보기

1. 이 글에 따르면, 당시에는 지휘권이나 공직을 맡는 것이 부담스럽고 힘든 일이었던 것으로 보입니다. 반면 오늘날에는 공직을 맡기 위해 사람들이 치열하게 경쟁하고 있습니다. 이러한 차이점이 왜 생겨났을까요?

2. 키케로는 공직에 나아갈 현자가 미리 공직에 필요한 준비를 '풍랑이 일었을 때 배를 조정하는 것'에 비유하였습니다. 여기에서 말하는 '만반의 준비'란 어떤 것을 말하는지 자신의 생각을 써 보세요.

3. 스키피오의 구분대로 국가의 형태를 나누어 보고, 그 특징과 단점을 정리해 보세요.

국가형태	특징	예	단점
왕정		페르시아의 키루스	
귀족정체		마실리아 아테네의 30인 참주정치	
인민적 국가		아테네	

4. 스키피오가 제시하는 네 번째 유형의 국가는 어떤 국가입니까?

02 | 공화국을 유지하기 위해 필요한 것은 무엇일까?

앞에서 훌륭한 시민과 국가의 조건에 대해 역설한 키케로는 이제 그런 국가를 유지하기 위해 필요한 도덕적, 제도적 방안을 논의합니다. 키케로는 신플라톤학파에 속한 사람이지만, 여기에서는 아리스토텔레스의 영향도 강하게 나타납니다. 플라톤과 아리스토텔레스의 정치사상이 키케로에게서 어떻게 조화를 이루고 있는지 찾아봅시다.

| 훌륭한 통치자의 선발이 가장 중요하다 |

스키피오   만약 국가가 통치자의 선발을 우연에 맡긴다면, 승객들이 추첨으로 선장을 뽑은 배처럼 국가는 빠르게 전복되고 말 것입니다. 그러므로 만약 자유로운 인민이 자신들을 맡길 자를 뽑는다면, 그들은 자신들이 어떻게든 안전하기를 원하므로 '최선의 자'를 선발할 것이며, 국가의 안전은 최선의 자의 지혜에 의존할 것입니다. 자연은 우월한 자에게 덕과 정신의 탁월함을 부여할 뿐 아니라 약자에게는 그들에 대한 복종심도 부여합니다.

그러나 이러한 참된 이상적 국가는 사람들의 왜곡된 의견 때문에 전복됩니다. 그들은 소수만이 가질 수 있고 가려낼 수 있는 덕에 대해 모르기 때문에, 부자나 가문이 좋은 자들이 '최선의 자'라고 생각합니다. 대중의 이러한 오판으로 '덕'이 아니라 '소수의 부'가 국가를 장악하기 시작하면, 그 국가의 통치자는 '최선의 자'라는 이름을 가질 자격이 없습니다. 그들이 재물과 명성, 그리고 권력은 있으나 어떻게 살아가고 어떻게 타인을 통치하는가에 대한 지식과 지혜가 없고 불명예와 오만으로 가득 차 있다면, 부자들을 '최선의 자'로 간주하는 국가보다 더 타락한 국가는 찾아볼 수 없을 것입니다.

진실로 덕이 국가의 방향을 잡는다면 무엇이 그것보다 더 훌륭할 수 있겠습니까? 그때는 타인에게 명령을 내리는 자가 탐욕에 빠지지 않고, 시민이 국가를 위해 제정하고 요구한 것들을 파악하며, 자신이 복종하지 않을 법률을 인민에게 제시하는 일이 없고, 오히려 자신의 생활을 동료 시민들에게 그들의 법으로서 널리 드러낼 것입니다. 만약 이런 사람이 있어서 혼자서 모든 것을 충분히 추구할 수 있다면 국가에는 다수의 통치자가 필요하지 않을 것입니다. 반대로 모든 시민이 일체가 되어 무엇이 최선의 것인지 볼 수 있고 동의할 수 있다면 '최선의 자'를 선발할 이유가 없을 것입니다.

권력이 왕에게서 다수로, 다시 인민의 실수와 부주의로 인해 다수에서 소수로 옮겨 가게 된 까닭은 정책 입안의 어려움 때문이었습니다. 그래서 일인 통치의 나약함과 다수 통치의 무모함 사이에서 귀족정체가 중간의 위치를 차지하므로 이보다 온전한 것이 없을 정도입니다. 그들이 국가를 유지할 때 인민은 틀림없이 가장 행복할 것입니다. 이들 덕에 인민은 모든 근심과 숙고에서 벗어나고 국가를 유지할 수 있습니다. 그뿐만 아니라 인민은 자신들이 이해관계와 관련하여 무시당하였다는 생각을 가지지 않도록 배려하는 타자들 덕분에 여가를 얻을 수 있게 됩니다.

한편, 자유로운 인민이 환영하는 권리의 동등함은 사실상 지켜질 수 없습니다. 인민 중에는 고귀한 자와 천박한 자가 있게 마련인데, 이 양자에게 똑같은 명예가 주어진다면 그런 평등은 가장 불공평한 것입니다. 이런 일은 최고의 시민들이 통치하는 국가에서는 일어날 수 없습니다. 라일리우스여, 이러한 것들은, 그리고 거의 이와 유사한 것들은 이런 국가형태를 최선의 것으로 찬양하는 사람들이

주장하는 것입니다.(1권 34)

라일리우스 스키피오, 당신은 어떻게 생각합니까? 이 세 형태 중 당신이 최고라고 생각하는 것은 무엇입니까?

스키피오 당신은 내가 그것들 중 어느 것도 그 자체로 따로 떼어 놓을 경우에는 인정하지 않고 이들을 혼합한 형태가 이들보다 우월하다고 밝혔음에도, 셋 중에 무엇이 최고라고 생각하는지 물었습니다. 만약 이 단순한 것들 중 하나를 꼭 받아들여야 한다면 나는 왕정을 선택할 것입니다. 왕이라는 이름은 우리에게 아버지처럼 보이는데, 그 이유는 왕이 시민들을 마치 자식처럼 보살피며, 그들을 더욱더 보살피기를 열망하기 때문입니다. 그리하여 최고, 최선의 자의 열의가 유지될 수 있습니다. 그런데 이에 근접하는 것이 귀족들입니다. 이들은 자신들 역시 같은 일을 잘한다고 공언하며, 그 일을 한 사람보다는 여러 사람이 할 때 계획도 더 풍부하고, 형평과 신의도 있을 것이라고 말합니다. 마지막으로, 인민은 가장 큰 목소리로 자신들은 한 사람에게도 소수자에게도 복종하는 것을 원하지 않으며, 실제로 야수들에게도 자유보다 더 감미로운 것은 없고, 이 모든 것을 결여하는 것은 왕에게든 귀족에게는 예속되는 것이라고 주장합니다. 왕은 고귀함으로, 귀족들은 지혜로, 인민들은 자유로 우리를 매혹하기 때문에 이것들을 비교해 가장 바람직한 것을 선택하기는 어렵습니다.(1권 35)

여기에서 라일리우스는 초점을 벗어난 질문을 합니다. 스키피오는 왕정과 귀족정, 인민정이 모두 우열을 가릴 수 없고, 모두 약점을 가지고 있다고 누차 강조하였기 때문입니다. 그는 그중 하나를 선택할 수 없습니다. 그럼에도 불구하고 스키피오가 그나마 왕정이 제일 낫다고 한 것은 그 조건이 모두 지켜졌을 경우에 그렇다는 의미입니다. 즉, 시민들 중 가장 훌륭한 사람이 왕이 되었을 경우에 해당되는 것입니다. 최선의 자가 분명히 선출될 수 있다는 보장이 있다면 통치자의 수는 적을수록 효율적이기 때문입니다. 그러나 그것이 비현실적임을 이미 여러 번 강조하였습니다. 실제로는 최선의 자가 아니라 가장 힘이 세고 돈이 많은 사람이 그 자리에 올라가기 때문입니다. 그리고 키케로는 단호하게 그런 자가 권력을 잡은 국가는 국가라 불릴 자격이 없다고 말하였습니다.

모든 국가는 그것이 추구하는 것의 지나침으로 인해 타락한다

스키피오 이제 국가들의 변화에 관해 좀 더 정확하게 말해 보겠습니다. 가장 최초의, 그리고 확실한 변화는 왕정에서 일어납니다. 왕이 불의해지기 시작하면, 이 정체는 즉시 파멸하며 왕은 참주가 됩니다. 이것은 비록 최선의 것과 인접한 것이지만 가장 저급한 부류입니다. 만약 최상의 사람들이 그 자를 억누른다면, 흔히 일어나는 일이지만, 국가는 세 가지 중 두 번째 형태를 취합니다. 사실 그것은 마치 왕들의 위원회, 즉 가부장들로서 인민에게 좋은 조언을 해 주는 지도적 시민들의 위원회 같은 것입니다. 만약 인민이 직접 참주를 죽이거나 몰아낸다면, 그리고 그들이 현명하고 사려 깊다면 국가를 온당하게 다스릴 것이며, 자신의 업적에 대해 기뻐하면서 자신들이 이룬 국가가 유지되기를 원할 것입니다. 그러나 만약 인민이 의로운 왕을 힘으로 공격하거나 제압하거나 그에게 모욕을 가하는 경우, 또는 심지어 더욱 빈번하게 발생하는 것이지만 귀족들의 피 맛을 보고서 국가 전체를 자신들의 변덕스러움에 종속시키는 경우, 라일리우스여, 이 경우처럼 무례함이 지나칠 경우 구속받지 않는 상태의 뭇사람들이 파도나 불길보다 쉽게 제압될 것이라고는 꿈도 꾸지 마시기를. 그렇게 되면 우리는 플라톤의 저술에서 훌륭하게 소개된 것과 같은 상태와 직면하게 됩니다. 가능하다면 나는 그것을 라틴어로 옮겨 볼 것입니다. 어렵겠지만 한번 해 보겠습니다.(1권 42)

스키피오 플라톤이 말하기를 "만족을 모르는 인민들이 자유에의 갈증에 목말라 있고 그런 행태가 적절이 절제되지 않고 지나쳐 순수한 자유를 희구하면서 악한 관리들에게서 그것을 이끌어 내게 되는 경우, 공직자와 지도자들이 고분고분하지도 유약하지도 않아서 충분히 자유를 부여하지 않으면 인민은 그들을 질책하고 비난하고 심판하면서 그들을 군림하는 왕, 참주라고 부른다."라고 하였습니다. 실제 이 말은 당신들에게도 널리 알려진 것입니다.
라일리우스 나도 그것을 잘 알고 있습니다.(1권 43)

 이하의 내용은 플라톤의 《국가》에 나오는 이야기입니다. 왕정, 귀족정, 민주정이 서로 타락하면서 변형되는 과정에 대해서는 《국가》의 뒷부분을 참조하시기 바랍니다.

스키피오 게다가 이 논의의 주창자에게로 돌아가 보면, 그는 말하기를, 인민이 유일하게 자유라고 생각하는 이 지나친 방종에서 마치 뿌리에서 줄기가 나오듯이 참주가 나타난다고 합니다. 제일시민들의 지나친 권력에서 제일시민들의 파멸이 유래되듯이, 지나치게 자유로운 인민의 자유는 바로 노예 상태를 초래하기 때문입니다. 다시 말해 기후에서든 토지에서든 신체에서든 풍족한 상태에 있을 때 지나친 것은 모두 반대의 상태로 전락하는 것이며, 특히 그것이 국가에서 일어나는 것입니다. 또 지나친 자유는 인민에 속하든 개인에 속하든 지나친 노예 상태로 전락합니다. 따라서 이런 최대의 자유에서 참주가 탄생하며, 가장 부당하고 가혹한 노예 상태가 만들어집니다.

사실상 지배받지 않는 또는 야만스러운 인민들은 대개 피해를 입고 축출된 제일시민들의 반대파 우두머리를 선출합니다. 그런 자들은 과감하고 불순하며 뻔뻔하고 매우 빈번히 국가에서 혜택을 추구하면서 자기 재산뿐 아니라 남의 재산으로 인민의 환심을 삽니다. 사적인 시민으로 남게 되더라도 두려움에 떨어야 할 이유가 충분한 그런 자에게 도리어 공권력이 주어집니다. 그는 또한 아테네의 페이시스트라토스처럼 경호 대원으로 둘러싸이게 됩니다. 마침내 그는 참주가 되어 그들에게 권력을 준 바로 그 인민들을 억압합니다. 종종 그러하듯이, 선한 자들이 참주들을 억누르면 국가는 재건됩니다. 그러나 그들이 과감해지면 붕당이 생기는데, 이것은 다른 종류의 참주들입니다. 또 제일시민들에게 나쁜 영향을 주어 그들로 하여금 정도에서 벗어나게 하면, 이와 같은 종류의 통치가 귀족들의 탁월한 통치로부터도 일어납니다. 따라서 국가권력이란 마치 공과 같아서 참주는 왕에서 비롯하고, 참주에게서는 제일시민이나 인민이 나오며, 이들에게서 붕당이나 참주가 나옵니다. 그러나 국가의 어느 한 양식도 그 자체로는 오래 지속되지 않습니다.(1권 44)

 페이시스트라토스는 아테네의 참주입니다. 무력으로 아테네의 지배자가 되었으며, 용병 호위대를 거느렸습니다. 반대파를 무력으로 억압하였고, 유력한 가문의 아들들을 인질로 잡아 낙소스 섬에 감금하는 등 폭정을 펼쳤습니다.

계층 간의 균형이 이루어진 공화정이 가장 안정적이다

스키피오 세 가지 원초적인 국가의 종류 중에서 왕정이 훨씬 뛰어난 것이기는 하나, 국가의 세 양식이 평균화되고 적절히 절제된 것이 왕정 그 자체보다 앞설 것입니다. 이 국가 체제는 우선 어떤 큰 평등을 유지하고 있는데, 그것이 없다면 사람들은 더 이상 자유롭기가 어렵습니다. 이어서 안정성도 지니고 있습니다. 그 이유는 왕에게서는 전제자가 나오고, 귀족들에게서는 붕당이, 인민에게서는 소요와 혼란이 생기는 것처럼, 원초적인 정치체제는 쉽게 정반대의 결함 속으로 향하고, 또 각 종류는 종종 새로운 것으로 바뀌는 데 비해, 연결되고 적당히 뒤섞인 이 국가 체제에서는 앞선 정치체제들의 큰 결함이 거의 발생하지 않기 때문입니다. 진실로 모든 시민이 자신의 고유한 상태에 따라 굳게 정립된 곳에서는 정체가 변화할 이유가 없으며, 쉽사리 몰락하거나 쇠퇴하지 않을 것입니다.(1권 45)

 여기에서 아리스토텔레스의 혼합정체를 말하고 있음을 짐작할 수 있을 것입니다. 혼합정체는 여러 정체의 특성들이 섞여서 서로의 장점이 서로의 단점을 보완하기 때문에 자유와 안정을 동시에 지킬 수 있습니다.

● 생각해보기

1. '아무 주인 없는 상태'의 원인을 이 글에서 찾아 써 보세요.

2. 이 글에 따르면, 국가의 어느 한 양식도 오래 유지되기 어려우며 계속 변합니다. 그 이유①, ②, ③를 써 보세요.

   왕정 →① 참주정 →② 제일시민이나 인민 →③ 붕당 또는 참주

3. 스키피오는 세 가지 형태의 조화로운 결합이 가장 이상적이라고 말합니다. 그 이유를 설명해 보고, 그렇게 조화롭게 결합된 국가형태는 어떤 것일지 설명해 보세요.

정치에 참여하는 삶은 시민의 의무입니다. 공직을 맡는 것은 부담스럽고 힘든 일이지만 인간이 사회적 존재인 이상 그 의무를 따라야 합니다. 국가가 위험에 봉착하였을 때 국가를 돕기 위해서는 평소 나랏일에 관심을 가지고 만일의 사태에 대비해야 합니다. 국가는 인민 공동의 것입니다. 그리고 인민의 소유물인 국가 전체가 지속되려면 어떤 토의 기구에 의해 통치되어야 합니다. 그 토의 기구는 최고의 권위를 가지고 있어야 하며, 그 권위는 인민으로부터 위임받은 것이어야 합니다.

가장 훌륭한 정체는 왕정, 귀족정체, 인민적 국가의 정체가 혼합된 네 번째 유형의 정체입니다. 인민들이 투표를 하여 선출한 사령관과 관리들이 인민에게 위임받은 권력으로 인민을 위해 제안된 의안으로 통치하는 유형으로, 이 나라는 적어도 한 국가에 사는 시민들의 법적 권리가 평등한 시민법이 통치하는 국가이기 때문입니다.

훌륭한 통치자를 선발하는 것이 가장 중요합니다. 자유로운 인민들이 자신들을 맡길 자를 뽑는다면, 그들은 자신들이 어떻게든 안전하기를 원하므로 '최선의 자'를 선발할 것이며, 국가의 안전은 최선의 자의 지혜에 의존할 것입니다.

모든 국가가 타락하는 이유는 그것이 추구하는 것의 지나침으로 인해서입니다. 왕정이 참주정체로 타락하고, 귀족정체가 과두정체로, 민주정체가 폭민정체로 타락하는 변형이 일어납니다. 국가권력이란 마치 공과 같아서 참주는 왕에서 비롯되고, 참주에게서 제일시민이나 인민이 나오며, 이들에게서 붕당이나 참주가 나옵니다. 국가의 어느 한 양식도 그 자체로는 오래 지속되지 못합니다. 따라서 계층 간의 균형이 이루어진 공화정이 가장 안전합니다.

5장

신과 함께하는 평화로운 국가를 생각하다

아우구스티누스 《신국론》

Aurelius Augustinus
De Civitate Dei

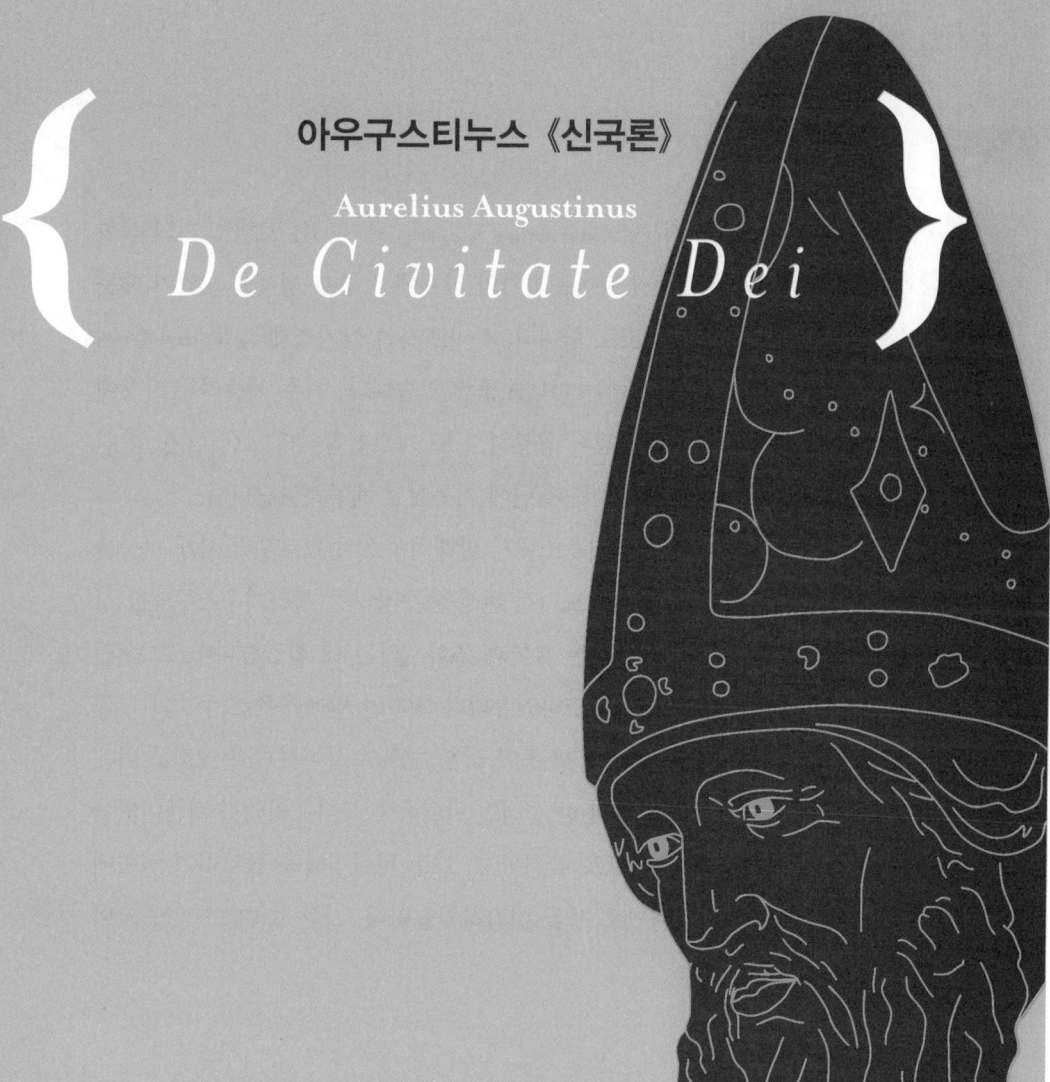

《신국론》을 읽기 전에

성 아우렐리우스 아우구스티누스Santus Aurelius Augustinus, 354~430는 로마 말기의 신학자이자 철학자입니다. 오랫동안 북아프리카의 히포에서 주교 생활을 하였기 때문에 '히포의 아우구스티누스'라고도 합니다. 북아프리카 타가스테지금의 수크아라스, 당시 로마의 속지 출생으로 젊은 시절에는 마니교를 믿었습니다. 이후 신플라톤 사상에 심취하였으며, 철학과 수사학을 깊이 공부하고 또 가르쳤습니다. 그러다가 성 암브로시우스의 설교를 듣고 감화받아 388년에 기독교로 개종하였습니다.

391년 북아프리카의 히포 레기우스에서 발레리우스 주교로부터 사제 서품을 받았습니다. 이후 마니교와 인간의 도덕적 완성을 주장하는 펠라기우스주의를 강하게 비판하며 기독교 교리를 플라톤 철학과 조화시키는 데 힘썼습니다. 그는 인간의 공로보다 하느님의 은총을 강조하였습니다. 399년 발레리우스 주교의 뒤를 이어 히포 교구의 주교가 된 그는 평생 동안 히포 교회와 북아프리카 교회를 위해 사목하였습니다. 427년 게르만족의 한 갈래인 반달족이 북아프리카를 쳐들어왔을 때, 피란민들이 전쟁을 피해 히포로 몰려왔고, 그는 피란민들을 돌보다가 열병에 걸려 430년 3월에 76세를 일기로 생을 마감하였습니다. 그는 고대 그리스-로마

전통과 기독교 신앙의 다리 역할을 하여 이질적인 두 정신적 유산을 하나로 연결하는 신학 체계를 개발하는 데 모든 노력을 다하였습니다. 특히 오늘날 모든 기독교 교단에서 공식 교리로 채택하고 있는 삼위일체론의 창시자입니다.

아우구스티누스는 당대 최고의 지식인이자 4대 교부로 불린 인물이었습니다. 기독교는 물론 플라톤이나 아리스토텔레스 같은 고대 그리스 철학과 키케로나 세네카와 같은 로마의 철학에 정통해 있었으므로 엄청나게 많은 저서들을 남겼습니다. 그중 중요한 저서로는 일종의 자서전인 《고백록》과 오늘날 기독교 공식 교리를 정리한 《삼위일체론》, 그리고 《신국론》 등이 있습니다. 그 외에도 《행복론》과 《교사론》 등도 중요한 저서로 손꼽힙니다.

로마제국의 멸망도 다 신의 섭리다

《신국론》은 매우 우울한 시기에 쓰였습니다. 아우구스티누스는 로마제국의 멸망기를 살았던 사람으로서 고대와 중세의 다리 역할을 하였습니다. 그는 1,000년을 지탱해 온 로마가 게르만족의 침입에 무너져 가는 광경을 목도하였습니다. 그것은 기독교도에게도 대단히 충격적인 사건이었습니다. 당시 기독교는 로마의 국교였고, 로마는 신성한 제국이며 하느님의 가호를 받는 나라로 여겨졌기 때문입니다. 그러므로 이교도인 게르만족의 침입은 기독교의 정당성을 뒤흔드는 중요한 사건이었습니다. 로마 내부에서는 기독교 때문에 로마가 멸망하였다는 목소리가 커지고 있었습니다.

이때 아우구스티누스는 두 가지 논변을 시도해야 하였습니다. 첫째는 로마제국의 멸망이 기독교 때문이 아님을 입증해야 하였습니다. 둘째는 전지전능한 하느님이 로마를 멸망시킨 것은, 혹은 로마의 멸망을 막지 않은 것은 로마제국도 결국 더 큰 목적을 가진 어떤 거대한 계획의 일부이기 때문임을 입증해야 하였습니다.

이 책은 크게 두 부분으로 나누어져 있습니다. 1권에서 10권까지는 기독교 신앙을 변호하고 있습니다. 여기에서 아우구스티누스는 로마가 멸망한 것은 로마 시민들의 덕성이 타락한 때문이지 기독교 신앙 때문이 아님을 여러 역사적인 사례를 들어 설명하고 있습니다. 11권에서 22권까지는 이른바 두 나라, 즉 지상에 세워진 인간의 나라와 천상에 세워진 신의 나라가 인류 역사 안에서 어떻게 서로 관계를 가지면서 진행되는가를 고찰하고 있습니다. 이때 지상의 나라는 천상의 나라를 이루기 위한 수단으로 간주됩니다. 지상의 나라는 천상의 나라를 가기 위해 거쳐 가는 곳으로, 천상의 나라가 세워지는 날 소멸됩니다. 따라서 그 어떤 지상의 나라도 영원할 수 없으며, 천상의 나라를 이루기 위한 하나의 과정에 불과합니다. 이런 논리로 아우구스티누스는 기독교가 국교였던 로마제국의 멸망을 좀 더 큰 역사적 과정, 하느님의 작업의 한 과정으로 설명하면서 정당화하고 있습니다.

이런 점에서 《신국론》은 처음으로 시도된 거대한 역사철학이라고 할 수 있습니다. 아우구스티누스는 인간 역사의 단계마다, 사건마다, 측면마다에서 신의 섭

천상의 나라 아우구스티누스의 '두 국가론'은 세속적인 왕의 권력을 인정하면서 동시에 이를 교회에 종속시키는 결과를 가져와 중세 유럽 정치의 기반이 되었다. 성직자는 비록 왕보다 지위가 낮지만 천상의 주인인 신의 대리인으로서 권위를 가졌다.

리와 역사를 발견하였습니다. 로마가 멸망한 것은 결국 로마가 담당한 역사적 소임이 다하였기 때문이고, 역사가 새로운 단계로 진행하였기 때문이며, 이러한 역사의 진행은 바로 하느님의 계획의 일부인 것입니다. 철학적 지식이 있는 독자라면 이미 눈치 챘겠지만 이러한 역사관은 훗날 헤겔에게 큰 영향을 주었습니다.

아우구스티누스는 마지막 로마인이자 최초의 중세인이라고 할 만합니다. 여러분은 이 책에서 아우구스티누스가 어떻게 로마의 전통에서 기독교 신앙으로 넘어가려 하는지, 이를 위해 키케로 등의 로마 정치사상을 기독교 입장에서 어떻게 비판하고 있는지 확인할 수 있을 것입니다. 이로써 신앙과 정치가 서로 연결되고 신앙이 정치의 근거가 되는 오랜 전통이 자리 잡게 됩니다. 우리는 이슬람 근본주의나 심지어 21세기 미국에조차 남아 있는 기독교 근본주의적 관점이 이 책을 통해 어떻게 정당화되는지 살펴볼 수 있으며, 그럼에도 불구하고 이 책과 그런 근본주의와의 결정적인 차이를 찾아볼 수 있습니다.

〈신국론〉 발췌 부분

01 로마제국이 멸망한 이유는 무엇일까? 19권 12, 16, 17, 21, 23, 24

01 | 로마제국이 멸망한 이유는 무엇일까?

| 평화를 위해 아비가 가족의 잘못을 다스리듯, 국가도 그러해야 한다 |

인간사와 인간성에 조금만 주의를 기울여도 평화를 원하는 자는 기쁨도 원함을 알 수 있다. 전쟁을 하는 사람들이 원하는 것은 승리뿐이며, 승리란 영광스러운 평화다. 승리는 자기에게 반대하는 사람들을 굴복시키는 것에 불과한데, 그들을 굴복시킬 때 평화가 찾아오기 때문이다. 따라서 타고난 호전성 때문에 지휘와 전투를 즐기는 사람들조차 전쟁을 일으키는 이유는 평화를 원하기 때문이다. 전쟁으로 얻으려는 목표가 평화라는 것은 명백하다. 누구나 싸움으로 평화를 구하지, 평화로 싸움을 구하지 않는다. 평화로운 생활을 전쟁으로 혼란스럽게 하는 자들도 평화를 원하지 않는 것이 아니라 자기 마음에 드는 평화를 원할 뿐이다. (19권 12)

진정 가족의 아버지라고 할 사람들은 가족들이 자기 친자식들과 같이 하느님을 경배하며 하늘나라의 집으로 갈 수 있기를 원하며, 그렇게 되고자 노력한다. 하늘나라의 집에서는 그들의 영원한 행복을 위해 사람이 염려할 의무가 없으니 사람이 다스릴 의무도 필요 없다. 그러나 그 집에 도착할 때까지는 주인이 섬기는 처지를 짐스럽게 여기는 노예보다 오히려 권위를 가진 자신의 지위를 더 무거운 짐으로 느껴야 한다.

    가족 구성원이 순종하지 않고 평화를 깨뜨리면 말이나 매로 또는 사회가 허용하는 공정하고 합당한 벌로 시정하여 그가 개선되고 조화에 다시 적응하게 한다. 남을 도와준다고 하면서 그가 받을 수 있는 더 큰 혜택을 희생시키는 것이 올바른 선심이 아니듯, 중대한 죄에 빠질 염려가 있을 때 그의 잘못을 그냥 용서해 주는 것은 죄가 된다. 죄를 짓지 않기 위해 우리는 남을 해치지 않을 뿐 아니라 남의 죄를 억제하거나 처벌하여 벌 받는 자가 덕을 보고 다른 사람들도 경고를 받도록 해야 한다. 가족은 사회의 출발점 또는 구성 요소이며, 모든 출발점은 종점과 관련되고, 모든 요소는 전체가 완전하게 되는 데 관련이 있으므로, 가족의 평화와 사회의 평화는 명백히 서로 연관된다.(19권 16)

│ 지상의 평화가 아니라 천상의 평화를 추구해야 한다 │

신앙이 없는 가족들은 세속적인 이익에서 평화를 구하며, 신앙 속에 사는 가족들은 약속된 영원한 축복들을 바라보며 현세적인 유용물 중 그들을 유혹하여 하느님을 떠나게 하지 않는 것들만 사용한다. 즉, 썩을 육신이 영혼을 내리누르는 그 짐을 더 쉽게 견디도록, 또 그 짐을 줄이는 데 도움이 되는 유익한 것들만 이용한다. 그래서 죽을 인생에 필요한 것은 두 가족이 모두 쓰지만, 그 쓰는 목적이 서로 다르다. 신앙으로 살지 않는 지상의 도시는 현생에 도움이 되는 것들을 얻기 위해 인간들의 의지를 결합한 것으로 지상적 평화를 구하며, 시민 생활에서의 복종과 지배의 질서 있는 조화를 목적으로 한다. 천상의 도시 또는 지상에서 신앙으로 사는 그 일부는 부득이 이 평화를 죽을 처지가 사라질 때까지 계속 이용한다. 따라서 그들은 지상의 도시에서 포로나 외국인같이 살고 있는 동안, 비록 이미 구원의 약속과 그 담보로 성령을 받았음에도 지상의 도시의 법에 주저 없이 복종한다. 그 법이 언젠가 죽을 인생을 유지하는 데 필요한 것들을 관리하기 때문이다.

    그러나 지상의 도시에 있는 어떤 철학자들은 하느님의 교훈이 죄로 규정하는 학설을 주장하였다. 그들은 자신들이 추측하거나 마귀들에게 속아서, 많은 신들을 초청해 인간사에 관심을 가지게 해야 한다고 생각하였고, 그 신들에게 각각 다른 기능과 부분을 배당하였다. 즉, 한 신에게는 신체를, 다른 신에게는 영혼을 배당하였다. 그리고 신체에서도 머리를 맡는 신, 목을 맡는 신 등 오장육부마다 맡는 신이 달랐다. 같은 식으로 영혼도 타고난 능력과 교육, 분노, 정욕 등을 신들에게 각각 하나씩 맡겼다. 인간의 일들도 가축과 곡식, 포도주, 기름, 산림, 돈, 항해, 전쟁과 승리, 혼인, 출생과 생식력 등을 신들에게 각각 하나씩 배당하였다.

그와 반대로 천상의 도시는 오직 한 분의 신만 경배해야 함을 알았고, 신에 대한 숭배, 즉 그리스 사람들이 라르테이아('섬기다', '숭배하다'라는 뜻의 고대 그리스어)라고 부른 것을 유일신에게만 드려야 한다고 믿었기 때문에 종교에 관해서는 두 도시가 공통의 법칙을 가질 수 없었다. 그래서 이 문제에서 천상의 도시는 반대 입장에 서지 않을 수 없었고, 다른 사람들이 싫어하는 생각이므로 그들의 분노와 미움과 박해를 받게 되었다. 다만 기독교의 원수들은 기독교인의 수가 많은 것에 놀랐으며, 하느님이 주시는 분명한 보호를 보고서는 진정되었다.

이 천상의 도시는 지상에 나그네로 있는 동안, 모든 국민 사이에서 시민을 포함해 모든 언어를 사용하는 순례자 사회를 형성한다. 지상의 평화를 확보하고 유지하는 데 필요한 풍속과 법률과 제도가 다른 것을 문제시하지 않으며, 이런 것이 아무리 다를지라도 모두 지상의 평화를 위한 어떤 목적에 이바지한다는 것을 인정한다. 그러므로 이런 차이점을 제거하거나 폐지하는 대신, 유일하고 진정한 하느님을 경배하는 데 방해만 되지 않으면 오히려 보존하며 채용한다. 따라서 천상의 도시도 순례를 하는 동안 지상의 평화를 이용하여 생활필수품을 얻는 문제에서 신앙과 경건을 해치지 않는다면 가능한 한 사람들과 합의하고자 하며, 지상의 평화가 천상의 평화에 이바지하게 한다.(19권 17)

지상의 나라에는 공화국이 있을 수 없다

내가 2권에서 약속한 것을 여기에서 이행해야겠다. 만약 우리가 키케로의 저서인 《국가》에서 스키피오가 내린 정의를 인정한다면, 로마 공화국은 애초에 존재하지 않았음을 간단명료하게 설명하겠다. 스키피오는 공화국을 인민의 재산이라고 간단히 정의하였다. 만일 이 정의가 옳다면 로마 사람들 사이에는 인민의 재산이 있었던 적이 없으므로 로마 공화국은 없었다. 그의 정의대로 한다면 인민은 서로의 권리를 인정하며 공통된 이해관계로 뭉친 인간들의 집단이다. 그는 서로 권리를 인정한다는 것을 설명하면서, 공공의 뜻이 없으면 공화국을 다스릴 수 없음을 밝혔다. 그러므로 진정한 공공의 합의가 없는 곳에서는 권리가 있을 수 없다. 권리로 한 일은 공정하게 한 일이며, 불공평하게 한 일은 권리로 하였다고 할 수 없다. 인간들이 조작한 불공평한 규정들은 권리에 의한 것이라고 생각하거나 말할 수 없다. 그런 인간들도 권리는 공공의 합의라는 원천에서 흘러나온다고 하며, 사리를 오인한 자들이 흔히 말하는 정의, 즉 강자에게 유용한 것을 권리로서 인정하지 않는다.

그래서 진정한 공공의 합의가 없는 곳에서는 권리를 서로 인정하여 뭉친 인간들의 집단이 있을 수 없으며, 스키피오 또는 키케로가 정의한 인민이 있을 수 없다. 인민이 없으면 인민의 재산도 있을 수 없고, 있는 것은 인민이라 부를 가치가 없는 잡동사니 군중에 불과하다. 따라서 인민이 없고 공공의 합의가 없는 곳에서는 권리가 없다고 한다면, 가장 확실한 결론은 공공의 합의가 없는 곳에는 공화국도 없다는 것이다. 그뿐 아니라 공공의 합의는 모든 사람에게 마땅히 받아야 할 것을 주는 덕성이다. 그렇다면 사람이 진정한 하느님을 버리고 불결한 귀신들에게 자기를 맡길 때 공공의 합의는 어디 있는가? 이것이 모든 이에게 마땅히 받아야 할 것을 주는 것인가? 땅을 산 사람에게 땅을 주지 않고 그 땅에 대해 아무 권리도 없는 다른 사람에게 주는 사람은 불공정하고, 자기를 지으신 하느님에게 자기를 드리지 않고 악령들을 섬기는 사람은 공정하단 말인가?

같은 책에서는 불공정을 반대하고 공공의 합의를 강력하고 예리하게 주장한다. 먼저 공공의 합의에 반대하는 불공정의 입장을 듣는다. 그것은 불공정한 일을 하지 않고는 공화국이 성장하거나 존속하지 못한다는 주장이었다. 어떤 사람들은 다스리고 어떤 사람들은 섬긴다는 것이 불공평하다는 것은 절대 부인할 수 없는 논거라고 규정하였기 때문이다. 그러나 공화국이 속한 제국 수도는 이 불공정한 일을 하지 않고서는 해외 영토를 다스릴 수 없다. 공공의 합의의 입장을 옹호하는 대답은 해외 영토는 로마를 섬기는 것이 유익하므로 그들을 다스리는 것은 공정하며, 바르게 다스리기만 한다면, 즉 불법한 사람들이 남을 해치지 못하도록 막기만 하면 공정하다는 것이었다. 그뿐 아니라 불법한 사람들을 자유롭게 버려두면 사태가 점점 악화될 것이므로, 그들은 굴복시켜야만 개선된다는 것이었다. 이 논법을 뒷받침하기 위해 자연계에서 현저한 예를 인용하였다. "하느님이 사람을 다스리며, 영혼이 신체를 다스리며, 이성이 정욕과 영혼의 악한 다른 부분들을 다스리는 것은 무슨 까닭인가?" 이 예를 보면, 섬기는 것이 어떤 것들에게는 유익하다는 것을 의심할 수 없으며, 참으로 하느님을 섬기는 것은 모든 것에 유익하다.

영혼이 하느님을 섬길 때에 신체를 바르게 통제할 수 있으며, 영혼의 내부에서 이성이 정욕과 그 밖의 악습들을 바르게 지배하려면 스스로 하느님께 순종해야 한다. 사람이 하느님을 섬기지 않는다면, 우리는 그에게 어떤 공공의 합의를 기대할 수 있겠는가? 이런 경우 그의 영혼은 신체를 올바로 통제할 수 없으며, 그의 이성도 그의 죄악들을 바르게 통제할 수 없기 때문이다. 개인에게 공공의 합의가 없으면 확실히 이런 개인들로 구성된 공동체에도 공공의 합의가 있을 수 없다. 따라서 이런 곳에서는 사람들을 뭉쳐서 인민으로 만들고, 그들이 하는 일을 공화국이라고 부르게 한 권리의 상호 승인도 없다. 그리고 이익에 대한 공동 추구가 인민을 만든다는 저 정의에 대해 내가 뭐라 말할 필요가 있는가? 문제를 자세히 들여다보기만 하면, 경건하지 못한 생활을 하는 사람에게 아무 유익이 없음을 알게 될 것이다. 즉, 하느님을 섬기지 않고 가장 불결한 영혼이면서 사람들의 숭배를 받고자 할 정도로 악한 귀신들을 섬기는 사람에게는 유익한 일이 있을 수 없다. 그러나 내가 권리의 상호 인정에 대해 한 말로 공공의 합의가 없는 곳에서는 위에서 언급한 정의에 있는 것과 같은 인민이나 공화국이 있을 수 없음을 충분히 증명할 수 있을 것이다.

만일 로마인들의 공화국에서는 불결한 신들을 섬긴 것이 아니라 선하고 거룩한 신들을 섬겼다고 주장하는 사람들이 있다면, 우리가 이런 말에 다시 대답해야 하는가? 우리가 이미 한 말은 충분하고도 남을 정도다. 내가 쓴 이 글을 여기까지 읽고도 로마인들이 악하고 불결한 신들을 섬겼다는 것을 의심하는 사람은 특별히 어리석거나 몰염치한 논쟁가일 것이다. 신들의 성격을 말하는 것이 아니다. 진정한 하느님의 법에 있는 말씀은 "주 외에 다른 신에게 희생을 드리는 자는 멸할지니라."이다. 그러므로 이렇게 무서운 계명을 내리신 분이 다른 신들은 선악과 무관하게 일체 경배하지 말라고 명하신다.(19권 21)

이 말씀을 듣고 두려워하며 실천하라. "하느님 외에 다른 신에게 희생을 드리는 자는 멸할 것이다." 하느님이 희생을 필요로 해서가 아니라, 우리가 하느님의 소유가 되는 것이 마땅하기 때문이다.

그렇다면 하느님 도시의 백성인 우리 자신이야말로 그를 위한 가장 고귀하고 가치 있는 희생이라는 것을 믿는 자들은 잘 알고 있을 것이다. 하느님은, 유대인들이 드린 희생은 장차 올 것의 그림자에 불과하여 곧 소멸할 것이며, 장차 전 세계 모든 민족이 같은 희생을 드리게 되리라는 것을 예언자들의 입을 빌려 선언하셨다. 우리는 지금 이런 말씀들이 실현된 것을 보며, 나는 이 책의 목적에 적합한 것들을 채용하였다. 그러므로 최고의 유일신이 명령하고 시민들이 하느님의 은총의 도움으로 복종하며 하느님 외에 어느 신에게도 희생을 드리지 않는 그런 공공의 합의가 없는 곳에는, 모든 시민이 질서 정연하게 영혼이 신체를 지배하고 이성이 악습을 지배하는 곳이 아니면, 그래서 개인으로서나 의인들의 공동체로서나 사랑으로 역사하는 믿음으로 살고 하느님을 올바로 사랑하며 이웃을 자기 몸같이 사랑하지 않는 곳에는 권리를 서로 인정하며 공통된 이익 추구를 위해 뭉친 집단이 없다. 따라서 우리의 정의가 바르다고 한다면 이런 집단이 없으면 인민 또는 시민도 없고 공화국도 없다. 인민이 없는 곳에 공화국이 있을 수 없기 때문이다.(19권 23)

여기에서 이렇게 격렬하게 키케로가 주장한 공화국을 부정하는 것은 키케로가 로마 공화정을 현실에서 구현할 수 있는 가장 훌륭한 정체로 보았기 때문입니다. 아우구스티누스의 은총의 논리상, 하느님의 은총을 받은 적이 없는 로마인들은 온전한 이성을 갖출 수 없었을 것이고, 공공의 합의를 이룰 만한 능력이 없었을 것입니다. 만약 키케로가 주장한 로마 공화정체가 이상적이고 훌륭한 것이었다면, 오히려 기독교는 그것을 타락시킨 오명을 쓸 수도 있습니다. 그래서 그는 이렇게 키케로의 공화국을 강력하게 비판하는 것입니다. 키케로가 말한 그런 인민의 공동의 것으로서 공화국은 애초에 존재한 적이 없었다는 것입니다.

인민에 대한 이 정의를 배제하고, 그 대신 사랑할 대상에 대해 서로 합의함으로써 뭉친 이성적 존재들이라고 한다면, 어떤 인민의 성격을 알기 위해 그 사랑하는 대상을 관찰하기만 하면 될 것이다. 그러나 무엇을 사랑하든 간에, 동물이 아니라 이성적 존재들의 집단이기만 하면, 그리고 사랑할 대상에 대한 합의로 뭉쳤다면 그것을 인민으로 보는 것이 정당할 것이다. 그리고 그것을 뭉치게 한 이해관계가 고급이면 인민도 그만큼 고급일 것이며, 저급인 이해로 뭉쳤으면 인민도 그만큼 저급일 것이다. 우리의 이 정의에 비춰볼 때 로마인들은 한 인민이었고, 그들의 국가는 확실히 한 공화국이었다. 그러나 그 초기와 그 후의 취미가 어떠하였으며, 그 후의 사회적 분쟁과 내란 때문에 타락해서 인민의 건강, 즉 조화의 유대를 끊어 버리고 부패시킨 것은 역사가 알려 주는 바와 같고, 나도 앞에서 많이 논술하였다.

내가 이 인민과 이 공화국에 대해 말하며 생각하는 것은 아테네나 다른 그리스인들의 나라, 이집트, 기타 공화국 정부를 가졌던 모든 크고 작은 나라들에 대해서도 마찬가지다. 일반적으로 하느님을 믿지 않고 하느님 외에 다른 신에게 희생을 드리지 말라는 하느님의 명령에 순종하지 않는 사람들의 사회에서는, 영혼이 신체에 대해 고유의 지배권을 가지지 못하며, 이성이 악습들에 대해 고유의 권위를 행사하지 못하므로 진정한 공공의 합의가 없다.(19권 24)

● **생각해보기**

1. 키케로의 《국가론》에서 스키피오가 주장하는 로마의 공화국과 아우구스티누스의 공화국은 어떻게 다릅니까?

2. 아우구스티누스는 왜 로마에는 공화국이 존재하지 않았다고 주장하고 있나요?

평화를 위해 아버지가 가족의 잘못을 다스리듯, 국가도 그러해야 합니다.

믿음으로 사는 가정의 가장이 구성원들의 순종하에 가정의 평화를 위해 잘못의 시정을 요구하는 것과 같이, 국가는 구성원들이 죄를 짓지 않고 좀 더 나은 평화를 얻도록 죄를 억제하거나 처벌하여 다른 사람들도 경고를 받도록 해야 합니다.

진정으로 추구해야 할 평화는 지상의 평화가 아니라 천상의 평화입니다.

지상의 평화를 추구하는 사람들은 시민 생활에서의 복종과 지배의 질서 있는 조화를 목적으로 합니다. 그러나 천상의 평화를 목적으로 하는 사람들은 지상의 도시에서 각기 다른 풍속과 법률과 제도는 문제삼지 않으며, 이런 것이 아무리 다를지라도 지상의 평화를 위해 이바지하므로 제거하거나 폐지하는 대신 보존하며 채용합니다. 진정으로 추구해야 할 것은 천상의 평화이기 때문입니다.

하느님을 영접하지 않고서는 자유로운 인민은 존재할 수 없으니, 지상의 나라에서는 공화국이 있을 수 없습니다.

키케로가 정의한 바대로라면 진정한 공공의 합의가 없는 곳에는 권리가 없고, 공공의 합의가 없는 곳에는 공화국도 없습니다. 로마는 진정한 하느님에 대한 신앙이 없었으므로 진정한 권리나 공공의 합의가 있었던 적이 없습니다. 따라서 로마에는 공화국이 없었습니다. 인민의 정의는 하느님을 올바로 사랑하며 공통된 이익 추구를 위해 합의한 사람들이기 때문입니다.

아우구스티누스가 생각한 정치

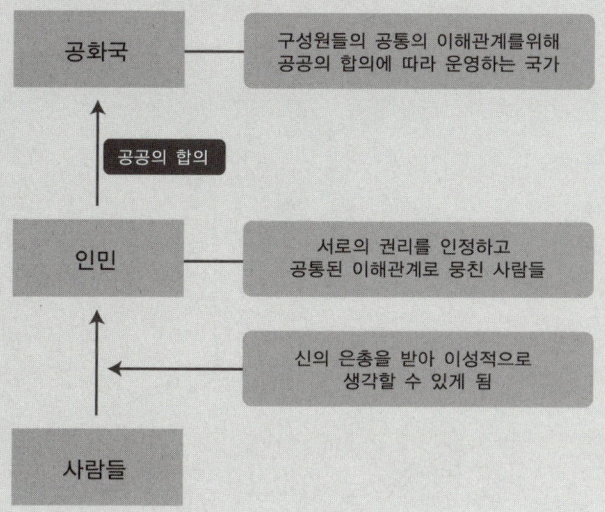

- 공화국 — 구성원들의 공통의 이해관계를 위해 공공의 합의에 따라 운영하는 국가
- ↑ 공공의 합의
- 인민 — 서로의 권리를 인정하고 공통된 이해관계로 뭉친 사람들
- ↑ ← 신의 은총을 받아 이성적으로 생각할 수 있게 됨
- 사람들

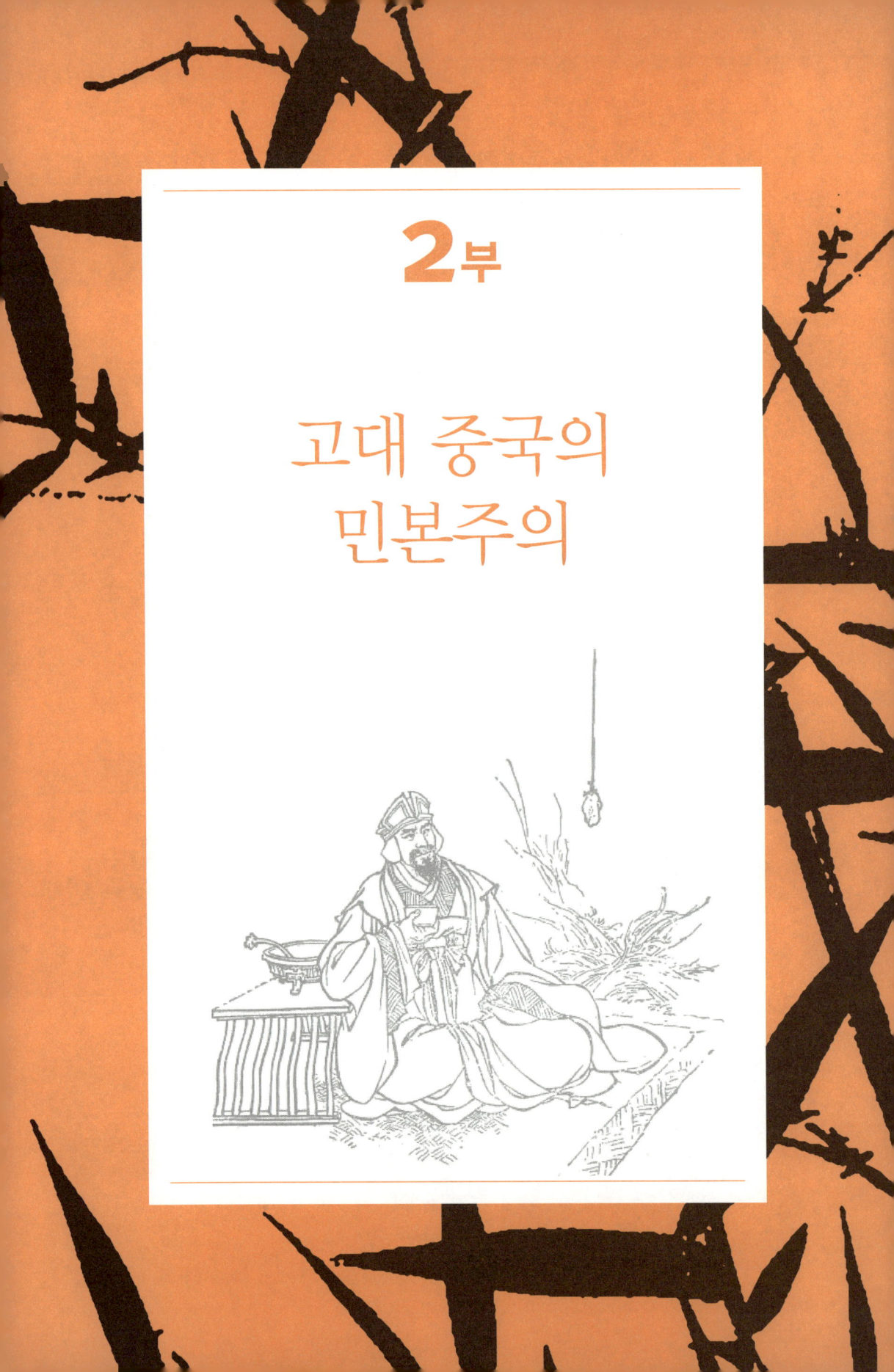

2부

고대 중국의 민본주의

고대 동양의 사상은 유교 외에도 불교, 도교, 법가, 묵가 등 매우 다양하게 존재합니다. 하지만 정치사상으로서 오늘날까지도 꾸준하게 영향을 끼치고 있는 것으로는 유교가 유일합니다. 중국의 춘추전국시대 제자백가와 함께 등장한 유교는 정작 그 시대에는 병가나 법가, 묵가 등에 밀려 중요한 자리를 차지하지 못하였습니다. 그러나 한나라 이후 유교는 거의 모든 중국의 왕조와 우리나라 왕조의 공식적인 통치 이념으로 자리 잡게 되었습니다. 따라서 그 영향력이 긍정적이든 부정적이든 정치와 관련하여 우리의 생각을 이해하기 위해서는 1,000년이 넘도록 지배적인 정치사상의 자리를 지켜 온 유교에 대한 이해가 필수적입니다. 이는 서양 사상을 이해하려면 플라톤과 아리스토텔레스의 사상을 알아야 하는 것과 비슷합니다.

유교 사상을 이해하려면 먼저 공자, 맹자가 살았던 시대를 알아야 합니다. 공자는 춘추시대, 맹자는 전국시대에 살았습니다. 이 시기는 주나라의 봉건제도가 붕괴되면서 제후들이 독립하여 사실상 중국이 여러 나라로 쪼개져 서로 다투던 시기를 말합니다.

먼저, 춘추시대에는 천자의 권위가 실추되어 제후들이 저마다 독립하고, 더 나아가서는 대부들이 제후 행세까지 했습니다. 공자는 이런 지배계급 내의 무질서를 크게 우려하였고, 이 모든 무질서의 원인이 '예'의 상실에서 비롯되었다고 보았습니다. 따라서 공자는 고대의 예악을 되살려서, 즉 천하의 지배계급이 서로 한 가족임을 일깨워서 이 무너진 질서를 바로잡으려 하였습니다.

공자가 살았던 춘추시대가 제후들이 사실상 독립한 시대라면, 맹자가 살았던 전국시대는 주나라가 완전히 해체된 시대입니다. 전국시대에 이르러 제후들은 아예 스스로를 왕이라 불렀습니다. 더 나아가 각 제후국의 대부들이 군주를 몰아내고 나라를 차지하는 일도 빈번하게 일어났습니다. 그러다 마침내 주나라는 전국7웅이라 불린 일곱 나라로 완전히 갈라지고 말았습니다. 이제 각 제후국의 군주들 간에는 형식적인 친족 관계도 소멸되었습니다. 남은 것은 치열한 쟁패, 즉 전쟁뿐이었습니다. 이렇게 전쟁이 계속되면 군주들은 자국의 군사력을 강화하기 위해 백성들을 더 많이 동원하고, 전쟁 자금을 비축하기 위해 백성들을 더욱 착취하게 됩니다. 그 결과 백성들의 원망이 높아지면 지배계급의 정당성마저 흔들리게 됩니다. 맹자는 이런 약육강식의 시대가 백성들을 도탄에 빠뜨리고 결국 지배계급의 지배 체제를 위협한다고 생각하였습니다. 그래서 여러 군주에게 무력이 아니라 덕으로 다스리는 왕도정치를 설파하였고, 천명사상을 통해 백성들의 삶이 도탄에 빠지는 것에 대해 무감각한 당시 군주들을 일깨우려 하였습니다.

여기에서는 고대 유교 사상의 가장 대표적인 저작 《논어》와 《맹자》를 함께 읽어 봅니다.

장

문화와 교양으로 다스리는 나라를 꿈꾸다

공자 《논어》

孔子
論語

《논어》를 읽기 전에

서양의 정신세계에 가장 많은 영향을 끼친 철학자가 플라톤이라면, 동아시아의 정신세계에 가장 많은 영향을 끼친 철학자는 단연 공자孔子, 기원전 551~기원전 479라고 할 수 있습니다. 또한 서양에서는 플라톤 사상과 기독교가 정신적 뿌리가 되었다면, 동아시아에서는 공자의 사상과 불교가 정신적 뿌리가 되었다고 볼 수 있습니다. 그런데 서양의 기독교가 정치에도 많은 영향을 끼친 것과 달리, 동아시아에서 불교는 정치에 큰 영향을 끼치지 않았습니다. 정치와 관련해서는 오히려 공자와 그 후예들의 사상인 유교가 압도적인 영향을 끼쳤습니다. 심지어 동아시아의 경제 기적을 가리켜 유교자본주의라는 말이 나올 정도로 유교의 영향력은 음으로나 양으로 여전히 우리의 정신세계에 자리 잡고 있습니다.

  이러한 유교의 창시자라 할 공자는 기원전 551년에 주나라의 한 제후국이었던 노나라의 추읍지금의 중국 산둥성 취푸에서 태어났습니다. 본명은 구丘이며, 자는 중니仲尼입니다. 그의 아버지 숙량흘이나 어머니 안징재 모두 출신이 그리 뛰어난 편은 아니었기 때문에, 공자는 어린 시절을 어렵게 보냈습니다. 그는 스승을 두고 체계적인 교육을 받지도 못하였습니다. 그럼에도 불구하고 그는 스스로 많은 공부를 하여 점차 두각을 드러내서는, 마침내 노나라에서 오늘날의 법무장관에 해당하는 대사구의 벼슬까지 올랐고, 노나라 군주의 두터운 신임을 받았습니다.

공자는 당시 쇠약하고 어지러운 노나라를 바로잡기 위해 많은 개혁을 시도합니다. 그런데 그의 이 개혁이 당시 노나라의 권력을 쥐고 사리사욕을 챙기고 있던 세도 가문들의 이익을 거슬렀습니다. 결국 공자는 그들의 견제를 받아 노나라를 떠나게 되고, 이후 13년간 중국 각지를 떠돌아다니게 됩니다. 그는 인仁과 예禮에 입각한 자신의 정치사상을 받아들이는 군주가 있기를 희망하였지만 끝내 뜻을 이루지 못하였습니다. 만년에 노나라로 돌아와 이후 기원전 479년에 세상을 떠날 때까지 그는 학문의 연구와 교육에 전념하였습니다.

공자는 당시 주나라의 문화유산이 흩어지고 잊히는 것을 안타까이 여겨 이것들을 수집하여 집대성하는 일에 온 힘을 다하였습니다. 특히 중국 각지를 유랑하면서 수집한 시 300편을 엮어서 만든 《시경》은 자칫 잊힐 뻔한 중국의 구전문학을 집대성하여 기록으로 남겼다는 점에서 대단히 위대한 업적으로 손꼽힙니다. 또한 기원전 722년부터 기원전 480년까지의 노나라 역사를 기록한 《춘추》는 오늘날 그 시대를 '춘추시대'라고 부르는 기원이 되었습니다. 그 외에도 은나라와 주나라의 예법을 기록한 《예기》, 고대 제왕들의 언행을 기록한 《서경》 등이 오늘날 남아 있습니다. 다만 그가 중국 각지에서 수집한 음악을 정리하여 편찬한 《악기》는 안타깝게도 오늘날 전해지지 않습니다. 이렇게 공자는 중국 고대 문화를 보존하고 집대성하는 데 기여하고, 이를 바탕으로 자신의 사상을 펼쳐 나간 대학자였습니다.

춘추시대, 마땅한 도리가 사라지다

《논어》는 공자가 직접 지은 책이 아니라 훗날 공자의 제자들이 그가 남긴 말, 혹은 그의 제자가 남긴 말들을 편집한 것입니다. 공자는 자신의 학설을 체계적으로 정리하거나 기술하지 않았고, 다만 고대의 예법이나 음악 혹은 옛 임금들의 문헌을 읽고 해석하는 과정에서 자신의 사상을 녹여 표현하였습니다. 따라서 공자의 제자들과 후예들은 그의 사상이 비교적 체계적으로 드러날 수 있는 그런 책이 필요하였고, 그래서 탄생한 책이 바로 《논어》입니다. 그러나 대부분의 내용이 공자의 어록으로 이루어져 있기 때문에 사실상 공자의 저작이라고 보아도 무방할 것입니다.

공자가 활동한 시기는 역사적으로 흔히 춘추시대기원전 770~기원전 403라고 불립니다. 이 시대는 주나라 왕실의 권위가 실추되고 각 지역의 제후들이 사실상 독립하여 중국이 수십 개의 나라로 갈라져 있던 시대였습니다. 제후들은 저마다 힘을 길러 다른 제후국들을 제압하거나 병합하려 하였으므로 전쟁이 끊이지 않았고, 주 왕실을 정점으로 구성된 모든 사회적 질서가 무너졌으므로 하극상이 빈번하게 일어났던 시대이기도 합니다.

공자는 이러한 어지러운 시대가 발생한 원인을 통치자와 대부라 불리는 관리들이 인의 마음을 잃어버리고 예를 따르지 않으며 마땅히 행해야 할 도리를 지키지 않은 데서 찾았습니다. 그래서 위로는 군주로부터 아래로는 백성에 이르기까지 마땅히 행해야 할 도리를 따르게 하는 것을 자신의 소명으로 삼았으며 이를 정명正名이라 불렀습니다. 이렇게 모두가 마땅히 행해야 할 도리를 따르게 하려면 먼저 그럴 수 있는 선한 마음이 일어나야 하며, 이를 위해 망실되어 가던 시·서·예·악을 다시 일으켜 널리 가르치고자 하였던 것입니다.

이러한 공자의 사상은 때로는 이미 지나간 주나라의 사회질서를 이상화하여

와신상담 춘추시대는 워낙 전쟁이 잦아서 전쟁과 관련된 많은 고사성어가 만들어졌다. 그중 가장 치열하게 싸운 오나라와 월나라를 두고 '와신상담'이나 '오월동주' 같은 고사성어가 만들어졌다. 이 그림은 오왕 부차에게 패한 월왕 구천이 쓴 쓸개를 맛보며 복수를 다짐하는 장면이다.

지나치게 보수적이라는 비판을 받기도 하지만, 반대로 민백성을 통치의 대상이 아니라 근본이자 목적으로 둠으로써 민본주의 정치를 주창하였다는 점에서 진취적이라는 상반된 평가를 받기도 합니다. 그의 사상에 대한 평가가 상반된다 하더라도 모두가 동의할 수밖에 없는 사실은, 그의 사상이 이후 2,000년간 동아시아의 거의 모든 정치사상의 뿌리가 된다는 점입니다.

이 책은 공자의 직접적인 저술이 아닐 뿐 아니라 그의 제자들이 체계적으로 편집한 저술도 아닙니다. 공자와 제자들이 토론한 내용이 여러 시대에 걸쳐 여러 사람의 손을 거쳐 가며 오늘날과 같은 모습으로 남게 된 것입니다. 그러므로 다른 철학 저서들처럼 체계적이고 일관된 내용을 담고 있지 않으며, 오히려 산만하기까지 합니다. 공자는 논변을 통해 사상을 펼친 이론가라기보다 실천을 통해 사상을 드러낸 실천가였습니다. 그래서 직접 공자의 삶과 행실을 겪지 않고 그의 말만으로 그의 사상을 체계적으로 보여 준다는 것 자체가 불가능하였을 것입니다. 그럼에도 이 책에서는 일관되게 다루는 몇 가지 주제가 있습니다. 어진 사람인한 사람의 삶과 행실에서의 특징에 대한 묘사, 덕과 교양을 갖춘 군자가 나라를 다스리는 위치에 있어야 한다는 주장, 그러한 군자가 갖추어야 할 덕과 교양, 공자가 군자의 예로 드는 우왕·탕왕·문왕·무왕·주공 같은 역사적인 위인들에 대한 예시, 그리고 무엇보다도 군자의 생생한 실례라 할 수 있는 공자 자신과 그의 수제자들의 언행과 관련한 기록들입니다.

공자의 사상은 동양은 물론 서양에도 많은 영향을 주었습니다. 우선 동양에서는 두 갈래로 큰 영향을 주었는데, 그중 한 흐름은 예와 교육을 중요시한 순자의 사상을 경유하여 한비자의 법가 사상으로 이어집니다. 또 다른 흐름은 인의와 교화를 중요시한 맹자의 사상을 경유하여 오늘날 우리가 유교라고 부르는 사상을 형성합니다. 서양에서는 그의 사상을 문화와 교양, 이성에 의한 통치로 이해하였으며, 이는 근대 계몽사상에도 큰 영향을 주었습니다. 따라서 이러한 점을 염두에 두고 공자의 사상을 단지 먼 옛날의 낡은 생각으로 치부하지 말고, 오늘날 우리의 삶과 생각에 어떤 영향을 주었는지 비교해 볼 필요가 있습니다. 반면 그의 사상은 오랫동안 동양 사회에서 유지된 공고한 신분질서를 정당화하였다는 비판도 받고 있습니다. 이 점도 유의해야 할 것입니다.

▩ 《논어》 발췌 부분

01 올바른 정치란 무엇인가?

〈학이〉 편 5
〈위정〉 편 1, 3, 19, 20
〈팔일〉 편 1, 2, 8, 19
〈공야장〉 편 11, 25
〈옹야〉 편 28
〈태백〉 편 2, 9, 21
〈선진〉 편 25
〈안연〉 편 7, 11, 14, 15, 17~19, 22
〈자로〉 편 3, 4, 9, 13
〈위령공〉 편 4, 23
〈계씨〉 편 1

02 올바른 정치의 주역, 군자란 누구인가?

〈학이〉 편 8, 14, 15
〈위정〉 편 2, 10~12, 14, 21
〈팔일〉 편 7, 22, 23, 26
〈이인〉 편 5, 10, 13, 15, 16, 25
〈공야장〉 편 15, 18
〈태백〉 편 8, 13
〈자로〉 편 17, 19, 23~25
〈헌문〉 편 18, 45
〈위령공〉 편 21, 22
〈술이〉 편 13, 21, 24, 28
〈향당〉 편 1, 4, 16, 17
〈계씨〉 편 13
〈양화〉 편 9

일러두기
이 장은 김형찬 선생님이 번역한 《논어》에서 발췌한 것입니다. 대부분 원문 그대로 옮겼으나 청소년이 읽기에 다소 어려운 부분은 풀어쓰기도 하였습니다.

01 | 올바른 정치란 무엇인가?

《논어》는 원래 체계 없이 나열된 경구의 모음이지만, 여기에서는 이 경구들을 두 개의 주제별로 엮어 보았습니다. 첫째는 공자가 생각하는 올바른 정치의 모습을 묘사한 경구들을 모아 보았습니다. 공자는 정치란 이러저러해야 한다고 명시적으로 정의하지 않습니다. 다만 고금을 통해 제대로 된 정치가 이루어진 나라의 모습은 이러저러하다 하며 예시를 합니다. 따라서 여러분은 이 예시들을 보고 어떤 상을 그릴 수 있어야 합니다.

그런데 공자는 올바른 정치는 올바른 정치가, 즉 군자가 담당해야만 가능하다고 합니다. 그래서 둘째는 그런 정치를 담당할 군자는 어떤 종류의 사람이며, 군자가 되기 위해서는 어떤 수양과 교육이 필요한가 하는 내용을 엮어 보았습니다. 여기에서도 마찬가지로 공자는 군자를 정의하기보다는 묘사합니다. 여러분은 군자의 상을 한번 그려 보고 스스로 군자가 되려고 노력해 보시기 바랍니다.

백성을 덕으로 다스려야 한다

나라를 다스릴 때는 일을 신중하게 처리하고 백성들의 신뢰를 얻어야 하며, 씀씀이를 절약하고 사람들을 사랑해야 하며, 백성들을 동원할 경우에는 생업에 지장을 주지 않는 시기를 가려 가며 해야 한다. 《학이》 편 5)

이 문장은 매우 간략하지만 공자의 정치사상의 핵심을 담고 있습니다. 그의 사상은 통치자 멋대로 백성을 부리는 강압적인 정치에는 명확히 반대하지만 그렇다고 백성들을 마냥 자유롭게 두는 그런 방임주의에도 반대하고 있습니다. 이 점에서 공자는 철저히 봉건적 질서에 기반을 두고 있다고 할 수 있습니다. 상하는 분명하고 지배계급은 백성을 통치하고 부리지만 백성들의 사정을 고려해 가면서 그들의 마음을 상하지 않게 배려해야 한다는 것입니다.

덕으로 정치를 하는 것은 비유하면 북극성은 제자리에 있고 모든 별이 그를 받들며 따르는 것과 같다. 《위정》 편 1)

백성들을 정치로 인도하고 형벌로써 다스리면, 백성들은 형벌을 면하고도 부끄러움이 없다. 그러나 덕으로 인도하고 예로써 다스리면, 백성들은 부끄러워할 줄 알고 잘못도 바로잡게 된다. 《위정》 편 3)

이 부분은 공자의 정치사상을 인용할 때 가장 중요하고 빈번하게 다루어지고 있습니다. 여기에서 확인할 수 있는 것은 공자 역시 플라톤이나 아리스토텔레스와 마찬가지로 정치의 목적을 공동체 구성원들이 '선한 삶'을 이루는 것에 두고 있다는 것입니다. 그런데 제도적이고 정책적인 수단을 이용해 다스리면 백성들은 스스로 선한 동기에 의해 행하는 것이 아니라 법규에 이끌려 행할 뿐이기 때문에, 그것을 어기더라도 벌을 두려워할 뿐 자신의 행위에 대해 도덕적인 선악 판단을 하지 않을 것입니다. 그러나 통치자가 덕과 예로 다스리면 백성들은 도덕적 판단에 의해 행위를 할 것이기 때문에 잘못된 행동을 하였을 때는 스스로 양심의 가책을 받을 것입니다.

애공이 물었다. "어떻게 하면 백성들이 따르겠습니까?"
공자께서 말씀하셨다. "정직한 사람을 등용하여 그릇된 사람의 위에 놓으면 백성들이 따르고, 그릇된 사람을 등용하여 정직한 사람의 위에 놓으면 백성들이 따르지 않습니다."(《위정》 편 19)

계강자가 물었다. "백성들이 윗사람을 공경하고 진심으로 따르며 열심히 일하도록 하려면 어떻게 해야 합니까?"
공자께서 말씀하셨다. "위엄 있는 태도로 대하면 백성들이 공경하게 되고, 부모에게 효도하고 아랫사람을 사랑하면 진심으로 따르게 되며, 능력 있는 사람을 등용하여 부족한 사람을 가르치도록 하면 백성들이 열심히 일하게 됩니다."(《위정》 편 20)

앞에 제시된 경구들의 공통점은 모두 통치자가 자기 스스로 덕스러운 인간이 됨으로써 백성들이 덕스럽게 만들어지며, 백성들이 덕스럽게 되었기 때문에 나라가 질서를 유지하고 다스려질 것이라는 주장을 펴고 있습니다. 이렇게 덕스러운 행실을 통해 백성을 감화시켜 다스릴 수 있는 인물을 군자라 부르며, 그런 군자는 어떤 특수한 군사나 행정 기능을 담당하는 정치가가 아닌 것입니다. 그래서 공자는 군자는 용도가 정해진, 즉 국가에서 어떤 분업화된 일을 담당하는 관리와 구별된다고 보았던 것이며, 효도와 우애를 굳건히 하는 삶이 사적인 삶이 아니라 바로 정치라고 보았던 것입니다.

여기 나오는 계강자는 노나라의 실권자인 계손씨의 가장입니다. 계손씨는 원래 노나라의 대부에 불과하였지만 노나라의 군주보다 더 강한 권력을 가지고 사실상 왕처럼 행세하였습니다. 공자는 노나라의 대사구[법무장관]로 있으면서 군주와 함께 계손씨와 맞섰지만 당시 계손씨의 가장인 계환자에게 패하고 오랜 망명을 떠나야 하였습니다. 그러나 그의 아들인 계강자는 공자의 제자인 자로와 염유를 등용하고 공자를 불러들여 나라의 자문 역할을 맡도록 하였습니다.

공자께서 계씨에 대해 말씀하셨다. "뜰에서 천자인 양 여덟 줄로 춤추게 하다니, 이것을 참고 봐줄 수 있다면 그 무엇을 참고 봐주지 못하겠는가?"⟨⟨팔일⟩ 편 1⟩

노나라의 세도가인 세 대부의 집안에서 제사를 지낸 후 《시경》의 〈옹〉을 노래하게 하면서 제기를 거두자, 공자께서 말씀하셨다. "'제사를 돕는 것은 제후들이요, 천자께서는 장엄하시도다.'라는 가사의 노래를 어찌 세 대부들 집안 사당에서 쓴단 말인가?"⟨⟨팔일⟩ 편 2⟩

앞의 두 대목은 모두 노나라의 정사에 참가하던 시절의 공자가 당시 문란한 노나라 조정을 비판한 내용입니다. 당시 노나라는 계손씨, 숙손씨, 맹손씨라는 세 대부 가문이 노나라의 군주보다 더 강한 권력을 휘두르고 있었습니다. 이들은 그걸로도 모자라 일개 제후국의 대부 신분으로 천자의 예법이나 음악까지 거리낌 없이 사용하였는데, 공자는 이것을 하·은·주 시대부터 내려오던 전통과 질서가 무너진 것으로 보았습니다.

자하가 여쭈었다. "'고운 웃음에 보조개가 아름답고, 아름다운 눈에 눈동자가 또렷하니, 흰 바탕에 무늬를 더하였네.'는 무엇을 말하는 것입니까?"
공자께서 말씀하셨다. "그림 그리는 일은 흰 바탕이 있은 다음이라는 것이다."
자하가 말하였다. "예는 나중 일이라는 말씀이십니까?"
공자께서 말씀하셨다. "나를 깨우쳐 주는 자는 상이로구나. 비로소 자네와 함께 시를 말할 수 있게 되었구나."⟨⟨팔일⟩ 편 8⟩

정공이 물었다. "임금이 신하를 부리고 신하가 임금을 섬기는 일을 어떻게 해야 합니까?"
공자께서 말씀하셨다. "임금은 예로써 신하를 부리고, 신하는 충으로써 임금을 섬겨야 합니다."⟨⟨팔일⟩ 편 19⟩

자공이 말하였다. "저는 남이 저에게 하기를 바라지 않는 일을, 저 또한 남에게 하지 않으려고 합니다."

공자께서 말씀하셨다. "사야, 그것은 네가 해낼 수 있는 일이 아니다."《〈공야장〉 편 11》

안연과 계로자로가 공자를 모시고 있었는데, 공자께서 말씀하셨다. "각자 자신의 생각을 말해 보지 않겠느냐?"

자로가 말하였다. "수레와 말과 좋은 털가죽 옷을 벗들과 함께 나눠 쓰다가 그것들이 못 쓰게 되더라도 유감스럽게 생각하는 일이 없도록 하겠습니다."

안연이 말하였다. "잘하는 것을 자랑하지 않고 공로를 과시하지 않도록 하고자 합니다."

자로가 여쭈었다. "선생님의 뜻을 듣고 싶습니다."

공자께서 말씀하셨다. "노인들은 편안하게 해 주고, 벗들은 신의를 갖도록 해 주고, 젊은이들은 감싸 보살펴 주고자 한다."《〈공야장〉 편 25》

여기에서 우리는 공자가 생각하는 인한 정치가 무엇인지 도출해 낼 수 있습니다. 자로는 모든 사람이 공동체주의에 입각하여 사사로운 욕심을 부리지 않도록 하겠다고 합니다. 반면 안연은 모든 사람이 서로 사양하고 겸손한 언행을 하도록 하겠다고 합니다. 이들의 포부는 모두 현실적으로 불가능한 것들입니다. 반면 공자는 아주 소박한 목표를 내세웁니다. 이는 곧 노인은 노인 입장에서 필요한 것을, 벗은 벗 입장에서 필요한 것을, 그리고 젊은이는 젊은이 입장에서 필요한 것을 얻을 수 있는 세상을 만들겠다는 것입니다. 그리고 편안함, 신의, 보살핌은 바로 각각의 처지에 따라 바라게 마련인 것들을 제시한 것입니다. 이렇게 상대가 바라고 필요한 것이 무엇인지를 그들의 입장에서 헤아려 행하는 정치가 바로 서恕의 마음에서 비롯된 정치이며, 이런 정치를 진심을 다해 꾸준히 행할 때 우리는 그것을 어진 정치라고 부를 수 있는 것입니다.

덕은 인에 바탕해야 한다

자공이 여쭈었다. "만약 백성들에게 널리 은혜를 베풀고 많은 사람들을 구제할 수 있는 사람이 있다면 어떻겠습니까? 인하다고 할 수 있겠습니까?"

공자께서 말씀하셨다. "어찌 인에만 해당된 일이겠느냐? 반드시 성인일 것이다. 요임금, 순임금조차 그렇게 하지 못하는 것을 근심으로 여기셨다. 인이란 것은 자신이 서고자 할 때 남부터 서게 하고, 자신이 뜻을 이루고 싶을 때 남부터 뜻을 이루게 해 주는 것이다. 자신이 원하는 것을 헤아려 남이 원하는 것을 이해하는 것이 바로 인의 실천 방법이다."《〈옹야〉 편 28》

여기에서도 다시 한 번 인에 대해 이야기하고 있습니다. 공자는 '인이란 무엇인가?'라는 형이상학적인 질문에는 답을 회피하고 있습니다. 다만 인을 갖춘 사람의 마음가짐이나 실천의 특징이 무엇인지를 말하고 있을 뿐입니다. 그리고 그것은 시종일관 다른 사람을 헤아리는 마음가짐으로 통하고 있습니다.

공손하면서도 예가 없으면 수고스럽기만 하고, 신중하면서도 예가 없으면 두려움을 갖게 되며, 용감하면서도 예가 없으면 질서를 어지럽히고, 정직하면서도 예가 없으면 박절하게 된다. 군자가 친족들을 잘 돌봐 주면 백성들 사이에서는 인한 기풍이 일어나며, 옛 친구를 버리지 않으면 백성들이 각박해지지 않는다.《〈태백〉 편 2》

백성이 도리를 따르게 할 수는 있지만, 도리를 이해하게 할 수는 없다.《〈태백〉 편 9》

이 부분이 공자 사상의 결정적인 한계를 보여 주는 부분입니다. 통치자가 백성들을 덕으로 다스리면 백성들이 감동하여 통치자를 따르겠지만, 이 모든 원리 자체를 이해하고 있는 것은 아니라는 것입니다. 이 모든 원리를 이해할 수 있는 자는 공자가 군자라고 부르는 지식 관료 계층으로 한정됩니다.

우임금에 대해서라면 나는 흠 잡을 것이 없다. 자신의 식사는 형편없으면서도 귀신에게는 정성을 다하였고, 자신의 의복은 검소하면서도 제사 때의 의복은 아름다움을 지극히 하였으며, 자신의 집은 허름하게 하면서도 농민들의 관개 사업에는 온 힘을 다하였다. 우임금에 대해서라면 나는 흠 잡을 것이 없다.(《태백》편 21)

자로, 증석, 염유, 공서화가 공자를 모시고 앉아 있을 때, 공자께서 말씀하셨다. "내가 자네들보다 나이가 조금 많기는 하지만, 그런 것을 의식하지 말고 이야기해 보거라. 평소에 말하기를 '나를 알아주지 않는다.'고 하는데, 만일 너희를 알아주는 사람이 있다면 어떻게 하겠느냐?"

자로가 불쑥 나서면서 대답하였다. "제후의 나라가 큰 나라들 사이에 끼어 있어서 군대의 침략을 당하고 거기에 기근까지 이어진다 하더라도, 제가 그 나라를 다스린다면 대략 3년 만에 백성들을 용감하게 하고 살아갈 방향을 알도록 하겠습니다."

공자께서 미소 지으셨다.

"구야, 너는 어쩌겠느냐?"

염유가 대답하였다. "사방 60~70리, 혹은 50~60리의 땅을 제가 다스린다면, 대략 3년 만에 백성들을 풍족하게 할 수 있습니다. 하지만 그곳의 예법이나 음악 같은 것에 관해서는 군자를 기다리겠습니다."

"적아, 너는 어찌하겠느냐?"

공서화가 대답하였다. "저는 할 수 있다고 말하기보다는 배우고자 합니다. 종묘에서 제사 지내는 일이나 제후들이 천자를 알현할 때, 검은 예복과 예관을 갖추고 조금이나마 도움이 되기를 바랍니다."

"점아, 너는 어찌하겠느냐?"

거문고를 타는 소리가 점차 잦아들더니, 뎅그렁 하며 거문고를 물리고 일어서서 대답하였다. "세 사람이 이야기한 것과는 다릅니다."

공자께서 말씀하셨다. "무슨 상관이 있겠느냐? 각자 자기 뜻을 말한 것이다."

증석이 말하였다. "늦은 봄에 봄옷을 지어 입은 뒤, 어른 대여섯, 어린아이 예닐곱이 함께 기수에서 목욕하고 무우에서 바람 쐬고는 노래를 부른 뒤 돌아오겠습니다."

공자께서 감탄하며 말씀하셨다. "나는 점과 함께 하련다."

세 사람이 나가고 나서 증석이 뒤에 남았다가 여쭈었다. "저 세 사람의 말이 어떻습니까?"

공자께서 말씀하셨다. "각자 자신의 뜻을 이야기하였을 뿐이다."

"선생님께서는 무슨 까닭에 유자로의 말에 미소를 지으셨습니까?"

"나라를 다스리는 것은 예로써 해야 하는데 그의 말이 겸손하지 않았기 때문에 미소 지은 것이다."

"구의 경우는 나라를 다스리는 것이 아니지 않습니까?"

"어찌 사방 60~70리, 50~60리인데 나라가 아니라고 생각하는 것이냐?"

"적의 경우는 나라를 다스리는 것이 아니지 않습니까?"

"종묘의 일과 천자 알현하는 일이 제후의 일이 아니고 무엇이겠느냐? 적의 일을 작은 일이라고 한다면 누구의 일을 큰일이라고 할 수 있겠느냐?"《선진》편 25)

자공이 정치에 대해 여쭙자 공자께서 말씀하셨다. "식량을 풍족하게 하는 것, 군비를 넉넉히 하는 것, 백성들이 믿도록 하는 것이다."

자공이 여쭈었다. "어쩔 수 없이 한 가지를 버려야 한다면 어느 것을 먼저 버려야 합니까?"

"군대를 버려야 한다."

또 자공이 여쭈었다. "어쩔 수 없어서 한 가지를 더 버려야 한다면 다음에는 무엇을 버려야 합니까?"

"식량을 버려야 한다. 예로부터 모두에게 죽음은 있는 것이지만, 백성들의 믿음이 없으면 나라는 존립하지 못한다."《안연》편 7)

제나라 경공이 공자에게 정치에 대해 묻자 공자께서 대답하셨다. "임금은 임금답고 신하는 신하다우며, 아버지는 아버지답고 아들은 아들다워야 합니다."《안연》편 11)

 이 부분은 인, 예와 함께 공자의 핵심 정치사상인 정명사상이 잘 드러나 있습니다. 인은 예를 행할 수 있는 마음의 바탕이며 예가 겉으로 드러난 사회규범이라면, 정명은 바로 예가 잘 행해진 결과라고 할 수 있습니다. 공자는 자신이 살던 시대를 여러 신분과 계급, 지위가 제 노릇을 하지 못하고 질서가 무너진 시대로 보았으며, 이 질서를 회복하는 것을 필생의 과업으로 삼았습니다. 그리고 인한 마음을 길러 예를 회복하면 이 질서가 다시 잡힐 것으로 기대하였던 것입니다. 바로 여기에서 공자 사상의 결정적인 보수주의가 드러나고 있습니다. 이름이 바로잡힌 세상은 결코 변화를 용납하는 세상은 아닐 것이기 때문입니다.

자장이 정치에 대해 여쭙자 공자께서 말씀하셨다. "위정자의 지위에 있을 때는 게을리하지 말고, 정사를 처리할 때는 진실한 마음으로 해야 한다." 《안연》편 14)

학문을 널리 배우고 예로써 단속하면 또한 도리에 어긋나지 않을 것이다.(《안연》 15)

계강자가 정치에 대해 묻자 공자께서 대답하셨다. "정치란 바르게 한다는 것입니다. 공께서 바른 도리로 이끌어 주신다면 누가 감히 바르지 않은 일을 하겠습니까?" (《안연》 편 17)

계강자가 도둑이 많은 것을 걱정하여 공자에게 조언을 구하자 공자께서 말씀하셨다. "진실로 공께서 욕심을 가지지 않으시면 비록 상을 준다 하더라도 백성들은 도둑질하지 않을 것입니다." (《안연》 편 18)

계강자가 공자에게 정치에 대해 물었다. "만일 무도한 자를 죽여서 올바른 도리로 나아가게 한다면 어떻겠습니까?"
공자께서 대답하셨다. "공께서는 정치를 하는 데 어찌 죽이는 방법을 쓰시려고 합니까? 공께서 선해지고자 하면 백성들도 선해지는 것입니다. 군자의 덕은 바

람이고 소인의 덕은 풀입니다. 풀 위에 바람이 불면, 풀은 반드시 눕게 마련입니다."《안연》편 19)

번지가 인에 대해 여쭙자 공자께서 말씀하셨다. "사람을 사랑하는 것이다."
앎에 대해 여쭙자 공자께서 말씀하셨다. "사람을 알아보는 것이다."
번지가 그 뜻을 제대로 이해하지 못하자 공자께서 말씀하셨다. "바른 사람을 등용하여 그릇된 사람 위에 두면 그릇된 사람을 바르게 만들 수 있는 것이다."《안연》편 22)

자로가 여쭈었다. "위나라 임금이 선생님을 모시고 정치를 한다면 장차 무엇을 먼저 하시겠습니까?"
공자께서 말씀하셨다. "반드시 명분을 바로잡겠다."
자로가 말하였다. "그런 것도 있습니까? 세상 물정 모르는 선생님이시여! 어찌 그것을 바로잡겠다고 하십니까?"
공자께서 말씀하셨다. "어수룩하구나, 유야! 군자는 자기가 알지 못하는 것에 대해서는 대체로 가만히 내버려 두는 것이다. 명분이 바르지 못하면 말이 사리에 맞지 않고, 말이 사리에 맞지 않으면 일이 이루어지지 않으며, 일이 이루어지지 않으면 예와 음악이 흥성하지 못하고, 예와 음악이 흥성하지 못하면 형벌이 적절하지 않으며, 형벌이 적절하지 않으면 백성들은 살아갈 방도가 없다. 그래서 군자는 명분을 세우면 반드시 그에 대해 말을 할 수 있고, 말을 하면 반드시 실천을 할 수 있다. 군자는 그 말에 대해 구차히 하는 일이 없어야 하는 것이다."《자로》편 3)

번지가 곡식 농사 짓는 법을 가르쳐 달라고 하자 공자께서 말씀하셨다. "나는 늙은 농부만 못하다." 채소 기르는 법을 가르쳐 달라고 하자, "나는 늙은 채소 농사꾼만 못하다."고 하셨다.
번지가 나가자 공자께서 말씀하셨다. "소인이구나, 번지여! 윗사람이 예를 좋아하면 백성들은 감히 공경하지 않을 수 없고, 윗사람이 도의를 좋아하면 백성들은 감히 복종하지 않을 수 없으며, 윗사람이 신의를 좋아하면 백성들이 감히 진실하게 행동하지 않을 수 없다. 이렇게 하면 사방의 백성들이 자기 아이들을 포대기에 싸서 업고 모여 올 것인데, 곡식 기르는 법은 어디에 쓰겠느냐?"《〈자로〉 편 4》

공자께서 위나라로 가실 때 염유가 수레를 몰고 있었다. 공자께서 말씀하셨다. "백성들이 많구나!"
염유가 여쭈었다. "백성이 많은 다음에는 거기에 무엇을 더해 주어야 합니까?"
"부유하게 해 주어야 한다."
"부유하게 된 다음에는 또 무엇을 더해 주어야 합니까?"
"그들을 가르쳐야 한다."《〈자로〉 편 9》

진실로 그 자신을 바르게 한다면 정치를 하는 데 무슨 문제가 있겠는가? 그 자신을 바르게 하지 못한다면 어떻게 남을 바르게 하겠는가?《〈자로〉 편 13》

비단 이 경구뿐 아니라 《논어》 전체에서는 훗날 맹자와 더 나아가 주자에 의해 확립된 수기치인(修己治人)의 정치 원리를 설명하는 부분이 많이 나옵니다. 자신을 닦아서 사람을 다스린다는 이 원리는 결국 통치자의 도덕적 수양이 정치의 근본이라는 사상입니다. 이는 두 가지로 해석될 수 있는데, 하나는 통치자, 즉 군주가 도덕적 수양을 해야 한다는 의미고, 다른 하나는 도덕적 수양이 된 사람, 즉 군자를 통치하는 자리에 등용해야 한다는 의미가 될 수 있습니다. 공자는 주로 후자의 의미로 이 말을 많이 사용하였습니다.

인위적인 작위 없이 나라를 다스린 사람이 순임금이로다. 어떻게 하였을까? 몸가짐을 공손히 하고 임금의 자리를 바르게 지키고 계셨을 뿐이다.《〈위령공〉 편 4》

자공이 여쭈었다. "한 마디 말로 평생을 실천할 만한 것이 있습니까?"
공자께서 말씀하셨다. "그것은 서(恕)다! 자기가 원하지 않는 것을 남에게 하지 않는 것이다."《〈위령공〉 편 23》

 여기에서 공자는 인 사상의 핵심인 서에 대한 뜻을 명시하고 있습니다. 기소불욕물시어인己所不欲勿施於人이라는 이 유명한 경구는 앞에서도 나온 바 있지만 이것을 서라고 명시한 부분은 이곳입니다. '인=충+서'라고 할 때 충진심을 다하여 꾸준히 함과 서다른 사람의 입장을 헤아림가 합쳐지면 어떤 미덕이 될까요? 서를 충하게 함이 되겠죠? 공자의 정치사상은 바로 여기에서 시작해 여기에서 끝납니다. 이건 법적·제도적 문제가 아니라 정치를 담당하는 사람의 덕의 문제입니다. 따라서 공자의 정치사상은 그런 정치를 담당할 덕스러운 정치가가 반드시 필요한 것입니다.

그렇다면 자연스럽게 다음 주제는 '도대체 어떤 종류의 사람을 일컬어 군자라 할 수 있는가' 하는 것이 되며, 그런 사람이 타고나는 것이 아니라면 '어떻게 가르칠 것인가'의 문제가 됩니다. 정치는 정치가에 달려 있고, 정치가는 교육에 달려 있는 것입니다.

공자의 일생을 보면 정치가에서 학자로, 다시 학자에서 교육자로 변신하였음을 알 수 있는데, 이는 그만큼 공자가 자신의 문제의식과 자신의 삶을 일치시켰다는 뜻입니다. 아울러 플라톤과 비교해 보면 두 사람의 삶과 사상에 상당한 유사점이 있다는 것도 알 수 있습니다.

나라를 다스리는 사람은 백성이나 토지가 적은 것을 걱정하지 말고 분배가 균등하지 못한 것을 걱정하며, 가난한 것을 걱정하지 말고 평안하지 못한 것을 걱정하라고 하였다. 대개 분배가 균등하면 가난이 없고, 서로가 화합을 이루면 백성이 적은 것이 문제될 리 없으며, 평안하면 나라가 기울어질 일이 없다. 그렇기 때문에 먼 곳에 있는 사람들이 복종하지 않으면 문과 덕을 닦아서 그들이 따라오도록 하고, 온 다음에는 그들을 평안하게 해 주는 것이다.《계씨》편 1)

● **생각해보기**

1. 국가의 존립을 위해 필요한 세 가지는 무엇이며, 이 가운데 가장 중요한 것은 무엇입니까?

2. 평생을 실천해야 할 덕목은 '서'라고 합니다. 그 이유를 생각하여 글로 적어 보고, 사례를 들어 설명해 보세요.

3. 인과 예의 뜻을 정리하여 보세요.

02 | 올바른 정치의 주역, 군자란 누구인가?

| 덕을 굳건히 지키는 군자가 나라를 통치해야 한다 |

군자가 신중하지 않으면 위엄이 없으며, 배워도 견고하지 않게 된다. 충실과 신의를 중시하고, 자기보다 못한 자를 벗으로 사귀지 말며, 잘못이 있으면 고치기를 주저하지 말아야 한다. (《학이》 편 8)

　군자는 먹을 때는 배부름을 추구하지 않으며, 거처할 때는 편안함을 추구하지 않는다. 또한 일은 민첩하게 하고, 말은 신중하게 하며, 도의를 아는 사람에게 나아가 자신의 잘못을 바로잡는다. 이런 사람이라면 가히 배우기를 좋아한다 할 만하다. (《학이》 편 14)

　자공이 여쭈었다. "가난하면서도 남에게 아첨하지 않고 부유하면서도 다른 사람에게 교만하지 않는다면 어떻겠습니까?"
　공자께서 말씀하셨다. "그만하면 좋은 사람이라 할 수 있다. 하지만 가난하면서도 즐겁게 살고 부유하면서도 예의를 좋아하는 것만은 못하다." (《학이》 편 15)

 앞의 세 편에서 공자는 군자의 모습을 설명하고 있습니다. 군자는 통치하기에 마땅한 인물로서 플라톤이 말하는 국가의 수호자와 비슷합니다. 통치에 마땅한 덕을 갖춘 사람이 통치해야 한다고 주장한다는 점, 그리고 그런 사람을 기르는 교육에 관심을 가졌다는 점에서 공자와 플라톤의 사상은 유사점이 있습니다.

군자는 그릇처럼 한 가지 기능에만 한정된 사람이 아니다.《〈위정〉 편 12》

군자는 여러 사람과 조화를 이루면서도 당파를 이루지 않고, 소인은 당파를 형성하여 여러 사람과 조화를 이루지 못한다.《〈위정〉 편 14》

공자께서 말씀하셨다. "군자는 다투는 일이 없으나, 꼭 하나 있다면 그것은 활쏘기다. 그러나 절하여 사양하며 활 쏘는 자리에 오르고, 내려와서는 벌주를 마시니 그 다투는 모습도 군자답다."《〈팔일〉 편 7》

공자께서 말씀하셨다. "관중은 그릇이 작았도다!"
어떤 사람이 여쭈었다. "관중은 검소하였습니까?"
공자께서 말씀하셨다. "관중은 집이 세 채나 있었고 가신들의 일을 겸직시키지 않았으니 어찌 검소하다고 할 수 있겠느냐?"
"그러면 관중은 예를 알았습니까?"
"나라의 임금이라야 병풍으로 문을 가리는 법인데, 관중은 병풍으로 문을 가렸고, 나라의 임금이라야 두 임금이 함께 연회를 할 때 술잔 놓는 자리를 둘 수 있는 법인데, 관중은 또한 술잔 놓는 자리를 만들었다. 그런데도 관중이 예를 안다면 누가 예를 모른다고 하겠느냐?"《〈팔일〉 편 22》

공자께서 말씀하셨다. "윗자리에 있으면서 너그럽지 않고, 예를 실천하는 데 공경스럽지 않으며, 상을 당하여 슬퍼하지 않는다면, 대체 무슨 까닭에 내가 그 사람을 인정해 주겠는가?"《〈팔일〉 편 26》

 군자는 대체 어떤 사람인가요? 여기에서 바로 공자 사상의 중요한 개념인 예가 등장합니다. 군자는 예에 따라 살고 행동하는 사람입니다. 그런데 여기에서 말하는 예가 흔히 말하는 예절과는 다르다는 점을 유념해야 합니다. 여기에서 말하는 예는 아랫사람의 공손한 행동 규범, 혹은 허례허식이라는 말에서 떠오르는 번잡하고 형식적인 행동 규범이 아닙니다. 물론 공자의 예에서 이런 면이 없다고는 할 수 없습니다. 실제 공자는 주나라 종법에 의한 상하 질서가 잘 지켜지기를 바랐고, 이것이 주나라의 제사 절차에서 비롯된 '예'라고 하는 일종의 행위 체계를 통해 유지된다고 보았기 때문입니다. 그러나 공자는 주나라의 예를 형식과 절차에 따라 행하는 것이 중요하다고 본 것이 아닙니다. 그 예법이 상대를 존중하고 공경하는 마음의 바탕 위에서 이루어질 때 가치가 있다고 본 것입니다. 이것은 서양의 에티켓과 비슷한 의미를 가지고 있습니다. 즉, 자신의 욕망이나 마음에 따라 제멋대로 행동하는 것이 아니라, 그 말과 행동을 다른 사람들을 배려하여 억제하고 규율하는 여러 규범입니다. 흔히 말하는 교양 있는 행동 양식인 것이죠.

부유함과 귀함은 사람들이 바라는 것이지만, 정당한 방법으로 얻은 것이 아니라면 그것을 누려서는 안 된다. 가난함과 천함은 사람들이 싫어하는 것이지만, 부당하게 그렇게 되었다 하더라도 억지로 벗어나려 해서는 안 된다. 군자가 인을 버리고 어찌 군자로서의 명성을 이루겠는가? 군자는 밥 먹는 순간에도 인을 어기지 말아야 하고, 아무리 급한 때라도 반드시 인에 근거해야 하며, 위태로운 순간일지라도 반드시 인에 근거해야 한다.《〈이인〉 편 5》

군자는 천하에서, 반드시 그래야만 한다는 것도 없고, 절대로 안 된다는 것도 없으며, 오직 의로움만을 따를 뿐이다.《〈이인〉 편 10》

예의와 겸양으로 일을 대한다면 나라를 다스리는 데 무슨 문제가 있겠는가? 예의와 겸양으로 나라를 다스릴 수 없다면 예는 있어 무엇하겠는가?《〈이인〉 편 13》

공자께서 말씀하셨다. "삼아! 나의 도는 하나로 관통된다."
증자는 "예." 하고 주저 없이 대답하였다. 공자께서 나가시자 문인들이 물었다. "무슨 말씀이십니까?"
증자가 말하였다. "선생님의 도는 충과 서일 뿐입니다."《이인》편 15)

이 문구는 공자 사상의 핵심이 되는 인을 이해할 수 있는 단초가 됩니다. 공자 스스로 자신의 가르침을 이 한 단어로 압축할 수 있다고 하였으니 그 중요성이 더욱 커집니다. 그것은 바로 충서忠恕입니다. 충은 오늘날 흔히 말하는 '나라에 충성하고' 같은 말이 아니라 '마음을 한결같이 하여 끝까지 다함'이라는 의미를 가지고 있습니다. 서는 '나의 처지를 미루어 다른 사람의 마음을 이해함'이라는 의미를 가지고 있습니다. 한자를 보면 이해하기 쉬운데 마음의 중심을 잡는 것 心+中이 충忠이며, 다른 사람과 마음을 함께하는 것 心+如하려는 것이 서恕인 것입니다. 따라서 '다른 사람의 처지를 이해하는 마음을 한결같이 유지하는 것', 이게 바로 공자가 그토록 강조하는 어진 마음, 즉 인인 것입니다.

군자는 의리에 밝고, 소인은 이익에 밝다.《이인》편 16)

덕이 있는 사람은 외롭지 않다. 반드시 이웃이 있다.《이인》편 25)

| 군자는 이런 사람! |

공자께서 자산공자가 존경한 정나라 정치가에 대해 말씀하셨다. "그는 군자의 도 네 가지를 갖추고 있었다. 처신에는 공손하고, 윗사람을 섬김에는 공경스러우며, 백성을 먹여 살림에는 은혜롭고, 백성을 부릴 때는 의리에 맞게 하였다."《공야장》편 15)

자장이 여쭈었다. "영윤인 자문은 세 번이나 벼슬에 나아가 영윤이 되었으나 기뻐하는 기색이 없었고, 세 번이나 벼슬을 그만두게 되었어도 성내는 기색이 없이 전에 영윤이 하던 일을 반드시 새로운 영윤에게 알려 주었습니다. 그는 어떻습니까?"

공자께서 말씀하셨다. "충성스럽구나."

"인합니까?"

"모르긴 해도 어찌 인하다 하겠느냐?"

"최자가 제나라 임금을 시해하자, 말 사십 필을 소유하고 있던 진문자는 이것을 버리고 그곳을 떠났습니다. 그는 다른 나라에 이르러 '이 사람도 우리나라 대부 최자와 같다.' 하고는 그곳을 떠났습니다. 다른 나라에 가서 또 말하기를 '이 사람도 우리나라 대부 최자와 같다.' 하며 떠나갔습니다. 그는 어떻습니까?"

공자께서 말씀하셨다. "청렴하구나."

"인합니까?"

"모르긴 해도 어찌 인하다 하겠느냐?"(《공야장》 편 18)

 앞의 충서를 말한 증삼과의 대화를 다시 보면 어째서 여기에서 자장이 예로 드는 인물을 공자가 훌륭하기는 하지만 인하다고까지는 할 수 없다고 말하는지 설명할 수 있을 것입니다.

성현들의 가르침에 대한 두터운 믿음을 가지고 배우기를 좋아하며, 죽음으로써 선한 도를 지켜야 한다. 위태로운 나라에는 들어가지 않고, 어지러운 나라에는 머물지 말아야 한다. 천하에 도가 행해지면 세상에 모습을 드러내고, 도가 행해지지 않으면 조용히 숨어 살아야 한다. 나라에 도가 행해지는데 가난하고 천하게 산다면 부끄러운 일이며, 나라에 도가 행해지지 않는데 부귀를 누린다면 이 또한 부끄러운 일이다.(《태백》 편 13)

공자께서 말씀하셨다. "군자는 사람들과 화합하지만 부화뇌동하지 않고, 소인은 부화뇌동하지만 사람들과 화합하지 못한다."(《자로》 편 23)

자공이 여쭈었다. "마을 사람들이 모두 그를 좋아한다면 어떻겠습니까?"

공자께서 말씀하셨다. "그 정도로는 아직 안 된다."

"마을 사람들이 모두 그를 미워한다면 어떻겠습니까?"

공자께서 말씀하셨다. "그 정도로는 아직 안 된다. 마을의 선한 사람들이 그를 좋아하고, 그 마을의 선하지 않은 사람들이 그를 미워하는 것만 못하다."(《자로》편 24)

군자는 섬기기는 쉬워도 기쁘게 하기는 어렵다. 그를 기쁘게 하려 할 때 올바른 도리로써 하지 않으면 기뻐하지 않는다. 그러나 군자가 사람을 부릴 때는 그 사람의 역량에 따라 일을 맡긴다. 소인은 섬기기는 어려워도 기쁘게 하기는 쉽다. 그를 기쁘게 하려 할 때는 올바른 도리로써 하지 않더라도 기뻐한다. 그러나 소인이 사람을 부릴 경우에는 능력을 다 갖추고 있기를 요구한다.(《자로》편 25)

 여기까지 묘사된 군자의 모습은 성품이 선할 뿐 아니라 그 선을 고집스럽게 지키는 강인함을 갖춘 사람입니다. 옳은 일을 위해서라면 많은 사람들의 미움과 박해도 감수하고 목숨도 걸 수 있으며, 올바른 일이 아니면 즐거워하지도 않고 꿋꿋하게 절개를 지키는 선비의 모습이 보이지 않습니까?

자로가 여쭈었다. "제나라 환공춘추시대의 제나라 군주이 제나라의 공자 규를 죽이자, 소홀은 그를 위해 죽었는데 관중은 죽지 않았으니 인하지 않다고 해야 하겠죠?"

공자께서 말씀하셨다. "환공이 제후들을 규합할 때 무력으로써 하지 않은 것은 관중의 힘 때문이었다. 그만큼만 인하면 되니라. 그만큼만 인하면 되니라!"(《자로》편 17)

자공이 말하였다. "관중환공을 도운 제나라 재상은 인한 사람이 아닙니다. 환공이 공자 규를 죽였는데, 따라 죽지도 못하고 오히려 그를 도와주었습니다."

공자께서 말씀하셨다. "관중은 환공을 도와 제후의 패권을 잡게 하여 천하를 바로잡았고, 백성이 지금에 이르도록 그 은혜를 받게 했다. 관중이 없었더라면 우리는 머리를 풀어 헤치고 옷깃을 왼쪽으로 여미는 오랑캐가 되었을 것이다. 어찌 보통 사람들이 사소한 신의를 지키기 위해 스스로 도랑에서 목매어 죽은 뒤, 아무도 알아주는 사람이 없게 되는 것과 같겠느냐?"《헌문》편 18)

위의 두 단락은 모두 제나라의 재상이었던 관중을 평가하고 있습니다. 원래 공자는 자산이나 백리해, 유하혜 같은 덕치형의 인물을 높이 평가하고, 관중과 같은 계략형 인물은 그리 높이 평가하지 않았습니다. 그런데 이런 앞의 부분과 달리 여기에서는 계속 관중을 긍정적으로 평가하고 있습니다. 관중은 옛 주인을 따라 죽지 않고 변절하여 새 주인을 섬겼을 뿐 아니라 훗날 자기 군주 못지않은 권력을 누리면서 예에 어긋나는 행동도 많이 한 인물입니다. 공자도 이 점을 들어 일종의 명분론적 관점에서 관중을 비판하였지만, 정작 여기에서는 그럼에도 중국을 이만큼이라도 되게 만들었으니 달리 평가해야 한다면서 실용적인 입장을 취하고 있습니다. 이를 미루어 볼 때 공자는 현실 정치에 필요한 정치가와 관리들을 군자로만 충원할 수 없음을 잘 알고 있었습니다. 다만 군자는 지향해야 할 이상적인 정치인의 상이었던 것이죠.

군자는 자긍심을 지니지만 다투지는 않고, 여럿이 어울리지만 편당을 가르지 않는다.《위령공》편 21)

군자는 그 사람의 말만 듣고서 사람을 등용하지 않으며, 그 사람만 보고서 그의 의견까지 묵살하지 않는다.《위령공》편 22)

《시경》에 있는 300편의 시를 한마디로 말하면 '그 생각에 그릇됨이 없다.'는 것이다.《위정》편 2)

이 부분의 원문은 사무사思無邪입니다. 이것을 직역하면 "생각에 사악함이 없다." 혹은 "생각에 악함이 없다."라고 할 수 있습니다. 그러나 옳고 그름의 문제와 선과 악의 문제는 조금 차원이 다른 문제이며, 여기에서 공자가 강조하는 것은 어떤 행동의 결과가 아니라 그 마음가짐의 올바름입니다. 따라서 선악의 문제가 아니라 올바르고 그릇됨의 문제라고 보아야 합니다.

그 사람이 하는 것을 보고 그 동기를 살피고, 그가 편안하게 여기는 것을 잘 관찰해 보아라. 사람이 어떻게 자신을 숨기겠는가? 사람이 어떻게 자신을 숨기겠는가?(《위정》편 10)

옛것을 익히고 새로운 것을 알면 가히 스승이 될 만하다.(《위정》편 11)

어떤 사람이 여쭈었다. "선생께서는 왜 정치를 하지 않으십니까?"
공자께서 말씀하셨다. "《서경》에 이르기를 '효로다! 오직 효도하고 형제간에 우애하며 이를 정사에 반영시켜라.'고 하였다. 이 또한 정치를 하는 것인데 어찌 관직에 나아가야만 정치를 한다고 하겠는가?"(《위정》편 21)

공자께서 노나라의 태사에게 음악에 대해 말씀하셨다. "음악은 배워 둘 만한 것이다. 처음 시작할 때에는 여러 소리가 합해지고, 이어서 소리가 풀려 나오면서 조화를 이루며, 음이 분명해지면서 끊어짐 없이 이어져 한 곡이 되는 것이다."(《팔일》편 23)

공자께서 제나라에서 순임금의 음악인 소를 들으신 후, 석 달 동안 고기 맛을 잊고는 말씀하셨다. "음악을 하는 것이 이런 경지에 이를 줄은 생각하지 못하였다."(《술이》편 13)

공자는 예법만큼이나 음악을 중요시하였습니다. 요즘 말로 하면 음악 마니아라 할 정도로 노래와 악기에 능하였다고 합니다. 기록에 따르면, 공자는 길을 가다가도 좋은 음악이 들리면 반드시 청해서 한 번 더 듣고, 그 다음에는 배우고, 그 다음에는 직접 연주하였다고 하니, 웬만한 곡은 두어 번 들어 보면 바로 익힐 정도로 음악의 달인이었던 셈입니다. 게다가 직접 하·은·주 3대에 걸친 중국의 모든 음악을 집대성한 《악기》란 책을 편찬하기도 하였으니, 2,500년 전의 바흐라고 해도 과언이 아닐 것입니다. 안타깝게도 그가 예법을 집대성한 《예기》는 남아 있으나 음악을 집대성한 《악기》는 분서갱유 때 영영 사라져 버려서 이후 유교가 음악보다 예법에 좀 치우친 감이 있습니다.

어쨌든 그가 음악과 예법을 이토록 강조한 것은 군자란 먼저 선한 성품을 갖추고, 이걸 문화적인 교양을 통해 세련되게 만들며, 그 바탕 위에 여러 학식과 지혜를 갖춘 사람임을 보여 줍니다. 지나치게 이상적이지만 이렇게 선한 마음을 바탕으로 하고 그 마음을 문화적 교양을 통해 가다듬은 사람들이 다스리는 나라는 백성이 저절로 복종하니 굳이 법이나 형벌이 필요 없을 거라는 것이 공자 정치사상의 핵심입니다. 플라톤의 철인과 공자의 군자를 서로 비교해 보면 상당히 흥미롭습니다.

세 사람이 길을 걸어간다면, 그중에는 반드시 나의 스승이 될 만한 사람이 있다. 그들에게서 좋은 점은 가리어 본받고, 그들의 좋지 않은 점으로는 나 자신을 바로잡는 것이다.(《술이》편 21)

공자께서는 네 가지를 가르치셨으니, 그것은 바로 학문과 실천, 성실, 신의였다.(《술이》편 24)

호향 사람은 더불어 이야기하기 어려운 사람들이었는데, 그곳의 아이가 공자를 찾아뵙자, 제자들이 이상하게 생각하였다. 이에 공자께서 말씀하셨다. "바른 길로 나아가는 자는 받아들이고 바른 길에서 물러나는 자는 받아들이지 않는 법인데, 배우겠다고 찾아온 사람을 어찌 모질게 대하겠느냐? 사람이 자신의 몸과 마음을 깨끗이 하고 바른 길로 나아가려 하여 그 깨끗함을 받아들인 것이니, 지난 일에 연연할 것이 없다."(《술이》편 28)

시를 통해 순수한 감성을 불러일으키고, 예를 통해 도리에 맞게 살아갈 수 있게 되며, 음악을 통해 인격을 완성한다.(《태백》편 8)

 앞의 경구들은 군자가 되기 위한 수양과 배움에 대한 간략한 언급입니다. 먼저 마음의 바탕을 선하게 만들어야 합니다. 그 선은 결국 인이죠. 마음의 바탕을 선하게 만들기 위해서는 다른 사람의 감정에 공감할 수 있어야 합니다. 그것을 위한 가장 좋은 도구는 바로 정서가 표현된 '시'이며, 정서에 직접적으로 작용하는 음악입니다. 그래서 공자는 시와 음악을 모든 교육의 출발점으로 삼았습니다. 선하고 인한 마음가짐이 있다면 이제 이것을 적절하게 표현해야 합니다. 인한 마음은 반드시 예라는 구체적인 행동 방식을 통해 표현되어야 합니다. 아무리 마음가짐이 올바르다 하더라도 그것을 적절하게 문화적으로 드러낼 행동 방식을 갖지 못한다면 본마음과 달리 전혀 엉뚱한 결과를 가져오게 될 것입니다. 예라고 하는 행동 방식으로 표현되고 시와 음악이라는 교양을 통해 풍성해진 어질고 선한 마음을 갖추면 그제야 정치에 필요한 지식을 익혀서 군자가 되는 길을 걸어가는 것입니다.

공자께서 마을에 계실 때에는 겸손하고 과묵하여 말을 못하는 사람 같으셨다. 그러나 종묘와 조정에 계실 때에는 분명하게 주장을 펴시되 다만 신중하게 하셨다.(《향당》편 1)

궁궐의 큰 문에 들어가실 적에도 몸을 굽혀, 마치 문이 작아 들어가기에 넉넉하지 못한 듯이 하셨다. 문 한가운데에는 서지 않으셨고, 다니실 때 문지방을 밟지 않으셨다.(《향당》편 4)

잠자리에서는 시체처럼 몸을 함부로 하여 눕지 않으셨고, 집에 계실 때에는 엄숙하지는 않으면서도 몸가짐을 소홀히 하지 않으셨다. 상복 입은 사람을 보면 친한 사이라 할지라도 반드시 낯빛을 고쳐 잡으셨고, 예복을 입은 사람과 맹인을 만나면 비록 가깝게 지내는 사이라 하더라도 반드시 낯빛을 달리하셨다. 상복을 입은 사람에게는 수레 위에서도 예의를 표하셨고, 나라의 지도나 문서를 지고 가는 사람에게도 수레 위에서 예를 표하셨다. 천둥이 심하게 치고 바람이 거세게 불면 반드시 낯빛을 달리하셨다.(《향당》편 16)

수레에 오르면 반드시 바르게 서서 손잡이 줄을 잡으셨다. 수레 안에서는 두리번거리지 않으셨고, 말씀을 빨리하지 않으셨으며, 직접 손가락질하지 않으셨다.〈〈향당〉 편 17〉

《논어》 전체에서도 앞에 제시된 〈향당〉 편의 몇몇 부분은 참으로 독특합니다. 다른 부분이 주로 공자가 주장하거나 토론한 내용을 기록한 데 비해, 〈향당〉 편은 공자의 일상생활의 매우 사소한 부분까지 기록하고 있습니다. 시종일관 인한 마음을 바탕으로 예에 따라 행동하는 군자가 정치를 담당해야 한다는 것이 그의 정치사상의 핵심임을 염두에 둔다면, 이 부분은 그런 군자가 되기 위해서는 아주 작은 일상생활에서부터 어떻게 수양의 계리로 삼아야 하는지를 구체적으로 보여 주고 있습니다.

자로가 군자에 대해 여쭙자 공자께서 말씀하셨다. "자기 수양을 통해 공경스러워져야 한다."
"그렇게만 하면 됩니까?"
"자기 수양을 통해 사람들을 편안하게 해 주어야 한다."
"그렇게만 하면 됩니까?"
"자기 수양을 통해 백성들을 편안하게 해 주어야 한다. 이것은 요임금, 순임금도 어렵게 여겼던 일이다."〈〈헌문〉 편 45〉

진강이 백어에게 물었다. "당신은 특별한 가르침을 들은 적이 있습니까?"
백어가 대답하였다. "없습니다. 예전에 홀로 서 계실 때 제가 종종걸음으로 안뜰을 지나가는데, '시를 공부하였느냐?'라고 물으셨습니다. '아직 못하였습니다.'라고 대답하였더니 '시를 공부하지 않으면 남들과 말을 잘할 수가 없다.'고 하셔서, 저는 물러나 시를 공부하였습니다. 다른 날 또 홀로 계실 때 제가 종종걸음으로 안뜰을 지나가는데, '예를 공부하였느냐?'라고 물으셨습니다. '아직 못하였습니다.'라고 대답하였더니 '예를 공부하지 않으면 남들 앞에 설 수가 없다.'고 하셔서 저는 물러나 예를 공부하였습니다. 제가 들은 것은 이 두 가지입니다."

진강이 물러 나와서 기뻐하며 말하였다. "하나를 물어서 세 가지를 알게 되었다. 시에 대해 들었고, 예에 관해 들었으며, 군자는 자기 자식에게 거리를 둔다는 것을 알게 되었다." 《계씨》 편 13)

공자는 당대의 문화인이었습니다. 그는 고대의 여러 문화 전승을 집대성하였으며, 이를 제자들에게 가르쳤습니다. 그러므로 그는 선하고 의로운 마음 그 자체로는 별 가치가 없다고 보았습니다. 바탕이 아무리 좋아도 거기에 그림이 그려져야 쓸모가 있는 것입니다. 따라서 선한 마음을 바탕으로 그려지게 될 각종 문화적 소양을 배울 것을 제자들에게 계속 권장하고 있습니다. 특히 여기에서 말을 듣고 있는 자로는 공자의 제자 중 가장 실천 지향적이며 소박한 인물이었기 때문에 문화적인 소양으로 다듬어지지 않은 선한 마음이 얼마나 나쁜 결과를 가져오는지 계속 지적하였습니다.

● 생각해보기

1. 군자는 어떠한 사람인가요?

2. 군자가 익혀야 할 것은 무엇인지 네 가지로 정리해 보세요.

요약
노트

올바른 정치는 인의 정치입니다. 인이란 '서'와 '충'입니다. 인이란 '사람을 사랑하는 것'이며, 앎이란 '사람을 알아보는 것'입니다. 바른 사람을 등용하여 그릇된 사람 위에 두면 그릇된 사람을 바르게 만들 수 있습니다.

정치를 하려는 자는 무엇보다 먼저 명분을 바르게 세워야 합니다. 명분이 바르지 못하면 말이 사리에 맞지 않고, 말이 사리에 맞지 않으면 일이 이루어지지 않으며, 일이 이루어지지 않으면 예와 음악이 흥성하지 못하고, 예와 음악이 흥성하지 못하면 형벌이 적절하지 않으며, 형벌이 적절하지 않으면 백성은 살아갈 방도가 없기 때문입니다. 그래서 군자는 명분을 세우면 반드시 그에 대해 말을 할 수 있고, 말을 하면 반드시 실천할 수 있으며, 군자는 그 말에 대해 구차히 하는 일이 없어야 합니다.

평생을 실천해야 하는 것은 '충'과 '서'입니다. 충이란 서를 견지하는 마음이고, 서란 자기가 원하지 않는 것을 남에게 하지 않는 마음입니다. 올바른 정치를 담당할 사람을 군자라 합니다. 군자란 인한 자입니다. 인한 자는 충과 서를 압니다. 서는 시와 서와 예악을 통해 교양을 익히고 단련함으로써 얻어집니다. 시, 서, 예악은 성현들의 가르침인 고전을 통해 배울 수 있습니다.

군자의 도는 네 가지로 처신에는 공손하고, 윗사람을 섬김에는 공경스러우며, 백성을 먹여 살림에는 은혜롭고, 백성을 부릴 때는 의리에 맞게 하는 것입니다. 군자는 사람들과 화합하지만 부화뇌동하지 않습니다.

공자께서는 네 가지를 가르치셨으니, 그것은 바로 문행충신文行忠信입니다. 군자는 자기 수양을 통해 공경스러워져야 합니다. 즉, 군자는 자기 수양을 통해 백성을 편안하게 해 주어야

하며, 이것이 인한 자에 의한 올바른 정치입니다.

참고로 본문에서 다루지는 않았지만, 공자의 사상을 엿볼 수 있는 '공문십철' 이야기를 덧붙입니다.

《논어》에서 공자는 많은 제자들을 칭찬하고 꾸짖습니다. 그 내용들을 살펴보면 공자는 제자들이 다음의 세 가지를 고루 균형 있게 갖추기를 원하였습니다.

첫째, 성품입니다. 이것은 올바르고 선한 마음과 이를 굳건하게 유지하고 기어코 관철시키는 강인함을 말합니다.

둘째, 교양입니다. 즉 성품을 세련되고 정중하게 표현하고 실천할 수 있는 행동 규범입니다.

셋째, 지식입니다. 이것은 그런 성품과 교양을 바탕으로 실제 정치 업무를 다룰 수 있는 능력과 지식을 말합니다.

공자의 제자 가운데 특히 학덕이 뛰어난 열 명을 이른바 '공문십철'이라 부릅니다. 이들은 세 가지 중 어느 하나에 능해서 칭찬을 받고, 다른 것이 모자라 꾸중을 들었습니다. 예컨대 《논어》에 가장 많이 등장하는 제자 자로중유는 성품과 지식이 뛰어났으나 교양이 부족해 거칠다고 야단을 맞았고, 염구는 교양과 지식이 뛰어났으나 성품이 부족해 파문당할 뻔하였습니다. 그 외에 정치 실무 능력이 뛰어났던 자공, 덕행이 뛰어났던 민자건·증삼·자하, 학문이 뛰어났던 안연, 문학이 뛰어났던 자장 등이 《논어》에 자주 등장하는 제자들입니다.

2장

측은함으로 선한 본성을 지키는 나라를 생각하다

맹자 《맹자》

孟子
孟子

《맹자》를 읽기 전에

맹자孟子, 기원전 372?~기원전 289?는 중국의 전국시대 추나라 사람으로, 성은 맹孟, 이름은 가軻입니다. 맹자의 출신이나 부모에 대해서는 알려진 바가 거의 없습니다. 다만 '맹모삼천지교', '맹모단기' 같은 고사로 미루어 볼 때 그렇게 지체 높은 집안은 아니었던 것으로 보입니다. 맹자는 공자보다 거의 100여 년 뒤의 인물이지만 공자의 손자인 자사子思의 제자에게 배웠고, 이를 통해 공자의 학풍을 계승하게 됩니다. 이렇게 공자의 학풍을 계승한 맹자는 이른바 덕치와 민본에 기반을 둔 왕도정치라는 정치사상을 일구어 내고, 이러한 왕도정치가 가능한 근거를 인간의 본성에 깃든 선한 성품인 인의예지, 즉 사단에서 찾는 독특한 사상 체계를 구축합니다. 이를 일컬어 성선설性善說이라고 합니다.

이렇게 사상에서 일가를 이룬 맹자는 자신의 왕도정치를 구현하기 위해 전국시대의 여러 왕을 찾아다녔습니다. 그는 왕들에게 많은 존경을 받고 극진한 대우를 받았지만 정작 자신의 정치적 포부를 펼칠 기회는 얻지 못하였습니다. 70세가 넘어서야 제나라에서 객경의 지위에 있으며 제나라 선왕의 자문 역을 맡아 왕도정치를 펼칠 기회를 얻었습니다. 그러나 그 기회도 잠깐, 선왕이 맹자의 말을 듣지 않고 연나라를 합병하였다가 큰 곤욕을 치르자 맹자는 황금 백일의 연봉을 주고 학교를 세워 주겠다는 선왕의 간청에도 불구하고 제나라를 떠납니다. 그 스스로 말하였던 "임금이 잘못된 길을 가면 왕족인 신하는 왕좌에서 그를 끌어내려야 하고, 왕족이 아닌 신하는 벼슬을 버리고 떠나야 한다."는 말을 지킨 것입니다.

나이로 미루어 보아 이제는 왕도정치를 현실에서 구현하는 꿈을 이룰 기회가 더는 없을 것이라 판단한 맹자는 마지막 소명이 왕도정치를 구현하는 것이 아니라 공자의 학문을 계승해 후세에 전하는 것이라 생각하게 되었습니다. 그리하여 만년의 맹자는 일체의 정치 활동을 중단하고 제자인 만장, 공손추와 함께 자신의 사상을 체계적으로 정리하였습니다. 그렇게 해서 탄생한 책이 바로 《맹자》입니다.

공자가 학구적이었다면, 맹자는 정치적인 인물이었습니다. 공자가 중국의 고전 문명과 역사를 집대성한 많은 책들을 편찬한 것과 달리, 맹자는 오직 《맹자》 일곱 편만 남겼습니다. 그러나 《맹자》는 두서없이 경구들을 나열한 《논어》와 달리 비교적 체계적인 논변으로 이루어져 있습니다. 그래서 유교 정치사상의 근거가 어디에서 나오는지 논리적으로 이해할 수 있는 대단히 중요한 저술로 간주되어 《대학》, 《중용》, 《논어》와 함께 사서四書로 불립니다.

전국시대, 백성들이 어려운 삶을 한탄하다

이 책은 역사에서 전국시대기원전 403~기원전 221라고 불렸던 시기에 나왔습니다. 이미 공자가 살았던 춘추시대부터 주나라의 종법이 무너지고 그때까지 사회를 유지하던 규범인 예가 힘의 원리에 의해 밀려났지만, 전국시대는 그것이 더욱 노골화되어 그나마 형식적이라도 남아 있던 예마저 사라진 완전한 약육강식의 시대였습니다. 그 피해는 고스란히 백성에게 전가되었습니다.

맹자는 다만 '질서가 무너지고 도가 행해지지 않음'이 아니라 백성의 어려운 삶을 한탄하였습니다. 그는 여러 군주에게 백성의 삶을 보살펴 줄 것을 호소하였습니다. 그리고 백성의 삶을 보살펴 주기에 자발적인 충성을 받는 정치를 왕도정치라 부르며 힘으로 백성을 굴복시키는 패도정치와 구별하였습니다.

그러나 맹자는 왕도정치를 구현할 기회를 잡지 못하였습니다. 당시 군주들은 이미 실용적인 법가나 병가 사상에 기울어 있었기 때문에 공자에서 맹자로 이어지

전국시대 전국시대는 전쟁이 일상화 되었고, 규모도 거대해졌다. 그래서 역설적으로 과학기술, 상업이 비약적으로 발달한 시기이기도 하였다. 튼튼한 성을 지으면서 건축술이, 성을 공략하는 무기를 개발하면서 목공과 철공 기술이 발전하였으니, 그 치열함을 짐작할 만하다.

는 수기치인의 덕치주의는 인기가 없었습니다. 이에 맹자는 만년에 이르러 수기치인의 전통이 영영 끊어지는 것을 두려워하여, 즉 도가 전해지지 않는 것을 두려워하여 자신의 사상을 정리한 이 책을 저술하였습니다.

이 책에서 맹자는 주장하는 바를 《논어》에 비해 매우 논리적이고 체계적으로 진술하고 있습니다. 우선 왕도정치와 패도정치의 차이를 제시합니다. 그런데 당시 군주들은 이미 전국시대의 약육강식을 경험하였기 때문에 백성을 덕으로 다스리는 왕도정치의 도덕적 정당성만으로는 설득하기 어려웠습니다. 그러므로 맹자는 왕도정치가 법이나 무력으로 다스리는 패도정치보다 실용적인 측면에서도 우월함을 입증해야 했습니다.

바로 이 지점에서 맹자의 백성이 공자의 백성과 달리 매우 능동적인 역할을 부여받습니다. 공자의 백성은 군주가 인자한 정치를 펴고 예로 교화할 대상에 불과하지만, 맹자의 백성은 군주가 그런 덕치를 하지 않고 힘으로 다스리며 포악한 정치를 할 경우 반란을 일으켜 그런 군주의 통치를 뒤집어엎을 수도 있는 존재로 나옵니다. 이때 맹자는 단호하게 그런 경우는 반란이 아니라 천명이라고 말합니다. '민심이 천심'이라는 유명한 비유가 바로 여기에서 등장합니다.

그러나 백성은 왕도정치를 펴는 군주를 존경하고 사랑하기보다 그 관대함을 이용하여 사리사욕을 채울 수도 있습니다. 백성이 선하지 않다면 어진 정치를 펼쳐도 군주의 위세만 꺾일 것이기 때문입니다. 이런 반론에 맞서기 위해 맹자는 '성선설'을 끌어옵니다. 인간의 성품이 본디 선하기 때문에 군주가 어진 정치를 펼치고 예로써 감화하면 자연히 백성도 거기에 따르게 된다는 것입니다. 물론 맹자는 성선설을 선언만 하는 것이 아니라 여러 증거를 들어 정당화합니다. 이렇게 《맹자》는 《논어》와 달리 서로 연쇄를 이루는 정교한 논리적 흐름을 가지고 있습니다.

이후 맹자의 성선설은 동양 사상에 엄청난 영향력을 끼치게 됩니다. 그 까닭은 인간을 그 본성상 선한 존재로 상정하였기 때문입니다. 그러므로 선한 통치, 선한 삶은 어떤 거창한 것이 아니라 인간의 자연스러운 심성에서 그 단초를 찾게 됩니다. 이때부터 일상생활의 도덕과 국가 통치의 기반이 되는 사회윤리가 서로 일관성을 가지고 연결되게 됩니다. 즉, 집이나 마을에서의 몸가짐과 삶의 모습은 이제 단지 개인적인 도덕이 아니라 정치적인 의미까지 가지게 됩니다. 또한 이는 왕의 몸가짐과 삶의 모습을 통해 왕을 선군과 폭군으로 평가하는 전통을 만들기도 하였습니다. 이는 이후 수많은 왕조 교체의 근거가 되었습니다.

맹자의 성선설은 '인간 마음의 본성'에서 모든 정치와 윤리의 근원을 찾고자 하였으며, 인간은 자연의 한 부분이기 때문에 '우주 만물의 본성'에서 모든 정치와 윤리의 근원을 찾고자 한 형이상학, 즉 성리학으로 발전하게 됩니다. 이는 동양 사상의 깊이를 더하는 효과는 있었지만, 정치적으로는 무용한 공리공담이 늘어난 결과를 가져오기도 합니다. 이 책을 읽고 나서 주자의 '성리학'과 왕수인의 '양명학'이 이 책과 어떤 관련을 맺는지 살펴보는 것도 흥미있는 경험이 될 것입니다.

《맹자》 발췌 부분

01 왕도정치란 무엇이고 패도정치란 무엇인가?
〈양혜왕〉 상편 1, 3, 5, 7
〈양혜왕〉 하편 8, 11
〈공손추〉 상편 3
〈등문공〉 상편 3
〈만장〉 상편 5
〈만장〉 하편 9

02 인간은 정말 선할까?
〈공손추〉 상편 6
〈이루〉 상편 10~12, 19, 27
〈이루〉 하편 19, 20
〈고자〉 상편 15, 16
〈진심〉 상편 1, 4, 15, 20, 21
〈진심〉 하편 37

일러두기
이 장은 박경환 선생님이 번역한 《맹자》 중에서 발췌한 것입니다. 청소년에게 어렵다고 생각한 부분은 일부 수정하였습니다.

01 | 왕도정치란 무엇이고 패도정치란 무엇인가?

오직 인과 의가 있을 뿐이다

맹자가 양나라전국시대 위나라의 다른 이름 혜왕을 접견하였다.

왕이 말하였다. "선생처럼 고명한 분이 천 리 길을 마다하지 않고 찾아 주셨으니 장차 우리나라에 이익이 있겠지요?"

맹자가 말하였다. "왕께서는 어째서 하필 이익에 대해 말씀하십니까? 다만 인의가 있을 뿐입니다. 만약 한 나라의 왕이 어떻게 하면 내 나라를 이롭게 할 수 있을까를 생각하면, 그 아래 있는 대부는 어떻게 하면 내 집안을 이롭게 할 수 있을까를 생각하고, 선비와 서민들은 어떻게 하면 내 한 몸을 이롭게 할 수 있을까를 생각하게 됩니다. 이처럼 위아래가 다투어 자신의 이익을 취하려 하면 나라는 위태로워집니다.

만승의 부유함을 지닌 나라에서 그 임금을 시해하는 자는 반드시 천승의 부유함을 지닌 가문에서 나오게 마련이고, 천승의 부유함을 지닌 나라에서 그 임금을 시해하는 자는 반드시 백승의 부유함을 지닌 가문에서 나오게 마련입니다. 임금이 지닌 만승의 부유함 중에서 천승의 부유함을, 혹은 임금이 지닌 천승의 부유함 중에서 백승의 부유함을 봉록으로 받았다면 결코 적은 것이 아닙니다. 그럼에도 만약 의리를 뒤로하고 이익을 앞세운다면 더 많은 것을 빼앗지 않고는 만족하지 않을 것입니다.

사람됨이 어진데도 자기 어버이를 버리거나, 의로운데도 자기 임금을 경시하는 자는 없습니다. 왕께서는 인의를 말씀하셔야지 하필이면 이익을 말씀하십니까?"《양혜왕》상편 1)

맹자는 전쟁이 끊이지 않고 여러 나라가 영토와 권력을 다투던 전국시대에 살았습니다. 왕들은 이름난 선비들에게 자기들 나라가 어떻게 하면 부강해져서 승리할 수 있는지를 다투어 물었습니다. 맹자 역시 당대에 이름난 선비로서 위나라를 방문하자 혜왕은 자기 나라에 큰 이익을 줄 것이라 기대하였던 것입니다. 그런데 맹자는 첫마디부터 매몰차게 이를 거절하고 어찌 보면 고리타분해 보이는 인의를 내세우고 있습니다. 그렇다고 맹자가 이익을 무시한 것은 아닙니다. 다만 이익을 내세우면 도리어 이익마저 해치게 됨을 지적한 것입니다. 긴 안목으로 보면 인의를 지키는 길이 바로 이익도 보전할 수 있는 길입니다. 어찌 보면 벼슬을 얻고자 하는 선비가 초면에 왕에게 면박을 주는 모습인데, 이는 맹자의 정치사상인 왕도정치가 왕의 사사로운 욕심과 이익을 버리고 백성을 보살피라는 당시 군주들에게는 저항감을 주는 주장이기 때문입니다. 즉, 왕의 의미에 대한 발상의 전환을 요구하는 것인데, 이를 위해서는 먼저 왕이 기존의 생각을 과감하게 버릴 수 있어야 합니다. 그래서 맹자는 먼저 논변으로 왕의 기세를 꺾어 저항감이나 거부감을 제거한 다음에 자신의 주장을 펴는 방법을 즐겨 사용하였습니다.

양나라 혜왕이 말하였다. "과인은 나랏일에 임할 때는 온 마음을 다해서 할 뿐입니다. 하내 지방에 흉년이 들면 그곳 백성을 하동으로 이주시키고, 떠나지 못하는 백성을 위해 곡식을 그곳으로 옮겨 주었으며, 하동 지방에 흉년이 든 경우에도 그리하였습니다. 이웃 나라 정사를 살펴보면 과인처럼 마음을 쓰는 나라가 없습니다. 그런데도 이웃 나라 백성이 줄어들거나 과인의 백성이 늘어나지 않으니 어찌 된 일입니까?"

맹자가 대답하였다. "왕께서 전쟁을 좋아하시니 전쟁에 비유해 말씀드리겠습니다. 둥둥 북이 울리면 병사들은 나아가 병기 날을 부딪다가 패색이 짙어지면 방패를 버리고 무기를 땅에 끌면서 도망가는데, 어떤 사람은 100보를 도망간 후에 멈추고 어떤 사람은 50보를 도망간 후에 멈추었습니다. 이 경우 50보를 도망간 사람이 100보를 도망간 사람에게 비겁하다고 비웃는다면 어떻겠습니까?"

왕이 대답하였다. "옳지 않습니다. 단지 100보가 아닐 뿐 도망간 것은 마찬가지입니다."

맹자가 말하였다. "왕께서 그 이치를 아신다면 이웃 나라보다 백성이 많아지기를 바라지 말아야 합니다. 백성이 농사철을 놓치지 않게 하면 곡식이 이루 다 먹을 수 없을 정도로 넉넉해지고, 촘촘한 그물을 웅덩이와 못에 넣지 않게 하면 고기와 자라가 이루 다 먹을 수 없을 정도로 넉넉해지며, 도끼를 적절한 때를 지켜 산림에 들여놓게 하시면 재목이 이루 다 쓸 수 없을 정도로 넉넉해지게 될 것입니다. 곡식과 고기와 자라가 이루 다 먹을 수 없을 정도로 넉넉하고 재목이 이루 다 쓸 수 없을 정도로 넉넉하면, 백성은 산 사람을 봉양하고 죽은 사람을 장사 지냄에 유감이 없게 됩니다. 산 사람을 봉양하고 죽은 사람을 장사 지냄에 유감이 없게 하는 것이 왕도정치의 시작입니다.

5무 넓이의 집 둘레에 뽕나무를 심으면 50세 된 노인이 비단옷을 입을 수 있고, 닭과 돼지와 개 등의 가축을 기름에 그때를 놓치지 않으면 70세 된 노인이 고기를 먹을 수 있습니다. 100무 넓이의 밭을 농사짓는 데 일손 바쁠 때를 빼앗기지 않으면 여러 식구의 가족이 굶주리지 않을 수 있을 것이며, 상서에서의 교육을 엄격하게 시행하여 효도와 공경의 의미를 거듭해서 가르치면 머리가 희끗희끗한 사람이 길에서 짐을 지거나 이고 다니지 않게 될 것입니다. 70세 노인이 비단옷을 입고 고기를 먹으며 일반 백성이 굶주리거나 헐벗지 않게 하고도 통일된 천하의 왕이 되지 못할 사람은 없습니다.

그러나 풍년에 양식이 넘쳐 나서 개와 돼지가 사람이 먹을 양식을 먹는데도 거두어 저장해 둘 줄 모르고, 흉년에 양식이 부족해 굶주려 죽은 시체가 길에 있는데도 창고의 곡식을 풀어 나누어 줄 줄 모르다가, 사람이 굶주려 죽게 되면 '나 때문이 아니다. 흉년이 들었기 때문이다.' 한다면, 이것은 사람을 찔러 죽이고도 '내가 죽인 것이 아니라 칼이 죽였다.'고 하는 것과 무슨 차이가 있겠습니까? 왕이 흉년을 핑계 삼지 않으면 천하의 백성들이 왕에게로 모여들 것입니다." 《양혜왕》 상편 3)

 유명한 '오십보백보'의 비유입니다. 맹자에게서 인의가 있을 뿐이라는 질책을 들은 혜왕은 나름대로 어진 정치를 펴고 있다며 다른 왕들에 비하면 너그럽지 않느냐는 변명을 합니다. 여기에 대해 맹자는 '오십보백보'의 비유를 들면서 이익을 내세우는 정치가 심하든 좀 덜하든 인의의 정치가 아니라는 점에서는 무슨 차이가 있겠느냐며 몰아붙입니다. 그러면서 왕이 백성의 생업을 돌보고 그들의 삶이 피폐해지지 않도록 배려할 것을 요구하고, 그렇게 되면 천하의 인심을 얻어 자연히 나라가 부강해질 것이라고 설득하고 있습니다. 당시는 지금처럼 과학기술이 발달하지 않았기 때문에 인구가 국력의 가장 중요한 지표였습니다. 따라서 맹자의 주장은 결국 어진 정치를 펴고 백성의 삶을 보살피는 정치를 펴면 다른 나라 백성이 이주해 와 인구가 늘어나 자연히 강대국이 될 것이라는 논리인데, 실용적인 측면에서도 꽤 설득력이 있습니다.

양 혜왕이 말하였다. "예전 우리 진晉나라진시황의 진秦과는 다른 나라가 천하에서 가장 강성하였다는 것은 선생께서도 아시는 사실입니다. 그런데 과인의 대에 이르러 동쪽으로는 제나라에 패해 큰아들이 죽었고, 서쪽으로는 진나라에 사방 700리 땅을 빼앗겼으며, 남쪽으로는 초나라에 패하여 모욕을 당하였습니다. 과인은 이것을 수치스럽게 여기고 있습니다. 죽은 사람들을 위해 남김없이 설욕하고 싶은데 어떻게 하면 좋겠습니까?"

맹자가 대답하였다. "땅이 사방 100리만 되어도 통일된 천하의 왕이 될 수 있습니다. 만약 왕께서 백성에게 어진 정치를 베풀어 형벌을 감면하고 세금을 줄여 주며, 농지를 깊게 갈고 잘 김매게 하며, 장정들이 일이 없는 한가한 날에는 효제충신의 덕을 닦아 집에 들어가서는 아버지와 형을 섬기고 밖에 나가서는 어른들을 섬기게 하면, 몽둥이를 가지고도 진나라나 초나라의 견고한 갑옷과 예리한 무기에 맞서게 할 수 있을 것입니다. 반면 진나라와 초나라의 군주들은 지금 백성이 농사

지을 때를 빼앗아 밭을 갈고 김매어 그 부모를 봉양할 수 없게 하여, 부모는 추위에 떨고 굶어 죽으며 형제와 처자들은 사방으로 흩어지게 하고 있습니다. 이렇게 그들이 백성을 고통의 구렁텅이에 빠뜨릴 때 왕께서 가서 정벌하면 누가 왕에게 대적할 수 있겠습니까? 그러므로 옛말에 '어진 사람에게는 대적할 자가 없다.'고 하였습니다. 왕께서는 제 말을 믿으십시오."《양혜왕》 상편 5)

이제 양 혜왕은 맹자의 매서운 논변 앞에 완전히 굴복하여 저항하는 대신 맹자의 가르침을 적극적으로 듣고 실천해 볼 의향을 가지게 되었습니다. 하지만 그런 한편으로 이 험악한 세상에서 왕도정치를 한다고 해서 부국강병을 꾀하는 다른 나라를 이길 수 있을까 하는 의혹도 버리지 못합니다. 그러자 맹자는 백성의 삶을 보살피고 그들의 부모가 되어 주면 백성이 마음으로 복종하여 기꺼이 왕을 위해 목숨을 걸고 싸울 것이니, 백성이 자기 나라의 포악한 왕을 원망하는 나라와는 상대도 되지 않을 것이라며 왕을 안심시키고 있습니다.

| 어진 정치는 측은한 마음에서 나온다 |

앞에서 맹자의 가르침을 받아 보려 하였던 양 혜왕은 그만 가르침을 받기도 전에 죽고 맙니다. 그리고 그 아들인 양 왕이 즉위하는데, 그의 그릇이 도저히 자신의 가르침을 실천할 수 없음을 확인한 맹자는 양나라를 떠나 제나라로 가서 제 선왕을 만납니다.

제나라 선왕이 물었다. "제나라 환공과 진나라 문공의 일을 들어 볼 수 있겠습니까?"
맹자가 대답하였다. "우리 공자의 제자들 중에는 제 환공과 진 문공의 일을 이야기한 이가 없었습니다. 그래도 굳이 말해 보라고 하신다면 왕도에 대해 말씀드리겠습니다."
왕이 물었다. "덕망이 어떠해야 통일된 천하의 왕이 될 수 있습니까?"
맹자가 대답하였다. "백성들을 잘 보호해 주고서 왕이 된다면 그를 막을 사람이 없을 것입니다."

다시 왕이 물었다. "과인과 같은 사람도 백성을 잘 보호할 수 있겠습니까?"

맹자가 대답하였다. "할 수 있습니다."

왕이 물었다. "어떤 근거로 내가 할 수 있다는 것을 아십니까?"

맹자가 대답하였다. "제가 호흘이라는 신하에게서 다음과 같은 이야기를 들었습니다. 왕께서 대청 위에 앉아 계실 적에 소를 끌고 대청 아래를 지나가는 사람이 있었는데, 왕께서 그것을 보시고 '소가 어디로 가느냐?'고 물으셨다는군요. 그 사람이 '피를 받아서 종에 바르려고 합니다.'라고 대답하자, 왕께서는 '그 소를 놓아 주어라. 그 소가 두려워 벌벌 떠는 것이 마치 아무 죄 없이 사지로 끌려가는 것 같아서 차마 볼 수 없구나.'라고 하셨다면서요? 그래서 그 사람이 '그렇다면 종에 피 바르는 의식을 그만둘까요?'라고 묻자, 왕께서는 '어떻게 그것을 그만둘 수가 있겠느냐? 양으로 바꿔라.' 하셨다는데, 그런 일이 있었습니까?"

왕이 대답하였다. "그런 일이 있었습니다."

맹자가 말하였다. "그런 마음이라면 통일된 천하의 왕이 되기에 충분합니다. 백성은 모두 왕께서 소 한 마리가 아까워서 그랬다고 하지만, 저는 왕께서 끌려가는 소의 모습을 차마 볼 수 없어서 그렇게 하셨다는 것을 잘 알고 있습니다. 왕께서는 백성들이 '왕이 소 한 마리가 아까워서 그렇게 하였다.'고 말하는 것을 이상하게 생각하지 마십시오. 백성들은 단지 왕께서 큰 소를 작은 양으로 바꾸는 것만 보았을 뿐이니 어떻게 왕의 깊은 뜻을 알 수 있겠습니까? 그런데 왕께서는 어째서 그 소가 아무런 죄도 없으면서 사지로 끌려가는 것을 측은하게 생각하셨으면서도 소와 양을 차별하셨는지요?"

왕이 웃으며 말하였다. "정말 무슨 마음에서 그랬을까요?"

맹자가 말하였다. "그것이 바로 인을 실천하는 방법입니다. 왕께서 소와 양을 차별하신 것은 소는 직접 눈으로 보았지만 양은 보지 못하였기 때문입니다. 군자는 금수를 대할 때 살아 있는 모습을 보고서는 차마 그것이 죽어 가는 것을 보지 못하며, 애처롭게 우는 소리를 듣고서는 차마 그 고기를 먹지 못합니다. 그래서 군자는 주방을 멀리하는 것입니다."

왕이 기뻐하며 말하였다. "그런데 그런 마음이 통일된 천하의 왕이 되는 데 적당하다는 것은 어째서입니까?"

맹자가 말하였다. "만일 왕께 어떤 자가 와서 '제 힘은 백균의 무게는 충분히 들 수 있지만 깃털 하나는 들 수 없고, 제 시력은 가을날의 짐승 터럭을 살필 수는 있지만 수레에 실은 땔감 더미는 볼 수 없습니다.' 한다면 왕께서는 그 말을 인정하시겠습니까?"

왕이 대답하였다. "아닙니다."

그러자 맹자가 말하였다. "지금 왕의 은혜가 금수에게 미칠 정도로 충분하면서도 그 공적이 백성에게 미치지 않는 것은 유독 무슨 까닭입니까? 그렇게 볼 때 깃털 하나를 들지 않는 것은 힘을 쓰지 않기 때문이고, 수레에 실은 땔감 더미를 보지 못하는 것은 시력을 쓰지 않기 때문이며, 백성이 제대로 보호받지 못하는 것은 은혜를 베풀지 않기 때문입니다. 그러므로 왕께서 통일된 천하의 왕이 되지 못하는 것은 실은 하지 않기 때문이지 못해서가 아닙니다. 이제 왕께서 훌륭한 정치를 하고 어진 마음을 베푸신다면, 천하의 벼슬하는 자들을 모두 왕의 조정에서 벼슬하고 싶게 하고, 농사짓는 사람들을 모두 왕의 들에서 농사짓고 싶게 하며, 장사꾼들을 모두 왕의 시장에서 물건을 쌓아 두고 장사하고 싶게 하며, 여행하는 자들을 모두 왕의 나라의 길을 통해 나가고 싶게 할 수 있을 것이며, 자기 군주를 원망하는 백성들이 모두 왕에게 달려와 하소연하고 싶게 할 수 있습니다. 이와 같이 된다면 누가 그것을 막을 수 있겠습니까?"

왕이 말하였다. "내가 밝지 못해 그러한 경지까지 나아갈 수 없으니, 선생께서는 내 뜻을 도와서 밝게 가르쳐 주시기 바랍니다. 내가 비록 못났기는 하지만 한 번 실천해 보도록 하겠습니다."

맹자가 말하였다. "고정적인 생업이 없으면서도 항상적인 마음을 지니는 것은 오직 선비만이 할 수 있습니다. 일반 백성의 경우는 고정적인 생업이 없으면 그로 인해 항상적인 마음도 없어집니다. 만일 항상적인 마음이 없다면 방탕하고 편벽되고 간사하고 사치스러운 행위를 할 것입니다. 백성들이 죄에 빠지는 데 이른 이후에 그것을 쫓아 형벌에 처한다면 그것은 백성을 그물질해 잡는 것입니다. 그러므로 밝은 왕은 백성들의 생업을 제정해 주되 반드시 위로는 부모를 섬기기에 충분하게 하고 아래로는 처자를 먹여 살릴 만하게 하여, 풍년에는 언제나 배부르고 흉년에도 죽음을 면하게 합니다. 그렇게 한 후에 백성들을 몰아서 선한 데로 가게 하므로 백성들이 따르기가 쉽게 됩니다. 지금은 백성들의 생업을 제정해 주되 위로는 부모를 섬기기에 부족하고 아래로는 처자를 먹여 살리기에 부족하여, 풍년에는 내내 고생하고 흉년에는 죽음을 면하지 못하게 합니다. 이래서는 음에서 자신을 건져 낼 여유도 없는데 어느 겨를에 예의를 익히겠습니까? 왕께서 만일 어진 정치를 시행하려 하신다면 어째서 근본으로 돌아가지 않으십니까?"《양혜왕》상편 7)

맹자는 제 선왕이 눈앞에서 소가 죽어 가는 것을 차마 보지 못하는 마음이 바로 어진 정치를 펼 수 있는 마음이라고 말합니다. 이렇게 맹자는 인의예지라는 고차적인 도덕을 인간이라면 대체로 가지고 있는 일반적인 감정에서 끌어오고, 그것을 통해 성선설을 정당화합니다. 왕이 소를 불쌍히 여기는 마음이 있다면 당연히 백성을 불쌍히 여기는 마음도 있을 것이고, 그렇다면 그게 바로 어진 정치를 펼칠 수 있는 단초가 된다는 것입니다. 이렇게 왕도정치란 어렵고 추상적인 원리가 아니라 백성들의 삶을 보고 측은히 여길 수 있는 마음이면 되는 것입니다. 바로 여기에서 맹자의 정치사상을 요약하는 '유항산유항심有恒産有恒心'이 나오는 것입니다. 이는 백성들의 생업을 안정시키는 것이 최우선이라는 의미를 가지고 있는데, 공자도 《논어》에서 백성들을 먼저 먹여야 하며, 그 다음에 가르쳐야 한다고 말한 바 있습니다.

요즘이야 모든 정부가 경제를 강조하니 그게 뭐 그리 대단한 주장이냐 하겠지만, 당시 전쟁 중이던 왕들은 걸핏하면 병역과 부역에 백성들을 동원하였고, 또 많은 전쟁 비용을 조달하기 위해 많은 세금을 거두었습니다. 그래서 백성들은 농사짓는 때를 놓치거나 수확의 상당 부분을 세금으로 빼앗겨서 생계를 유지하는 것이 어려울 지경이었습니다. 백성들의 이런 모습을 보고 측은한 마음을 느끼는 왕은 군사나 영토에 대한 욕심 따위를 버리고 백성들이 안심하고 자기 생업에 종사할 수 있도록 해 주어야 합니다. 맹자는 이것이 바로 나라를 다스리는 근본이고, 이 근본이 되어야 예의를 가르쳐서 백성들이 왕을 공경하고 따르게 할 수 있으며, 백성들이 왕을 충심으로 따르면 그게 바로 강대국으로

가는 길이라고 말하고 있습니다. 만약 측은한 마음이 없는 왕이라면 어떻게 될까요?

왕답지 않은 왕은 왕이 아니다

제 선왕이 물었다. "탕왕은 걸왕을 내쫓았고, 무왕은 주왕을 정벌하였다고 하는데, 그런 사실이 있습니까?"

맹자가 대답하였다. "전해 오는 기록에 그러한 사실이 있습니다."

왕이 물었다. "신하가 임금을 시해하는 것이 옳습니까?"

맹자가 대답하였다. "인을 해치는 자를 일컬어 남을 해치는 자賊라 하고, 의를 해치는 자를 잔인한 자殘라 합니다. 남을 해치고 잔인하게 구는 자는 일개 필부일 뿐입니다. 저는 필부 걸과 주를 처형하였다는 말은 들었어도 군주를 시해하였다는 말은 듣지 못하였습니다." 《양혜왕》 하편 8)

제 선왕은 유학자들이 높이 평가하는 은나라 탕왕과 주나라 무왕이 아무리 폭군이라지만 자기들의 임금인 하나라 걸왕과 은나라 주왕을 몰아냈으니 반역이 아니냐고 반문합니다. 그러나 맹자는 백성을 도탄에 빠뜨린 통치자는 왕이 아니라 도적에 불과하니, 탕왕과 무왕은 왕이 아닌 도적을 토벌하였을 뿐이라고 단호하게 대답합니다.

제나라가 연나라를 정벌해서 합병하자 제후들이 연나라를 구하려고 모의하였다. 제 선왕이 물었다. "많은 제후들이 과인을 치려고 모의하는데, 어떻게 대처해야 합니까?"

맹자가 대답하였다. "신은 사방 70리인 작은 나라를 가지고도 천하를 다스렸다는 말을 들었으니, 탕왕이 바로 그러한 경우입니다. 그러나 사방 천 리나 되는 큰 나라를 가지고서 남을 두려워하였다는 것은 아직 들어 본 적이 없습니다. 《서경》에는 '탕왕의 정벌은 갈나라부터 시작하였도다.'라고 하였습니다. 천하가 모두 그를 믿었으므로 동쪽을 향해 정벌하자 서쪽 오랑캐가 원망하고, 남쪽을 향해 정벌하자 북쪽 오랑캐가 원망하며 '어찌하여 우리나라의 정벌을 뒤로 미루시는가?'라고 하였습니다. 백성들이 그를 바라보기를 마치 큰 가뭄에 구름과 무지개를 바라보는 것 같았습니다. 시장으로 가는 사람들은 발길을 멈추지 않았고, 밭을 가는 사람들도 변함이 없었습니다. 그들 나라의 포악한 군주를 죽이고 백성들을 위로하는 것이 마치 때맞추어 비가 내리는 것 같았기에 백성들이 크게 기뻐하였습니다. 그러므로 《서경》에서 '우리 임금께서 오시기를 기다린다네. 임금께서 오시면 우리는 살아나리라.'라고 하였습니다. 이제 연나라가 그 백성들을 학대하였으므로 왕께서 가서 정벌하자 연나라 백성들은 자신들을 물과 불의 고통에서 건져 줄 것으로 생각해 대그릇에 밥을, 병에 마실 것을 담아 와서 왕의 군대를 환영하였습니다. 그런데 어떻게 왕께서는 연나라의 부형들을 죽이고 자제들을 포박하고 연나라의 종묘를 헐어 버리고 귀중한 기물을 빼앗아 갈 수 있단 말입니까? 천하가 원래부터 제나라의 강성함을 두려워하였습니다. 이제 또 나라를 배로 늘리고도 어진 정치를 실행하지 않으시니, 이것이 바로 제후국 연합군의 공격을 불러들이는 것입니다."

《양혜왕》 하편 11)

당시 전국시대의 천하 형세는 진나라와 제나라가 각각 서쪽과 동쪽 양쪽으로 군림하고 있었고, 초나라가 남쪽에서 일종의 캐스팅 보트 역할을 하였으며, 나머지 연·위·조·한 나라는 그때그때 시류에 따라 이리 붙거나 저리 붙어야 하는 상황이었습니다. 그런데 연나라가 진나라 측에 붙자 제나라가 연나라를 공격하게 됩니다. 이때 제 선왕은 맹자에게 연나라를 쳐도 좋으냐고 물었고, 맹자는 치라고 하였습니다. 맹자가 전쟁에 찬성한 까닭은 당시 연나라 군주가 포악한 정치로 백성들의 원망을 사고 있었기 때문입니다. 제 선왕은 연나라를 쳐서 그 수도를 함락하였습니다. 그 다음 선왕은 연나라를 합병해도 되겠느냐고 물어보았습니다. 맹자는 어진 정치를 펼칠 요량이면 합병하라고 말하였습니다. 선왕은 연나라를 합병하였습니다. 그러자 나머지 제후국들이 연합을 맺고 제나라를 공격하였고, 연나라 백성들의 반발도 만만찮았습니다. 이런 상황에서 맹자에게 자문을 구하자 맹자는 연나라 백성들에게 왕도정치를 펼쳤으면 이런 일이 없었을 것이며, 설사 제후들이 공격한다 한들 두려울 것이 없었을 것이라고 대답합니다. 그러나 이미 제 선왕은 연나라에서 정복자로서 가혹하게 굴었기에 연나라 백성의 인심을 얻지 못하였으며, 결국 합병한 연나라를 포기하고 퇴각해야 하였습니다.

무력을 사용해 인을 실천하는 것처럼 가장하는 사람은 패자인데, 패자에게는 반드시 큰 나라가 있어야 한다. 덕으로써 인을 실천하는 자는 왕자다. 왕자는 큰 나라를 필요로 하지 않는다. 탕왕은 사방 70리 땅에 인을 실천하였고, 문왕은 사방 100리 땅에 인을 실천하였다. 무력으로써 사람을 복종시킨다면 사람들은 진심으로 복종하지 않고 힘이 부족해서 마지못해 복종할 뿐이다. 덕으로써 사람을 복종시킨다면 사람들은 진심으로 기뻐하며 진정으로 복종하니, 70명 제자들이 공자에게 복종한 것이 그 예다. 《시경》에서 문왕이 천하를 다스린 것에 대해 "서쪽에서 동쪽에서, 남쪽에서 북쪽에서 복종하지 않는 이가 없다."고 한 것은 그것을 말한 것이다. (〈공손추〉 상편 3)

여기에서 맹자는 패자와 왕자의 차이를 분명하게 설명하고 있습니다. 패자는 무력으로 사람을 복종시키는 통치자이며, 그런 정치가 패도정치입니다.

등나라 문공이 나라를 다스리는 것에 대해 물었다.
맹자가 대답하였다. "백성들의 일에 적극적인 관심을 가져야 합니다. 《시경》에 '낮에는 띠풀을 베고 밤에는 새끼를 꼬아 서둘러 지붕을 덮고 나서 비로소 백곡을 파종한다.'고 하였습니다. 백성들이란 안정된 생업이 있으면 안정된 마음을 가지게 되며, 안정된 생업이 없으면 안정된 마음이 없게 됩니다. 만약 안정된 마음이 없으면 방탕하고 편벽되며 사특하고 사치한 행동을 하지 않음이 없게 될 것입니다. 그들이 죄에 빠질 때까지 기다렸다가 쫓아가서 처벌한다면 이는 백성을 그물질해 잡는 것과 같습니다. 어떻게 인자한 사람이 군주의 지위에 있으면서 백성들을 그물질해 잡는 일을 할 수 있단 말입니까? 그러므로 어진 군주는 반드시 검소하고 신하들을 예로써 대하며 백성들에게서 세금을 거두어들일 때에도 일정한 법도가 있습니다. …… 옛날에 현자였던 용자는 '토지를 다스리는 데는 조법보다 더 좋은 것이 없고 공법보다 더 나쁜 것이 없다.'고 하였습니다. 공이란 여러 해 동안의 수확을 비교하여 일정한 평균치의 세액을 확정하는 것입니다. 그래서 풍년이 든 해에는 양식이 도처에 남아돌아 세금을 많이 거두더라도 괜찮은데 도리어 적게 거두어 가고, 흉년이 든 해에는 다음 해 밭에 쓸 거름도 부족한데 반드시 정해진 세액을 다 채워서 거두어 갑니다. 왕은 백성들의 부모인데도 불구하고, 백성들이 허덕이며 1년 내내 고생하고도 그들의 부모조차 제대로 봉양할 수 없게 할 뿐 아니라 빚을 내어 정해진 세액을 채워 냄으로써 노인과 어린아이들이 굶어 죽어 구덩이에 뒹굴게 한다면, 왕이 백성의 부모라는 뜻은 어디에서 찾을 수 있겠습니까? …… 백성의 생업이 안정된 후에는 상과 서, 학과 교를 세워 백성을 가르쳐야 합니다. 상은 봉양한다는 뜻이고, 교는 가르친다는 뜻이며, 서는 활쏘기를 익힌다는 뜻입니다. 그것은 모두 인륜을 밝히기 위한 것입니다. 인륜이 윗사람에게서 밝혀지면 백성들은 서로 친밀하게 지내게 될 것입니다. …… 그대가 애써 어진 정치를 실천한다면 등나라를 새롭게 할 수 있을 것입니다."

문공이 신하인 필전을 시켜 정전법에 대해 물었다. 맹자가 말하였다.

"어진 정치는 반드시 토지의 경계를 확정하는 것에서 시작됩니다. 경계의 확정이 바르지 않으면 정전의 토지가 균등하지 못하고 토지의 수확에서 얻는 봉록 역시 공평하지 못하게 됩니다. 그러므로 폭군과 탐관오리는 토지의 경계를 확정하는 것을 태만히 하게 마련입니다. 경계의 확정이 바르게 되면 백성에게 토지를 분배하고 관리들의 봉록을 정하는 것은 가만히 앉아서도 할 수 있게 됩니다. 등나라는 영토가 협소하지만 그중에는 반드시 군자가 될 사람도 있고 야인이 될 사람도 있습니다. 군자가 없으면 야인을 다스릴 수 없고, 야인이 없으면 군자를 먹여 살릴 수 없습니다. 지방에서는 수확량의 9분의 1을 세금으로 정하여 조법을 실시하고, 수도에서는 수확량의 10분의 1을 세금으로 정하여 스스로 세금을 납부하게 하시오. 경 이하의 관리들은 반드시 규전이 있어야 하는데, 규전은 각 가구당 50무씩 주되, 장정이 있을 경우에는 각 장정당 25무씩을 주도록 하시오. 이렇게 한다면 죽거나 이사를 해도 마을을 벗어나지 않을 것입니다. 마을의 정전을 같이 나누어 경작해 정전에 드나들며 서로 친구처럼 지내고, 도적에 대비해 지키고 망을 볼 때도 서로 도와주며, 질병에 걸렸을 때도 서로 돌봐 준다면, 백성들은 서로 친애하고 화목하게 될 것입니다. 사방 각 1리의 토지가 1정이 되며, 각 정의 넓이는 900무인데, 그 정의 중앙을 공전으로 합니다. 여덟 가구가 각각 그 주위에 있는 백 무畝의 땅을 사전으로 가지며 공전을 여덟 가구가 공동으로 경작합니다. 공전의 농사일을 끝낸 후에 사전의 농사일을 하는데, 이것은 야인을 군자와 구별하기 위한 것입니다. 이것이 정전제의 개관입니다. 그것을 적절하게 보완해서 적용하는 것은 그대와 군주에게 달려 있습니다." 《등문공》 상편 3)

맹자는 만나는 군주마다 '유항산有恒産이라야 유항심有恒心'이라고 주장하였습니다. 우선 어느 정도 경제가 안정되어야 그 다음에 예절이나 도의를 가르친다는 것인데, 유항산을 위한 방법이 구체적으로 제시되어 있습니다. 여기에 소개된 방법을 정전제라고 합니다. 정전제가 구체적으로 어떻게 운영되는지를 자세히 알 필요는 없지만, 백성을 지나치게 괴롭히지 않으면서도 지배계급을 이루고 있는 사, 대부, 경, 그리고 군주가 자신들을 부양할 자원을 수취하기 위한 방법이라고 이해하면 됩니다. 백성들에게서 수취를 하지 않으면 왕실이나 군대를 운영할 수 없고, 그렇다고 왕실과 군대 위주로 경제를 운용하면 백성들의 삶이 어려워집니다. 맹자는 묵자처럼 진보적인 평등주의자라기보다는 이렇게 적절히 타협적인 정책을 펴려고 하였던 것입니다.

만장이 여쭈었다. "요임금이 천하를 순임금에게 주었다고 하는데, 그런 일이 있었습니까?"

맹자가 대답하였다. "아니다. 천자라도 천하를 다른 사람에게 줄 수 없다."

다시 만장이 여쭈었다. "그렇다면 순임금은 천하를 얻었는데, 누가 주었습니까?"

맹자가 대답하였다. "하늘이 주었다."

만장이 여쭈었다. "하늘이 주었다는 것은 자세하게 일러 주듯이 명령을 내렸다는 뜻입니까?"

맹자가 말하였다. "아니다. 하늘은 말을 하지 않고 행적과 사실로써 보여 줄 뿐이다."

만장이 여쭈었다. "행적과 사실로써 보여 준다는 것이 어떻게 하는 것입니까?"

맹자가 대답하였다. "천자는 어떤 사람을 하늘에 천거할 수는 있어도, 하늘이 그에게 천하를 주도록 할 수는 없다. 제후도 어떤 사람을 천자에게 천거할 수는 있어도, 천자가 그에게 제후 자리를 주도록 할 수는 없다. …… 옛날에 요임금이 순임금을 하늘에 천거하자 하늘이 그것을 받아들였고, 백성들에게 드러내어 보여 주자 백성들이 받아들였다. 그러므로 '하늘은 말을 하지 않고 행적과 사실로써 보여 줄 뿐이다.'라고 한 것이다. …… 순에게 제사를 주관하게 하자 모든 신이 제사를 받아들였으니, 이는 곧 하늘이 받아들인 것이다. 또 순에게 정사를 맡기자 백성들이 편안하게 되었으니, 이것은 곧 백성들이 받아들인 것이다. 하늘이 천하를 주고 백성들이 천하를 주는 것이므로 천자가 천하를 남에게 줄 수 없다고 한 것이다. …… 요임금이 돌아가시자 순은 삼년상을 마치고 나서 요임금의 아들을 피해 남하의 남쪽으로 가 있었다. 천하의 제후로서 조근하려는 사람들이 요임금의 아들에게로 가지 않고 순에게로 갔다. 소송을 하려는 사람들은 요임금의 아들에게 가지 않고 순에게로 갔다. 노래를 불러 천자를 찬양하는 사람들은 요임금의 아들을 찬양하지 않고 순을 찬양하였다. 그래서 하늘의 뜻이라고 한 것이다. 그렇게 된 후에야 순이 도읍으로 가서 천자의 지위에 올랐다." 〈만장〉 상편 5

 유명한 '민심은 천심이다.'라는 맹자의 사상이 나오는 부분입니다. 순임금은 요임금의 아들이 아니었지만 왕이 되었습니다. 하지만 이것은 순임금이 왕위를 찬탈한 것이 아니라 백성들이 그를 왕으로 모셨기 때문입니다. 순임금은 백성의 뜻에 따라 왕이 된 것이기에 하늘의 명을 받아 왕으로 임명된 셈입니다.

제 선왕이 신하에 대해 묻자 맹자가 말하였다. "왕께서는 어떤 신하에 대해 묻는 것입니까?"

왕이 말하였다. "신하가 다 같은 것 아닙니까?"

맹자가 말하였다. "같지 않습니다. 군주와 같은 성씨의 신하가 있고 다른 성씨의 신하가 있습니다."

왕이 말하였다. "같은 성씨의 신하에 대해 알고 싶습니다."

맹자가 말하였다. "친척인 경은 군주에게 큰 허물이 있으면 간언하되, 거듭 간언해도 듣지 않으면 군주의 자리를 바꾸어 버립니다."

이 말을 들은 왕은 발끈하여 얼굴색이 변하였다.

맹자가 말하였다. "왕께서는 이상히 여기지 마십시오. 왕께서 신에게 물었기에 신이 감히 올바르게 대답하지 않을 수 없었습니다."

왕이 안색이 안정된 후 다른 성씨인 신하에 대해 묻자, 맹자가 말하였다. "군주에게 허물이 있으면 간언하되, 거듭 간언해도 듣지 않으면 떠나 버립니다."《만장》 하편 9)

이 부분은 모두 맹자의 유명한 천명사상天命思想을 설명한 부분입니다. 민심이 바뀌면 임금을 갈아 치워도 된다는 이 대담한 주장은 당시로서는 매우 충격적이었습니다. 이 주장은 이미 왕도 정치사상의 필연적인 귀결입니다. 왕이 왕답지 않고 패도를 추구한다면 더는 왕으로 인정할 수 없지 않겠습니까? 이런 주장에는 은연중에 폭정을 일삼는 군주에 대한 반란이 정당화될 여지가 있습니다. 하지만 이것을 노골적으로 주장하였다가는 맹자가 아무리 저명한 학자라도 목이 잘리고 말았을 것입니다. 백성들이 폭군을 몰아낸다면 그것은 그들의 뜻이 아니라 하늘이 그렇게 하도록 시킨 것입니다.

● 생각해보기

1. 왕도정치와 패도정치를 구별하여 정리해 보세요.

2. 왕도정치를 위해 백성들에게 베풀어야 하는 선결 과제는 무엇인가요?

02 인간은 정말 선할까?

│ 선은 인간의 본성이다 │

사람들은 누구나 차마 남의 고통을 외면하지 못하는 마음을 가지고 있다. 선왕들께서는 차마 남의 고통을 외면하지 못하는 마음이 있었으므로 차마 남의 고통을 외면하지 못하는 정치를 하였다. 차마 남의 고통을 외면하지 못하는 마음으로 차마 남의 고통을 외면하지 못하는 정치를 실천한다면, 천하를 다스리는 것은 마치 손바닥 위에서 움직이는 것 같을 것이다. 사람들이 누구나 차마 남의 고통을 외면하지 못하는 마음이 있다고 한 것은 다음과 같은 근거에서다. 만약 지금 어떤 사람이 어린아이가 우물에 막 빠지는 것을 보게 된다면, 누구나 깜짝 놀라며 측은하게 여기는 마음을 가지게 된다. 이는 그 아이의 부모와 교분을 맺기 위해서가 아니고, 마을 사람들과 친구들에게 어린아이를 구하였다는 칭찬을 듣기 위해서도 아니며, 어린아이의 울부짖는 소리가 싫어서 그런 것도 아니다. 이것을 통해 볼 때 측은하게 여기는 마음이 없다면 사람도 아니며, 옳지 못함을 부끄러워하는 마음이 없다면 사람도 아니며, 사양하는 마음이 없다면 사람도 아니며, 옳고 그름을 가리는 마음이 없다면 사람도 아니다. 측은하게 여기는 마음은 인의 단서이고, 옳지 못함을 부끄러워하는 마음은 의의 단서이며, 사양하는 마음은 예의 단서이고, 시비를 가리는 마음은 지의 단서이다. 사람이 이 네 가지 단서를 가지고 있는 것은 그가 사지를 가지고 있는 것과 같다. 이 네 가지 단서를 가지고 있는데도 자신은 선을 실천할 수 없다고 말하는 사람은 스스로를 해치는 자이고, 자기 군주는 선을 실천할 수 없다고 말하는 사람은 자기 군주를 해치는 자이다. …… 진실로 그것을 확대시켜 가득 차게 할 수 있으면 천하라도 보존할 수 있고, 만일 그렇게 하지 않으면 부모조차 부양할 수 없다.(《공손추》 상편 6)

 맹자의 인간학의 핵심인 사단四端이 소개되고 있습니다. 사단은 인의예지라는 인간의 선한 품성의 실마리를 뜻하며, 모든 인간이 날 때부터 지니고 있는 본성입니다. 즉, 측은하게 여기는 마음, 부끄러워하는 마음, 사양하는 마음, 옳고 그름을 가리는 마음은 모든 사람이 다 지니고 있으며, 이 마음을 교육을 통해 잘 다듬으면 인의예지를 실천할 수 있다는 것입니다. 이렇게 인의예지로서 선한 정치를 한다면 백성들 모두 이런 선한 마음의 단서를 갖고 있기에 선한 정치에 대해서는 진심을 다하는 충성으로 화답할 것이라는 것입니다. 이렇게 인간이 본래 가지고 있는 감정에서 선함의 단서를 찾고 있는 맹자의 학설을 성선설이라고 합니다.

스스로를 해치는 자와는 함께 이야기를 할 수 없고, 스스로를 팽개치는 자와는 함께 일을 할 수 없다. 말로써 예와 의를 비난하는 것을 스스로를 해친다 하고, 자신은 인에 머물 수 없고 의를 행할 수 없다고 생각하는 것을 스스로를 팽개친다고 한다.(《이루》 상편 10)

사람들은 도가 가까운 곳에 있는데도 먼 곳에서 찾고, 과업이 쉬운 곳에 있는데도 어려운 곳에서 찾는다. 모든 사람이 어버이를 어버이로 섬기고 어른을 어른으로 섬기면 천하가 평온해질 것이다.(《이루》 상편 11)

낮은 지위에 있으면서 윗사람을 얻지 못하면 백성을 얻어 다스릴 수 없다. 윗

사람을 얻는 길이 있으니, 친구의 믿음을 얻지 못하면 윗사람을 얻을 수 없다. 친구의 믿음을 얻는 길이 있으니, 어버이를 섬겨 기쁘게 하지 못하면 친구의 믿음을 얻을 수 없다. 어버이를 섬겨 기쁘게 하는 길이 있으니, 자신을 반성하여 성실하지 못하면 어버이를 섬겨 기쁘게 할 수 없다. 자신을 반성하여 성실해지는 길이 있으니, 선을 밝게 알지 못하면 자신에게 성실할 수 없다. 그러므로 지극한 성실함은 하늘의 도이고, 성실함을 추구하는 것은 사람의 도이다. 지극히 성실한데도 남을 감동시키지 못하는 경우는 없고, 성실하지 않는데도 남을 감동시키는 경우는 없다.《이루》상편 12)

섬기는 일 중에서 어떤 것이 가장 중요한가? 어버이를 섬기는 것이 가장 중요하다. 지키는 일 중에서 어떤 것이 가장 중요한가? 자신을 지키는 것이 가장 중요하다. 자신을 잃어버리고 그 어버이를 섬길 수 있었던 자에 대해서는 아직 들어 본 적이 없다.(《이루》상편 19)

인의 실질은 어버이를 섬기는 것이고, 의의 실질은 형을 따르는 것이다. 예의 실질은 이 두 가지를 적절하게 조절하고 보완하는 것이고, 지의 실질은 이 두 가지를 알아 여기에서 벗어나지 않는 것이다. 악樂의 실질은 이 두 가지를 즐겁게 여기는 것으로, 즐겁게 여기면 어버이를 섬기고 형을 따르려는 마음이 생겨난다. 일단 그런 마음이 생겨나면 어떻게 그만두겠는가? 그만두려야 그만둘 수 없는 경지에 이르면 자신도 모르는 사이에 발로 뛰고 손으로 춤을 추게 될 것이다.(《이루》상편 27)

사람이 금수와 다른 점은 지극히 미미한데, 보통 사람들은 그것을 내버리고 군자는 그것을 보존한다. 순임금은 사물의 이치에 밝았기에 인륜을 살펴 인의에 따라 행한 것이지 인의를 행한 것이 아니다.(《이루》하편 19)

우임금은 맛있는 술을 싫어하고 선한 말을 좋아하였다. 탕왕은 중용의 도를 굳게 지키며 현명한 사람을 기용함에 출신을 따지지 않았다. 문왕은 백성을 마치 상처 입은 사람처럼 가엾게 여기고 도를 바라볼 때는 아직 보지 못한 듯이 여겼다.

무왕은 가까운 사람들을 함부로 대하지 않고, 먼 곳에 있는 사람을 잊지 않았다. 주공은 우임금, 탕왕, 문왕, 무왕의 덕을 두루 갖추고 그들이 한 네 가지 일을 펼치고자 하였다. 그것들 중 당시 실정과 부합하지 않는 것이 있으면 하늘을 바라보며 생각하기를 낮부터 밤까지 계속하다가, 다행히 깨달으면 앉은 채로 날이 새기를 기다렸다.(《이루》 하편 20)

공도자가 여쭈었다. "다 같은 사람인데 어떤 사람은 대인이고 어떤 사람은 소인인 것은 어째서입니까?"

맹자가 대답하였다. "몸의 중요한 부분을 따르면 대인이고 하찮은 부분을 따르면 소인이다."

공도자가 여쭈었다. "다 같은 사람인데 어떤 사람은 중요한 부분을 따르고 어떤 사람은 하찮은 부분을 따르는 것은 어째서입니까?"

맹자가 대답하였다. "귀와 눈의 기능은 사고할 수 없기 때문에 외부의 사물에 의해 가려진다. 외부의 사물이 한 사물에 불과한 감각기관과 접촉하면 감각기관은 그것에 이끌리게 된다. 마음의 기능은 생각하는 것이다. 생각하면 도리를 이해할 수 있고 생각하지 않으면 도리를 이해할 수 없다. 이러한 마음은 하늘이 내게 준 것이다. 그러므로 먼저 그 중요한 부분을 확고하게 세우면 하찮은 부분들이 그 중요한 부분을 빼앗아 가지 못하게 된다. 이것이 대인이 되는 까닭이다."(《고자》 상편 15)

하늘이 준 벼슬이 있고, 사람이 주는 벼슬이 있다. 인·의·충·신의 마음과 선을 좋아하는 것을 게을리하지 않는 마음은 하늘이 준 벼슬이다. 공·경·대부 같은 것은 사람이 주는 벼슬이다. 옛사람들은 하늘이 준 벼슬을 닦았기 때문에 자연히 사람이 주는 벼슬도 따라왔다. 그러나 오늘날의 사람들은 하늘이 준 벼슬을 닦아서 사람이 주는 벼슬을 구하고, 일단 사람이 주는 벼슬을 얻고 나면 하늘이 준 벼슬을 내팽개치는데, 그것은 매우 잘못된 것으로 결국 사람이 주는 벼슬마저 잃게 될 것이다.(《고자》 상편 16)

 공자의 군자에 비해 맹자의 군자는 한결 인간적입니다. 공자 이후 유교가 큰 인기를 끌지 못한 가장 큰 이유는 좋은 말씀이지만 너무도 어려워서 사람이 감히 이르지 못할 경지처럼 보였다는 것입니다. 하지만 맹자는 인과 의라는 것이 엄청난 것이 아니라 사람이라면 누구나 가지고 있는 자연스러운 본성과 감정에서 비롯된다고 주장하였습니다. 이 점이 맹자가 유교를 크게 발전시킨 근본이 됩니다. 군주들은 맹자의 말을 듣고는 "그만하면 나도 해 볼 만하다."라고 생각하게 된 것입니다. 동정심이나 의협심이 전혀 없는 사람은 없습니다. 그런데 맹자는 바로 그런 작은 마음의 단초에서 덕치의 근본을 찾은 것입니다.

자신의 마음을 남김없이 실현하는 자는 자신의 본성을 이해하게 된다. 자신의 본성을 이해하면 하늘을 이해하게 된다. 자신의 마음을 간직하고 자신의 본성을 기르는 것은 하늘을 섬기는 방법이다. 일찍 죽고 오래 사는 것에 개의치 않고 다만 자신의 몸을 닦아서 명을 기다리는 것이 명을 바르게 세우는 방법이다.《진심》상편 1)

만물이 다 내게 갖추어져 있다. 그러므로 자기 내면으로 되돌아가서 내면을 진실하게 하는 것보다 더 큰 즐거움은 없다. 자신의 마음을 미루어 남을 생각하기를 힘써 실천하는 것보다 인을 구하는 가까운 방법은 없다.《진심》상편 4)

사람이 배우지 않아도 할 수 있는 것은 타고난 능력이고, 생각하지 않아도 아는 것은 타고난 지능이다. 두세 살 난 어린아이가 어버이를 사랑할 줄 모르는 사람이 없고, 성장해서는 형을 공경할 줄 모르는 사람이 없다. 어버이를 친애하는 것이 인이고, 윗사람을 공경하는 것이 의다. 이렇게 할 수 있는 것은 다른 이유 때문이 아니라 모든 사람이 인과 의를 보편적으로 지니고 있기 때문이다.《진심》상편 15)

군자에게는 세 가지 즐거움이 있는데, 통일된 천하의 임금이 되는 것은 여기에 들지 못한다. 부모가 살아 계시고 형제들이 아무 탈이 없는 것이 첫 번째 즐거움이요, 우러러보아 하늘에 부끄럽지 않고 굽어보아 사람들에게 부끄럽지 않은 것이 두 번째 즐거움이요, 천하의 뛰어난 인재를 얻어 가르치는 것이 세 번째 즐거움이다. 군자에게는 이 세 가지 즐거움이 있는데, 통일된 천하의 임금이 되는 것은 여기에 들지 못한다.《진심》 상편 20)

넓은 영토와 많은 백성은 군자가 바라는 것이기는 하지만 즐겁게 여기는 것은 아니다. 천하의 중심에 자리 잡고 사방의 백성을 편안하게 하는 것은 군자가 즐겁게 여기는 것이기는 하지만 그가 타고난 본성으로 여기는 것은 아니다. 군자가 본성으로 여기는 것은 비록 그의 이상이 천하에서 이루어지더라도 늘어나지 않고 곤궁하게 지내더라도 줄어들지 않는데, 타고난 분수가 정해져 있기 때문이다. 군자가 본성으로 여기는 것은 인의예지로서 마음에 뿌리박혀 있다. 그것으로 생겨난 빛은 해맑아서 얼굴에 드러나고, 등에 가득 차며, 사지에 퍼져 나가서 말이 없어도 사지가 스스로 알아차린다.《진심》 상편 21)

계속해서 인의예지신과 같은 미덕은 타고난 본성에서 비롯됨을 강조하고 있습니다. 이렇게 미덕이 인간의 자연스런 본성에서 비롯되는 것이므로 불교의 극단적 탈속주의나 묵가의 극단적 박애주의 모두 자연스럽지 못하다 하여 배격하였습니다. 반면에 도가는 지나치게 자연스러워서 이 역시 배격하였습니다. 그렇다면 무엇이 남을까요? 공교롭게도 아리스토텔레스와 마찬가지로 중용이 남습니다. 타고난 본성과 문화적 교양의 적절한 조화와 중용을 이룰 수 있는 사람이 바로 덕이 있는 사람이며, 정치를 해야 하는 사람인 것입니다.

만장이 여쭈었다. "공자께서 '내 문 앞을 지나가면서 내 집에 들어오지 않는다 하더라도 섭섭하지 않을 사람은 자기 고장에서 행세하는 향원이다. 향원은 덕을 해치는 자이다.'라고 하셨는데, 어떠해야 그를 향원이라 부를 만합니까?"
맹자가 대답하였다. "그는 '어째서 원대한 것을 지향해서 말은 실천을 고려하지 않고 실천은 말을 돌아보지 않으면서 말만 하였다 하면 옛사람들은 어찌하고 어찌하였는데라고 하는가? 또 어째서 행동함에 거리낌 없이 나아가지 못하면서 의로움을 자처하는가? 이 세상에 태어났으면 이 세상에 맞추어 살아가고 남들이 선하다고 하면 될 텐데.'라고 하면서 속내를 감추고 세속에 영합하니 이러한 자가 바로 향원이다."

만장이 여쭈었다. "한 고장 사람들이 모두 신실하다고 칭찬한다면 어느 곳에 가더라도 신실한 사람이 되지 않을 턱이 없는데도 공자께서 덕을 해치는 자라고 하신 것은 어째서입니까?"

맹자가 대답하였다. "비난하려 해도 지적할 것이 없고 꼬집으려 해도 꼬집을 만한 것이 없으며, 세상의 흐름에 동화되고 더러운 세상에 영합하여 평소에는 충성스럽고 신뢰할 만하고 행동함에 청렴결백한 것 같으며, 많은 사람들이 그를 좋아하고 스스로 옳다고 여기지만, 그런 자와는 요순의 도에 들어갈 수 없다. 그래서 공자께서는 덕을 해치는 자라 하신 것이다. 공자께서는 '비슷한 듯하지만 아닌 것'을 미워하노라. 가라지를 미워하는 것은 곡식의 싹을 어지럽힐까 염려해서다. 잔재주가 뛰어난 자를 미워하는 것은 의로움을 어지럽힐까 염려해서다. 말재주 있는 자를 미워하는 것은 믿음을 어지럽힐까 염려해서다. 감정에 절제가 없는 정나라 음악을 미워하는 것은 올바른 음악을 어지럽힐까 염려해서다. 자주색을 미워하는 것은 붉은색을 어지럽힐까 염려해서다. 향원을 미워하는 것은 덕을 어지럽힐까 염려하기 때문이다. 군자는 올바른 법도를 회복할 뿐이다. 올바른 법도가 바르게 되면 백성들이 선을 향해 나아가려는 마음을 일으키고, 서민들이 선을 향해 나아가려는 마음을 일으키면 사특함이 없어지게 된다."(《진심》 하편 37)

● 생각해보기

1. 인간의 본성에 속하는 네 가지 단서를 정리해 보세요.

2. 위의 네 가지 단서는 각각 인의예지라는 덕목에 어떻게 대응합니까?

3. 군자가 추구해야 하는 삶은 어떤 종류의 삶일까요?

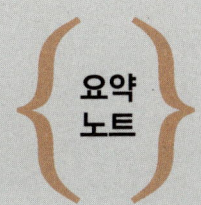

올바른 정치란 왕도정치입니다. 왕도정치란 임금이 백성을 측은하게 여기는 마음에서 비롯되어 인과 의를 추구하는 정치입니다. 패도정치란 무력과 강압을 통해 백성을 복종시키고 영토를 넓히고 이익을 추구하는 정치입니다.

패도정치가 유지되려면 백성을 굴복시킬 무력이 필요하지만 왕도정치는 덕으로 다스리기 때문에 백성들이 스스로 모여들어 왕에게 자발적으로 충성을 바칩니다. 왕도정치의 출발은 우선 백성들에게 생업에 종사할 수 있도록 보장해 주고 생업이 안정된 후에는 학교를 세워 백성을 가르쳐야 합니다. 이렇게 하고 왕이 스스로 선한 삶의 모범을 보인다면 그 나라는 저절로 강대해질 것입니다.

왕도정치가 가능한 까닭은 인간의 본성이 선하기 때문입니다. 인간은 누구나 측은지심·수오지심·사양지심·시비지심을 가지고 있으며, 이는 각각 인의예지의 단서이고, 사람이 이 네 가지 단서를 가지고 있는데도 선을 실천할 수 없다고 말하는 사람은 스스로를 해치는 사람이며, 자기 군주가 선을 실천할 수 없다고 말하는 사람은 자기 군주를 해치는 자입니다.

이렇게 군자가 본성으로 여긴 인의예지는 인간의 본성으로 마음에 뿌리박혀 있습니다. 천하에서 왕 노릇을 하려는 자는 스스로 이런 선을 행하여 백성의 모범이 되어야 합니다. 만약 백성을 아끼지 않고 악행을 저지르는 자는 왕의 자격이 없으므로 백성들의 마음이 떠나가게 되며, 백성의 마음이 떠난 왕은 더 이상 왕이 아니게 되어 새로이 어진 사람이 나타나 왕이 될 것입니다. 따라서 어진 사람이 폭군을 타도하고 새로이 왕이 되는 것은 반란이 아니라 백성들을 통해 나타난 하늘의 명령을 따르는 것입니다.

부록

정치사상사 연표
·
참고 문헌
·
찾아보기

정치사상사 연표

민주주의를 만든 생각들, 행적	우리나라 주요 사건	세계사의 주요 사건
기원전 B.C.		
		약 3000 메소포타미아 문명과 이집트 문명 성립
	약 2333 고조선 건국	약 2500 인더스 문명과 황허 문명 성립
	약 1000 청동기 문화 전개	
551 공자 태어남		
495 페리클레스 태어남		492 그리스-페르시아 전쟁 발발
479 공자 사망		
469 소크라테스 태어남		
461 페리클레스 집권		
431 페리클레스 추모 연설		431 펠로폰네소스 전쟁 발발
429 페리클레스 사망		
428 플라톤 태어남		
		404 펠로폰네소스 전쟁 종결
399 소크라테스 사형 당함		
387 플라톤 아카데메이아 설립		
384 아리스토텔레스 태어남		
약 372 맹자 태어남		
367 아리스토텔레스 아카데메이아 입학		
348 플라톤 사망		
		334 마케도니아의 알렉산드로스, 동방 원정 시작
322 아리스토텔레스 사망		
	약 300 철기 문화 보급	
약 289 맹자 사망		
		264 로마, 카르타고와 포에니 전쟁
		221 진(秦), 중국 통일
		202 중국, 한 건국
	194 위만 조선 성립	
		146 로마, 포에니 전쟁에서 승리
	108 고조선 멸망	
		약 91 사마천, 《사기》 완성
106 키케로 태어남		
		27 로마, 제정 수립
64 키케로 로마 집정관이 됨		
43 키케로 암살됨		

224

기원후 A.D.

354	아우구스티누스 태어남	313	고구려, 낙랑군을 멸망시킴	220	한 멸망, 삼국시대 시작
				280	진晉, 중국 통일
				313	로마제국, 기독교 공인(밀라노 칙령)
				316	중국, 5호16국시대 시작
		372	고구려, 전진에서 불교 전래, 국립대학인 태학 설치	375	게르만족, 로마제국으로 이동 시작
				395	로마제국, 동·서로 분열
396	아우구스티누스 히포의 주교가 됨				
430	아우구스티누스 사망	427	고구려, 평양으로 천도		
				439	중국, 남북조시대 시작
				476	서로마제국 멸망
				약 481	프랑크왕국 건국
		503	신라, 국호와 왕호를 정함		
				534	동로마제국, 유스티니아누스 법전 편찬
				589	수, 중국 통일
				610	이슬람교 창시
		612	고구려, 살수대첩	618	중국, 당 건국
				645	일본, 다이카 개신
		660	백제 멸망		
		668	고구려 멸망		
		676	신라, 삼국 통일		
		698	발해 건국		
				755	당, 안사의 난
		828	신라의 장보고, 청해진 설치	843	프랑크왕국 분열
				907	당 멸망, 5대10국 시작
		926	발해 멸망		
		935	신라 멸망		
		936	고려, 후삼국 통일		
		958	과거제 실시		
				960	중국, 송 건국
				962	신성로마제국 성립
		1019	고려, 귀주대첩		
				1054	기독교, 동·서 교회로 분열
				1096	십자군 전쟁 발발
				1115	여진족, 금 건국
				1127	송 멸망, 강남에 남송 건국
		1135	묘청, 서경 천도 운동	1192	일본, 가마쿠라 막부 성립

정치사상사 연표 | 225

		1206 칭기즈 칸, 몽골 통일
		1215 영국, 대헌장 제정
	1236 팔만대장경판 제작 시작	1271 원 제국 성립
		1279 남송 멸망, 원의 중국 통일
		1337 영국과 프랑스, 백년전쟁 발발
		1338 일본, 무로마치 막부 성립
	1392 고려 멸망, 조선 건국	1405 원, 정화의 남해 원정 시작
		약 1450 독일, 구텐베르크 인쇄술
	1446 훈민정음 반포	1453 동로마제국 멸망
1469 마키아벨리 태어남	1485 《경국대전》 간행	1492 에스파냐, 콜럼버스가 서인도 제도에 도착
		1517 독일, 루터의 종교개혁
		1519 에스파냐, 마젤란의 항해 시작
1527 마키아벨리 사망		
1531 마키아벨리 《로마사 논고》 출간		
1532 마키아벨리 《군주론》 출간		1543 폴란드, 코페르니쿠스가 지동설 발표
1588 홉스 태어남	1592 임진왜란	1590 도요토미 히데요시, 일본 통일
		1600 영국, 동인도회사 설치
	1610 허준, 《동의보감》 완성	1618 독일, 30년전쟁 시작
	1623 인조반정	
1632 로크 태어남	1636 병자호란	
1651 홉스 《리바이어던》 출간		1642 영국, 청교도혁명
1679 홉스 사망		1644 명 멸망, 청 제국 수립
1690 로크 《통치론》 출간		1688 영국, 명예혁명
로크 《인간 오성론》 출간		
1704 로크 사망	1708 대동법, 전국적으로 확대 실시	
1712 루소 태어남	1725 영조, 탕평책 실시	
	1750 영조, 균역법 실시	
1755 루소 《인간 불평등의 기원》 출간		약 1760 영국, 산업혁명 시작
1762 루소 《사회계약론》 출간	1776 정조, 규장각 설치	1776 미국, 독립선언
1778 루소 사망	1784 이승훈, 천주교 전도	1789 프랑스혁명
1805 토크빌 태어남		1804 나폴레옹 1세의 황제 즉위
1806 밀 태어남		
1818 마르크스 태어남	1811 홍경래의 난	
1835 토크빌 《미국의 민주주의》 1권 출간		1830 프랑스, 7월혁명

1840	토크빌 《미국의 민주주의》 2권 출간	
1848	마르크스 《공산당 선언》 출간	
1859	토크빌 사망	
1867	마르크스 《자본론》 출간	
1883	마르크스 사망	
1906	아렌트 태어남	
1951	아렌트 《전체주의의 기원》 출간	
1958	아렌트 《인간의 조건》 출간	
1975	아렌트 사망	

1860	최제우, 동학 창시	
1863	고종 즉위, 흥선대원군 집권	
1876	강화도조약 체결	
1897	대한제국 설립	
1905	을사조약 체결	
1910	한일 병합	
1919	3·1 운동	
1932	이봉창·윤봉길 의거	
1945	8·15 광복	
1948	대한민국 정부 수립	
1950	한국전쟁 발발	
1960	4·19 혁명	
1961	5·16 군사 쿠데타	
1972	유신헌법 제정 및 시행	
1979	박정희 대통령 피살	
1980	5·18 광주 민주화운동	
1987	6월 민주항쟁	

1840	청, 아편전쟁 시작	
1848	프랑스, 2월혁명	
1860	청, 영국·프랑스와 베이징조약 체결	
1868	일본, 메이지 유신	
1871	독일 통일	
1894	청·일전쟁	
1904	러·일전쟁	
1911	청, 신해혁명	
1914	제1차 세계대전 발발	
1918	미국의 윌슨 대통령, 14개 평화 원칙 발표 제1차 세계대전 종식	
1919	중국, 5·4운동	
1929	미국, 대공황 발생	
1939	제2차 세계대전 발발	
1941	미국과 영국, 대서양헌장 발표	
1945	제2차 세계대전 종료	
1948	세계 인권 선언 선포	
1949	중화인민공화국 수립	

참고 문헌

이 책을 엮기 위해 다음의 문헌들을 사용하였습니다. 그리스어, 독일어, 프랑스어, 이탈리아어 등으로 된 각 책의 원전을 사용하는 것이 원칙이겠으나, 엮은이들의 능력에 한계가 있어 원본으로는 영어로 된 문헌들을 사용하였습니다. 이 과정에서 시중에서 구할 수 있는 여러 종류의 번역본을 참고하였습니다. 또 원문 이해에 도움을 줄 해설을 쓰기 위해 정치학과 정치사상에 대한 책들도 참고하였습니다. 이 책을 완성하기 위해 사용한 참고 문헌을 다음과 같이 밝힙니다.

1. 원본

- 페리클레스 〈전사자 추모 연설〉
  Thucydides, translated by Richard Crawley, *The History of the Peloponnesian War* (http://www.gutenberg.org/files/7142/7142.txt)

- 플라톤 《국가》
  Plato, translated by Benjamin Jowett, *The Republic* (http://www.gutenberg.org/files/150/150.txt)

- 아리스토텔레스 《정치학》
  Aristotle, translated From The Greek Of Aristotle By William Ellis, *Politics* (http://www.gutenberg.org/files/6762/6762.txt)

- 키케로 《국가론》
  Marcus Cicero, Produced by Ted Garvin, Hagen von Eitzen and the PG Online Distributed Proofreading Team, *On Commonwealth* (http://www.gutenberg.org/files/14988/14988-8.txt)

- 아우구스티누스 《신국론》
  Aurelius Augustinus, translated bt Marcus Dods, *The City of God* (http://www.ccel.org/ccel/schaff/npnf102.toc.html)

- 공자 《논어》
  공자, 김형찬 옮김, 《논어》, 홍익출판사, 2006

- 맹자 《맹자》
  맹자, 박경환 옮김, 《맹자》, 홍익출판사, 2007

2. 참고한 번역본

의외로 정치학 고전 번역본을 시중에서 구하기 어려웠습니다. 다음에 소개하는 번역본들은 그 얼마 안 되는 소중한 문헌입니다. 엮은이들은 이 번역본의 도움을 크게 받았습니다. 이 중 몇몇은 워낙 번역이 잘 되어 있어 만약 이 책이 청소년을 대상으로 하는 책이라 문장들을 보다 쉽고 친절하게 만들어야 할 필요가 없었다면 이 번역본들만으로 충분하다고 여겨집니다.

- 플라톤, 최현 옮김, 《플라톤의 국가론》, 집문당, 1990
- 플라톤, 박종현 옮김, 《국가·政體》, 서광사, 2005
- 플라톤, 송재범 엮음, 《국가, 올바름을 향한 끝없는 대화》, 풀빛, 2005
- 아리스토텔레스, 천병희 옮김, 《정치학》, 도서출판숲, 2009

3. 해설을 위해 참고한 책들

위에 소개된 문헌들 외에 폭넓게 정치사상사를 공부하고 싶다면 참고해 볼 만한 책들입니다.

- 퀜틴 스키너, 박동천 옮김, 《근대 정치사상의 토대》 1, 한길사, 2004
- 조지 세이빈·토머스 솔슨, 성유보·차남희 옮김, 《정치사상사》 1, 2, 한길사, 1997
- 로버트 달, 조기제 옮김, 《민주주의와 그 비판자들》, 문학과지성사, 1999

찾아보기

ㄱ

《고르기아스》·28
고통·47, 49, 60, 76, 121, 128, 203, 208, 214
공공선·33, 86, 125, 126
공공의 것·11, 99, 118
공자·26, 27, 68, 125, 157, 161, 160~163, 165~176, 178~191, 194~196, 203, 206, 209, 218, 220
공화국·11, 20, 62, 115, 118, 121, 126, 128, 131, 149~154
과두정체·29, 54~56, 58, 62, 65, 80, 83, 85, 86, 90, 93~103, 110, 114, 129
《국가》·28~30, 49, 71, 73, 137
국가형태·19, 51, 71, 109, 134
군자·163, 165, 167, 170, 171, 173~176, 178~191, 204, 210, 211, 216, 218~221
귀족정체·36, 54, 55, 83, 85, 91, 93, 98, 114, 117, 127, 134, 140
글라우콘·38~49, 51~55, 61
기소불욕물시어인己所不欲勿施於人·176

ㄴ

《논어》·157, 161, 165, 175, 188, 191, 195, 197, 206
《니코마코스 윤리학》·73, 77, 87, 96, 103

ㄷ

《대윤리학》·75
대화편·27, 28, 69, 116
디카이오시네·34

ㅁ

마케도니아·68, 69
《맹자》·157, 195, 197
맹자·194~197, 199~213, 215, 217~220
《메논》·28
명예·55, 56, 61, 62, 86, 89, 107, 119, 121, 123, 124
명제론·69
문행충신文行忠信·190
민주정체·30, 36, 54, 57, 58, 62, 65, 80, 81, 83~86, 93~110, 114, 117, 128, 140
민주정치·14~16, 19, 20, 22, 24, 28, 29, 57, 58, 85, 87
민회·22, 24, 88, 102, 110, 118

ㅂ

범주론·69
《법률》·28, 30
《법률론》·116, 118
변증론·69
붕당·137, 138, 140
비례적 평등·99, 102

ㅅ

4원덕元德·45
사단四端·194, 215
사무사思無邪·184
산술적 평등·102
생산자·48, 54, 62, 64
서양철학·26
선·53, 54, 55, 58, 73~76, 78, 87, 89, 94, 103~106, 108, 110, 111, 122, 131, 173, 182,

183, 185~187, 189, 191, 194, 197, 206, 215~217, 219~221
선동가 · 100, 101
성 토마스 아퀴나스 · 68
성리학 · 197
성선설 · 194, 197, 206
소요학파 · 69, 116
소크라테스 · 14, 27~29, 33~49, 51~62, 64, 116
《소크라테스의 변명》· 28, 33
솔론 · 88, 125
수기치인 · 196, 175
수호자 · 42~46, 53, 62, 64, 98, 179
순임금 · 170, 175, 185, 211, 212, 216
스키피오 · 117, 121~131, 133~138, 149, 150
스토아학파 · 115, 116, 125
스파르타 · 15, 21, 22, 28, 54, 55, 62, 65, 131
스파르타식 명예정치 · 55
스파르타식 정체 · 54, 55
《시경》· 161, 168, 184, 209
시모니데스 · 35
시민 · 15, 16, 20, 21, 43, 44, 56, 59, 71, 79, 80~85, 88, 91, 94, 95, 97, 98, 102, 103, 107, 111, 121, 122, 127, 129~131, 133~136, 138, 140, 148, 149, 152, 154
《신국론》· 143, 144
실천철학 · 70

ㅇ

아리스토텔레스 · 17, 27, 31, 68~71, 73, 75, 77, 78, 80~82, 84, 85, 87, 89, 91~93, 96~100, 103, 104, 106, 107, 114, 116, 126, 128, 133, 138, 143, 157, 219
아우구스투스 황제 · 115
아우구스티누스 · 142~145, 152, 155
아테네 · 14~16, 20, 22~24, 27, 28, 68, 69, 117, 128, 129, 137, 138, 153
안토니우스 · 115

알렉산드로스 대왕 · 69
양명학 · 197
《에우데모스 윤리학》· 75
에피쿠로스학파 · 116
옥타비아누스 · 115
올바름 · 33~37, 38, 39, 40, 45, 47, 48, 52, 53, 64, 70, 76, 184
왕도정치 · 157, 194~197, 200, 201, 203, 208, 221
왕정 · 16, 17, 85, 91~93, 114, 117, 127, 129, 131, 135~138, 140
요임금 · 170, 188, 211, 212
용기 · 21, 24, 46~48, 55, 62, 64, 96, 104, 111
원로원 · 118
유교자본주의 · 160
《의무론》· 116, 118
이데아 · 29, 53, 54, 62, 65
이상 국가론 · 30, 49, 78
인민 · 20, 36, 57~60, 83, 87~90, 97, 98, 101, 103, 118, 125~131, 133~138, 140, 149~154
인의예지 · 194, 206, 215, 219, 221

ㅈ

전사 · 48, 54, 55
〈전사자 추모 연설〉· 14
절제 · 45, 47~49, 62, 64, 98, 104, 111, 136, 138, 220
정명사상 · 125, 173
정체 · 17, 36, 51, 54, 55, 57, 58, 62, 65, 71, 80, 81, 82~85, 88~89, 91~100, 102, 103, 105, 107, 110, 111, 117, 127, 128, 136, 138, 140, 152
《정치가》· 28, 30
정치적 동물 · 76, 77, 110, 126
《정치학》· 70, 71, 87
제일시민 · 137, 140
주자 · 175, 197
중산계급 · 94~96, 111

《중용》· 195
중용사상 · 91
중우정치 · 85
지혜 · 38, 42, 43, 45~47, 49, 51~54, 62, 64, 104, 107, 111, 122, 133~135, 140
집정관 · 114, 118, 121, 123

ㅊ

참주 · 38, 59, 60, 101, 105, 128, 130, 136~138, 140
참주정 · 16, 17
참주정체 · 31, 36, 37, 54, 55, 62, 65, 85, 93~95, 101, 110
천명사상 · 157, 213
철학자 · 14, 26, 28, 30, 51~55, 64, 68, 105, 106, 114, 124, 142, 148, 160
《춘추》· 161

ㅋ

카이사르 · 115, 131
칼 포퍼 · 30
케팔로스 · 33~35
콩코르디아 오르디눔 · 117
《크리톤》· 28, 33
키케로 · 118, 121~123, 125, 128, 131, 133, 135, 143, 145, 149, 150, 152, 154

ㅌ

통치자 · 16, 28, 30, 36, 37, 43, 48, 49, 51, 54, 56, 64, 74, 82, 84, 85, 88, 90, 93, 110, 128, 133~135, 140, 162, 166, 167, 170, 175, 207, 209
트라시마코스 · 36~38, 40, 64
《티마이오스》· 28

ㅍ

《파이돈》· 28, 33
패도정치 · 195, 196, 209, 221

페리클레스 · 14~16, 20, 21, 28, 29, 58
펠로폰네소스 전쟁 · 15
평민회 · 118
폴레마르코스 · 35
폴리스 · 19, 21~24, 70, 74, 77, 87, 110
《프로타고라스》· 28
플라톤 · 5, 27, 26, 28~30, 33, 34, 39, 41, 43, 44, 49, 51~55, 62, 68~71, 73, 74, 78, 80, 92, 97, 107, 114, 116, 125, 133, 136, 137, 142, 143, 157, 160, 166, 176, 179, 186
플라톤 철학 · 26, 142
플루타르코스 · 14, 122

ㅎ

《향연》· 28, 33
헬라스인 · 74~76
형상 · 53
혼합정체 · 17, 71, 85, 91, 93, 96, 98~100, 111, 115, 128, 138

aristokratia · 16
aristos · 16
commonwealth · 99, 115, 126
demokratia · 11, 16, 20, 58, 85
demos · 16
monarchia · 16
monos · 16
oligarchia · 16
oligos · 16
philos · 42
philosophia · 42
politeia · 17
sophia · 42
tyrannis · 16

민주주의를 만든 생각들
고대 편: 페리클레스에서 마우구스티누스까지

1판 1쇄 발행일 2011년 11월 21일
1판 8쇄 발행일 2025년 5월 26일

엮고 해설한 이 구민정·권재원
발행인 김학원
발행처 (주)휴머니스트출판그룹
출판등록 제313-2007-000007호(2007년 1월 5일)
주소 (03991) 서울시 마포구 동교로23길 76(연남동)
전화 02-335-4422 **팩스** 02-334-3427
저자·독자 서비스 humanist@humanistbooks.com
홈페이지 www.humanistbooks.com
유튜브 youtube.com/user/humanistma
페이스북 facebook.com/hmcv2001 **인스타그램** @humanist_insta
편집주간 황서현 **편집** 황서현 임미영 **디자인** 민진기디자인
용지 화인페이퍼 **인쇄** 청아디앤피 **제본** 민성사

ⓒ 구민정·권재원, 2011

ISBN 978-89-5862-443-1 03300

- 이 책은 저작권법에 따라 보호받는 저작물이므로 무단 전재와 무단 복제를 금합니다.
- 이 책의 전부 또는 일부를 이용하려면 반드시 저자와 (주)휴머니스트출판그룹의 동의를 받아야 합니다.